# 당신이 혹하는 사이

# 당신이 혹하는 사이

**초판 1쇄 발행**  2021년 11월 30일

지 은 이   당신이 혹하는 사이 제작팀
펴 낸 이   김동하

펴 낸 곳   책들의 정원
출판신고   2015년 1월 14일 제2016-000120호
주    소   (03955) 서울시 마포구 방울내로7길 8 반석빌딩 5층
문    의   (070) 7853-8600
팩    스   (02) 6020-8601
이 메 일   books-garden1@naver.com
포 스 트   post.naver.com/books-garden1

ISBN   979-11-6416-098-3 (03300)

# 당신이 혹하는 사이

지금까지 진실이라고 믿고 있던 것이 부정된다

**SBS** 당신이 혹하는 사이 제작팀

책들의정원

# 아니 땐 굴뚝에 모락모락

새 프로그램을 기획하라는 지령(?)을 받고 이리저리 생각을 쥐어짜던 작년 이맘때가 떠오른다. 드라마와 다큐멘터리를 조합한 거대한 추리물을 만들어볼까, '블라인드 데이트'를 콘셉트로 한 연예 리얼리티를 찍어볼까 고심했는데, 결국 두 기획안 모두 좌초됐다. 이미 4년여를 몸담았던 〈그것이 알고 싶다〉에 되돌아가기에는 아내에게 너무 미안했고, 그 외에도 SBS의 웬만한 교양 프로그램은 다 거쳐봤기 때문에 의욕이 고갈되어 가던 차였다. 그렇게 기획 자체를 반쯤 체념하고 있을 무렵, '음모론'을 다루는 프로그램을 기획해보면 어떠냐는 본부장님의 제안(?)을 받았다.

음모론을 주제로 프로그램을 기획해보자는 이야기가 이미 있었지만 당시 나의 대답은 'Nope(아냐)!'이었다. 합리적 교양을 가진 대다수 사람이 믿지 않는 이야기를, 특정 집단이나 정파가 인터넷 상에서 주장하는 찌라시와 가짜뉴스 같은 허무맹랑한 이야기를 지상파TV에서 다룰 필요가 없다고 생각했다. 음모론이라는 것이 본디 완벽하게 논박되지도 않거니와 그것을 다루는 과정에서 어쨌든 다시 거론되고 재생산돼 욕을 먹게 될 것이 뻔했다.

우려와 고민을 반복하며 내키지 않는 마음으로 자료를 찾아봤다. 그런데 파면 팔수록 다양한 음모론이 유튜브나 각종 커뮤니티를 통해 생각보다 더 광범위하고 교묘하게 유포되고 있었다. 이에 동조하는 댓글들도 꽤 충격적이었다. 부모님 세대가 모인 단톡방에서는 음모론이 뒤섞인 가짜뉴스가 버젓이 사실로 둔갑해 퍼지고 있었고, 젊은 친구들도 때로는 은근히, 때로는 대담하게 잘못된 음모론을 진실인 양 믿고 있었다. 특히 '빌 게이츠가 코로나19를 퍼뜨렸다', '백신을 맞으면 안 된다'는 음모론이 이렇게 날개 달고 퍼지고 있는 줄 그때 처음 알았다.

〈당신이 혹하는 사이〉는 이렇게 출발했다. 일상에 퍼져있는 수많은 음모론과 가짜뉴스를 박멸(!)할 수 있을지는 모르겠으나, 95퍼센트의 그럴 듯해 보이는 이야기 속에 깃든 5퍼센트의 상상과 거짓을 걸러내보자. 음모론이 탄생하게 된 시대적·사회적 맥락을 짚어보고, 최초 유포한 사람이나 이를 확산하는 이들의 정체와 의도를 최대한 추적해보자. 그리고 사람들이 사실보다 음모론을 믿고 싶어 하는 이유를 따져보며 투명하고 건강한 사회를 위한 대안을 고민해 보자는 것이다.

프로그램 임시 제목을 〈아니 땐 굴뚝에 모락모락〉으로 정한 뒤 오래된 정통 음모론보다 현재의 살아 있는 음모론들을 수집하기 시작했다. 이야기를 맛깔나게 해줄 장진 감독님과의 미팅을 시작으로 윤종신 형님, 변영주 감독님 등 가족 같은 현재의 출연자들을 드라마틱하게 만났다. 딱딱한 토크쇼보다 한 편의 영화나 넷플릭스 드라마 같은 느낌으로 세트를 구현해 녹화를 진행했고, 큰 사고 없이 시즌2까지 방송을 마쳤다. 다행히 시청자들의 호응이 있었기에 올겨울 시즌3 방송을 준비하고 있고, 더불어 책까지 출간하게 되어 (연출 막내라) 서문을 쓰고 있자니 감회가 새롭다.

〈당신이 혹하는 사이〉가 시즌3까지 사랑받도록 도움 주신 분이 무척 많다. 첫 기획안부터 끝내 방송을 할 수 있기까지, 무기력했던 연출자를 포함해 전체 PD와 작가를 따뜻하게 이끌어주신 장윤정 작가님께 절대적으로 감사드린다. 그리고 영화 같은 콘셉트 구축과 최고의 출연자 섭외에 발 벗고 나섰던 배정훈 PD, 푸근하면서도 센스 넘치는 리더십으로 팀을 이끌어준 김규형 PD, 가까이에서 지지와 조언을 아끼지 않았던 박상욱 CP, 세 선배에게도 감사드린다.

가장 낮은 곳에서 묵묵히 수고한 조연출과 스크립터들을 비롯해, 함께 고생해온 모든 PD와 작가들 이름을 지면 관계상 다 거론하지 못해 아쉽다. 제작진이 준비한 바를 최선을 다해 구현해준 출연자들, 그 외에도 미술·카메라·기술·소품·홍보·마케팅 등 수많은 스태프들이 있었기에 여기까지 올 수 있었다. 물론 방송은 보고 듣는 사람이 없으면 만드는 의미가 없다. 애정 어린 비판과 응원을 아끼지 않은 시청자 여러분께도 진심으로 감사드린다. 시간 제약으로 방송에서 다 다루지 못했던 이야기를 이 책에 담았는데, 읽으시는 분들께 방송과는 또 다른 재미로 다가가기를 희망한다.

때로는 음모론이더라도 그 이면에 감춰진 진실을 알리기 위해 합당한 의문을 제기해온 분들이 있다. 그분들의 노력이 있었기에 '530GP 북한군 음모론'이나 '서울대생 김성수 의문사 사건', '순천 청산가리 막걸리 사건'을 의미 있게 조명할 수 있었다. 모든 음모론을 거짓이고 위험하다고 단정할 수 없는 이유가 여기에 있다. 프로그램 제작에 용기 내서 도움 주신 사건 관계자분들께도 감사드리며, 〈당신이 혹하는 사이〉 제작진은 악으로 깡으로 시즌3 방송을 잘 준비해서 돌아오겠다는 약속을 드린다.

2021년 11월 목동에서
SBS 시사교양본부 장경주 PD

**차례**

# 빌 게이츠가 코로나19로
# 인류를 지배하려 한다?

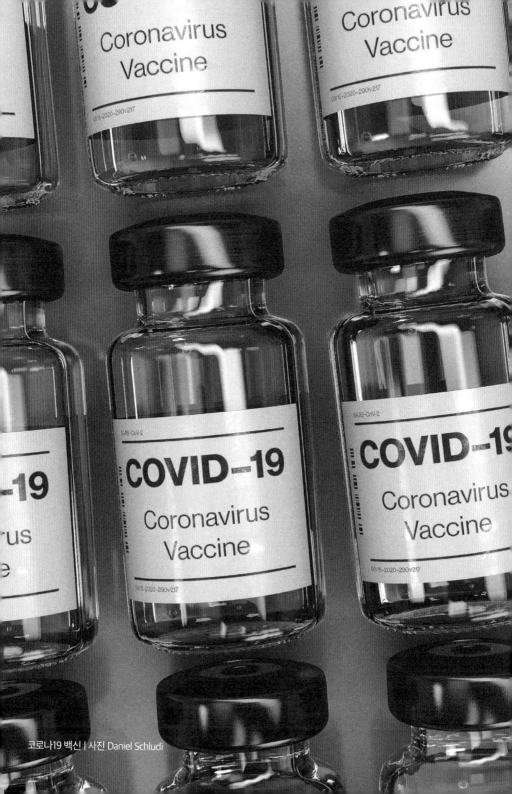

코로나19 백신 | 사진 Daniel Schludi

· · ·

## 우한에서 퍼질 바이러스를 예언한 40년 전 소설

1981년 한 소설이 출간되었다. 그리고 이 소설은 30년 후 '예언서'로 불리게 된다. 딘 쿤츠(Dean Koontz)의 소설 《어둠의 눈》이다. 주인공은 어느 날 아들을 잃고 비통해하고 있었다. 그런데 비어 있어야 할 아들 방에서 갑자기 '쿵' 하는 소리가 났다. 주인공은 살금살금 방으로 다가가 방문을 살짝 열었다. 칠판에는 이런 글귀가 적혀 있었다.

엄마? 내 말 들려?

나 심하게 다쳤어.

날 여기서 꺼내줘.

제발 제발 제발

죽지 않았어 죽지 않았어…

—《어둠의 눈》127쪽

죽지 않았다니, 무슨 말일까? 아들이 살아 있다는 뜻일까? 아들의 죽음에 의문을 느낀 주인공은 진실을 찾기 시작했다. 그리고 죽은 줄로만 알았던 아들을 생각지도 못한 장소에서 찾게 되었다. 그곳은 바로 생화학 무기를 만드는 연구소였다. 이 연구소에서 바이러스 유출 사고가 있었으며, 유출된 바이러스가 아들이 놀러 간 놀이공원까지 퍼지면서 소풍 갔던 아들이 바이러스에 감염되었던 것이다.

놀라운 사실은 약 40년 전 창작된 이 소설에서 바이러스 발원지는 중국, 바이러스 이름은 '우한 400'으로 설정돼 있다는 점이다. 중국 우한은 코로나19 바이러스가 확산된 도시로 알려져 있지 않은가. 우연은 이것뿐만이 아니다. 주인공이 아들의 죽음을 추적하기 시작한 날은 12월 31일. 그런데 2019년 12월 31일은 실제로 중국 우한에서 원인 미상의 폐렴이 발병했다는 사실이 WHO에 처음 보고된 날이기도 하다.

수십 년도 더 된 책인데, 마치 누군가 코로나19가 퍼질 미래를 알고 쓴 것처럼 보인다. 그렇다면 혹시 작가 딘 쿤츠는 미래를 예언한 것일까? 아니면 누군가 소설에서 영감을 얻어 의도적으로 바이러스를 만들어서 유출한 것은 아닐까? 만약 코로나19가 누군가의 치밀한 계획이었다면, 누가 그런 일을 벌였다는 말인가?

· · ·

## 빌 게이츠를 의심하는 사람들

윌리엄 헨리 게이츠 3세. 이 인물이 전 세계를 위험에 몰아넣은 코로나19 확산의 배후라고 의심받고 있다. 얼핏 들으면 왕족의 이름 같기도 하고 비밀 조직의 수장인가 싶기도 한 그는 사실, 우리 모두 잘 알고 있는 사람이다. 바로 빌 게이츠. 빌 게이츠의 어린 시절 이름이 '윌리엄 헨리 게이츠 3세'다.

게이츠가 코로나19로 인한 팬데믹을 만들어냈다는 주장은 미국뿐 아니라 한국에서도 꽤나 널리 퍼져있다. 실제로 인터넷에서는 "빌 게이츠가 전 세계를 주무르는 비밀조직, 일루미나티의 일원"이라거나 "빌 게이츠가 코로나19를 퍼뜨렸다"는 글이 많은 관심을 받으며, 코로나19 바이러스의 확산 속도만큼이나 빠르게 번져 나가는 중이다. 어째서 이런 음모론이 생겨났고, 지지를 받게 된 걸까?

2015년 빌 게이츠는 한 강연 프로그램에서 이렇게 말했다.

> "만일 향후 몇 십 년 내 1,000만 명 이상을 사망에 이르게 하는 것이 있다면 그것은 전쟁보다는 전염성이 높은 바이러스일 가능성이 가장 높습니다. (…) 1918년에 발생한 스페인 독감처럼 바이러스가 공기를 통해 퍼져나갈 것이며 전 세계로 굉장히, 정말 빠르게 퍼져나갈 것입니다."

무려 5년 전 이런 예언을 했다니…. 그의 통찰력이 대단하다고 생각할 수도 있겠지만 한편에서는 이런 생각을 했다. '어떻게 이렇게 잘 알고 있을까?' 이런 의문을 품은 사람 중 누군가는 빌 게이츠의 과거 행적을 파헤치기 시작했고, 코로나19가 발생하기 5주 전 빌 게이츠와 관련된 어떤 기관에서 '묘한' 행사를 열었다는 사실을 찾아냈다.

· · ·

## 의혹1 게이츠가 팬데믹 모의 훈련을 벌였다

코로나 19가 발생하기 5주 전 미국의 존스홉킨스 보건센터 주관으로 '이벤트 201(EVENT 201)'이라는 타이틀의 '팬데믹 모의 훈련'이 열렸다. 주목할 건 이 모의 훈련의 시나리오 내용이다.

① 코로나 바이러스는 수년간 과일박쥐의 몸속에서 생존하고 있다가 가축인 돼지로 옮겨온다.
② 추가 변이가 발생하면서 사람 간 전파가 일어날 수 있게 된다.
③ 주로 비말을 통한 호흡기 경로로 감염된다.
④ 해외여행 등 비행기를 통해서 여러 국가로 전파된다.
⑤ 초기 몇 달 동안 누적 환자는 매주 갑절로 늘어난다.
⑥ 처음에는 일부 국가에서 통제에 성공하기도 한다.
⑦ 하지만 전파와 재유입이 지속되며 결국 어떤 국가도 통제에 성공하지 못한다.
⑧ 사회경제적 상황은 점점 악화된다.
⑨ 첫해에는 백신 개발에 실패한다.

코로나 19가 처음 보고되기 몇 주 전, 이미 이런 시나리오를 작성하고 모의훈련을 했다는 사실이 놀랍지 않은가? 박쥐, 비말 전파와 같은 세부 요소가 현실과 너무 닮아 소름끼친다는 반응도 적지 않다. 이것은 단순한 우연일까, 아니면 빌 게이츠를 비롯한 어떤 집단의 큰 그림 아래 전개된 섬뜩한 계획일까?

· · ·

## 반론1 전문가라면 누구나 예상했던 시나리오다

의학계의 견해는 대체로 비슷하다. 이러한 음모론은 터무니없는 억측이며 빌 게이츠나 게이츠 재단의 예측은 특별한 것이 아니라는 입장이다. 코로나 바이러스만 비말로 전파되는 게 아니라, 감기나 독감도 비슷한 방식으로 옮겨간다. 코로나 바이러스는 '바이러스 감염에 의한 감기의 원인 중 하나로, 호흡기와 장의 질환을 일으키는 병원체'를 통상적으로 일컫는 말이다. 몇 년 전 유행했던 사스와 메르스 역시 코로나 바이러스의 일종이었다. 관련 지식이 있다면 예측 가능한 일이었고 따라서 모의 훈련을 시행하는 일도 그리 놀라운 일이 아니라는 뜻이다.

또한 모든 예측이 완벽하게 맞아 떨어진 것도 아니었다. 시나리오에서는 18개월 후 약 6,500만 명이 사망하는 것으로 나오지만, 현실에서는 18개월 후(2021년 6월 28일 기준) 약 385만 명이 사망한 것으로 집계되었다. 그럼에도 '빌 게이츠 음모론'을 주장하는 이들은 이 모든 게 단순한 우연이거나 합리적 예측의 결과라는 의견을 쉽게 받아들이지 않는다. 코로나 발생 5주 전에 팬데믹 모의 훈련을 주관한 존스홉킨스 보건센터의 가장 큰 후원처 중 한 곳이 빌 게이

츠 부부가 세운 게이츠 재단인 만큼 빌 게이츠의 입김이 크게 작용
했을 것이라는 의심이다.

존스홉킨스 보건센터가 아주 오래 전부터 바이러스 확산에 대비
하는 훈련을 해왔고, 빌 게이츠 외에도 유수의 보건 전문가들이 참
여하고 있다는 사실은 음모론자들에겐 '비밀'을 덮기 위한 일종의
'위장술'로 여겨질 뿐이다. 인터넷을 중심으로 '빌 게이츠 코로나 배
후설'이 나날이 확산되어가던 어느 날, 한 트위터 계정에 이런 글이
올라왔다.

'코로나 바이러스는 인간이 만들었다. 빌 게이츠는 코로나가 만들어진 우한
연구소에 돈을 댄 사람. 난 이런 사람들을 그냥 지나칠 수가 없다.'

해당 트위터 계정의 주인은 미국 캘리포니아 공화당 하원 경선
후보인 조앤 라이트. 정치인까지 빌 게이츠를 의심하는 상황을 어
떻게 해석해야 할까?

· · ·

## 의혹2 코로나19는 생화학 무기처럼 인간에 의해 만들어졌다

　코로나 19 음모론은 전 세계를 뒤흔든 이 바이러스가 자연발생적인 것이 아니라 누군가에 의해 고의로 만들어진 일종의 생화학 무기라는 의심에서 시작됐다. 그리고 중국에서 미국으로 망명한 한 공중 보건학 박사의 발언으로 이 음모론은 힘을 얻기 시작했다. 홍콩대에서 공중보건학을 연구하던 옌 리멍(Li-Meng Yan) 박사는 코로나19를 아직 우한폐렴이라고 부르던 초기, 지도교수의 지시로 비밀조사에 참여했는데 그 과정에서 코로나19의 비밀을 알게 되었다고 주장했다. 초기 언론에서 우한 화난 시장을 진원지로 지목하며 박쥐 같은 야생동물을 통해 바이러스가 퍼졌다고 보도한 것은 모두 거짓이고 코로나 19 바이러스는 중국 우한의 바이러스 연구소에서 만들어진 것이라는 충격적인 주장을 펼쳤다

　"우한의 수산물 시장, 중간 숙주에 대한 이야기는 연막일 뿐."

— <루즈워먼>과의 인터뷰 중에서

"코로나 바이러스는 우한 연구소에서 만들어졌다."

― 폭스뉴스 <터커 칼슨쇼>에서

엔 박사는 바이러스 발생 초기에 '코로나19가 대유행할 것'이라고 상부에 보고했지만 묵살되었다고 주장하면서 "내가 중국에서 이 말을 한다면 나는 분명 살해되어 없어졌을 것이다."라는 말을 덧붙였다. 현재 엔 박사는 현재 미국으로 망명한 상태다. 여기에 트럼프 당시 미국 대통령과 폼페이오 당시 국무장관도 우한 유출설에 힘을 싣는 발언을 해왔다.

"바이러스가 연구소에서 나왔다는 거대한 증거가 있습니다.
우리는 처음부터 이 바이러스가 우한에서 시작됐다고 말해 왔습니다."

― 폼페이오 국무장관 2020년 5월 3일

코로나19는 진짜로 우한연구소에서 유출된 것일까?

· · ·

## 반론2 신뢰할 만한 증거가 없다

우한 유출설에 대해 중국 정부는 일관되게 부인해 왔다. WHO 국제조사단 역시 우한이 코로나19의 발원지라고 단정할 수 없다고 밝혔으며, 미국 정보 당국 역시 코로나19의 기원을 규명하지 못했다. 또한 코로나19 바이러스는 유전자 형태로 볼 때 인공적으로 만들어낸 것이 아니라 자연 발생한 바이러스로 보는 것이 타당하는 게 전 세계 많은 전문가들의 공통된 견해다.

여기에 옌 박사의 주장을 얼마나 신뢰할 수 있는가에 대해서도 생각해 볼 여지가 있다. 초기 옌 박사는 코로나19가 중국 인민해방군의 군사실험실에서 나왔다고 했지만 어느 순간 우한연구소에서 유출됐다고 말을 바꿨다. 홍콩 대학에서 연구하다 코로나에 관한 극비를 알게 되었다고 한 옌 박사의 주장에 대해 홍콩 대학은 그 시기 옌 박사가 이런 연구를 한 적이 없다고 반박했다. 물론 홍콩 대학이 중국 정부의 눈치를 보느라 사실을 밝히지 못했을 가능성도 배제할 수는 없다. 하지만 1년이 넘도록 명확한 증거가 있다는 말만 되풀이하며 막상 그 증거를 내놓지 않는 옌 박사의 행보도 쉽게 이해되지 않는 건 마찬가지다.

・・・

## 의혹3 기부 천사 빌 게이츠의 실체는 '사악한 비즈니스맨'

자, 이제 생각을 정리해볼 때가 되었다. 당신은 코로나19 바이러스가 인간에 의해 만들어졌으며 우한의 연구소에서 유출되었다는 이야기를 어떻게 생각하는가? 근거 없는 가짜뉴스일까? 아니면 생각해볼 여지가 있는 합리적 의심일까? 그리고 그 배경에는 진짜 빌 게이츠가 숨어 있을까?

빌 게이츠에 대한 이야기로 돌아가보자. 빌 게이츠는 스물한 살에 하버드를 중퇴하고 폴 앨런과 함께 자본금 1,500달러로 마이크로소프트를 창업했다. 마이크로소프트는 현재 시가총액 2조 2,523억 달러(2,624조 31억원- 2021년 8월 30일 기준) 로 성장했다. 그의 재산은 2021년 8월 기준 약 174조9천520억원으로 밝혀졌다.

우리는 빌 게이츠를 보며 소탈한 재벌이자 기부 천사라는 캐릭터를 떠올린다. 그는 3달러짜리 햄버거를 먹으려고 가게 앞에 줄 서 있다가 사진에 찍힐 정도로 수수한 사람이라 알려져 있다. 또한 그는 무려 42조 원을 기부하기도 했는데, 이는 분할해서 기부한다면, 8,400일(약 23년)동안 매일 50억 원 씩 내야하는 엄청난 액수다. 그가 전 부인인 멜린다와 설립한 빌 앤 멜린다 게이츠 재단은 회사 자금이 아닌 전액 개인 자산으로 세워진 상황이며, 더 나아가 앞으로 재산의 95퍼센트를 기부하겠다고 약속하기까지 했다.

이런 그를 다른 모습으로 보는 시각도 있다. 그는 이미지 관리에 뛰어난 천재이자 이익을 위해서는 무엇이든 할 수 있는 사악한 기업인이라는 것이다. 그의 선행조차 이미지 세탁을 위해 치밀하게 계산한 결과라는 주장을 살펴보자.

창업 초기 빌 게이츠는 '실리콘밸리의 악마'라는 별명으로 불렸다. 출근길과 퇴근길에 회사 주차장을 오가며 직원들의 차량 번호를 메모하고는 누가 먼저 출근했는지, 누가 먼저 퇴근했는지 일일이 확인할 만큼 지독한 관리자였던 그는 그 무렵 사무실 근처에서 진행된 우주왕복선 발사 행사에 구경을 다녀온 직원들을 호되게 질책했던 일화로도 유명하다. 빌 게이츠가 이끌어온 회사 마이크로소프트의 성장 과정에도 숱한 논란과 잡음들이 있었다. 마이크로소프트는 인터넷 브라우저인 익스플로러를 윈도우에 끼워 팔아 익스플로러 점유율을 높인 것으로 유명하다. 당시 넷스케이프에서 만든 웹브라우저 내비게이터의 경우 시장점유율 90퍼센트에 육박하는 위세를 자랑하고 있었는데, 마이크로소프트는 자사 웹브라우저인 익스플로러를 출시한 이후 내비게이터를 탑재한 컴퓨터를 출시하면 윈도우를 쓰지 못하게 하겠다는 어깃장을 놓기도 했다. (결국 끼워 팔기로 내비게이터를 밀어낸 마이크로소프트는 독과점 금지법 위반으로

1998년 조사를 받았다.)

이런 모습은 인류애로 충만한 기부 천사의 이미지와 많이 다르다. 차라리 피도 눈물도 없는 냉혈한 사업가라는 느낌에 가깝다. 의심은 바로 이 대목에서 움트기 시작한다. '이런 사람이 어째서 난데없이 인류를 걱정하며 선행을 시작했을까, 그 저변에 다른 의도가 있지 않을까, 또, 컴퓨터라는 한 우물만 파던 사람이 갑자기 바이오 백신에 꽂힌 데는 다른 이유가 있었던 것이 아닐까' 하는 의심을 품는 이들이 생겨난 것이다.

· · ·

## 빌 게이츠와 바이오 산업

그리고 의심은 사소한 일화에도 큰 의미를 부여하기 마련이다. WHO가 코로나19 유행을 팬데믹으로 명명한지 이틀 뒤, 이름만 대면 알만한 거대 제약회사 대표들이 모여 백신 개발을 위한 회의를 열었다. 이 회의를 누가 주관한 곳은 다름 아닌 게이츠 재단이다. 빌 게이츠는 이 회의에 직접 참석했는데 회의가 끝나고 그가 남긴 한 마디가 갖가지 추측을 불러왔다. "지금껏 550억 달러(약 61조

1,500억 원)를 투자하면서 협력해온 게 바로 오늘을 위해 준비해온 것이구나." 이 말이 어떻게 들리는가? 혹시, 그가 백신 장사라도 시작하기 위해 판을 벌여왔다는 뜻일까? 빌 게이츠는 문재인 대통령에게 전화해 K-방역을 높이 사는 발언을 하며, 국내 감염병 연구 회사에도 수억 달러를 투자했다. 빌 게이츠가 투자했다는 소식이 돌면 관련 주식의 주가가 지붕을 뚫을 만큼 치솟았다. 롤러코스터를 타는 주가 변동 속에서 빌 게이츠가 막대한 이익을 보며 부를 축적해온 게 아니냐는 의심은 터무니없는 얘기로만 들리지는 않는다.

· · ·

## 빌 게이츠와 WHO

조금 더 혹할만한 이야기는 팬데믹 시대의 컨트롤 타워라 할 수 있는 WHO와 빌 게이츠의 관계에 대한 의심에서 시작된다. WHO 세계보건기구에 가장 막강한 영향력을 미칠 수 있는 인물, 바꿔 말해 WHO에 가장 많은 재정 지원을 하는 곳이 어딜까? 2017년 기준으로 1위는 미국, 2위가 게이츠 재단이다. 그리고 4위가 GAVI(세계 백신 면역 연합)라는 곳인데, GAVI에도 빌 게이츠가 어마어마한 돈

을 기부하고 있기 때문에 사실상 GAVI의 실세가 빌 게이츠 아니냐
는 세간의 의심이 있다. 그런데 트럼프가 미국의 대통령이 되면서
미국과 WHO의 관계가 틀어지고 미국의 재정 지원이 끊겨버렸다.
자연스럽게 빌 게이츠가 WHO의 최대기부처가 된 것이다. 그래서
어떤 이들은 '이쯤 되면 WHO는 결국 빌 게이츠의 것이나 다름없
다'며 빌 게이츠 한 사람에 의해 WHO가 휘둘리는 것은 아닌지 우
려의 시선을 보내기도 한다.

· · ·

## 빌 게이츠와 빅파마

이에 더해, 빌 게이츠와 빅파마(big pharma, 거대 제약회사)의 관계
를 고발하는 움직임도 있다. 전염병을 누군가 계획적으로 퍼뜨리고
있다는 내용의 다큐멘터리 〈플랜데믹(Plandemic)〉은 전염병이나 제
약과 관련된 학계엔 거대한 카르텔이 존재하고 그 카르텔을 벗어나
는 의견을 제시할 경우 거대한 압박을 받게 된다는 주장이 담겨있
다. 직접적으로 그러한 피해를 경험을 했다고 주장하는 주디 마이
코비츠 박사가 〈플랜데믹〉의 감독인 미키 윌리스와 나누는 대화의

한 장면을 보자.

> 감독　유행병 테스크포스의 책임자인 (국립알레르기·전염병연구소 소장) 앤서니 파우치가 은폐에 관여했죠.
>
> 박사　은폐를 지시했어요. 사실 모두가 큰돈을 받았죠. 파우치와 국립 알레르기·전염병 연구소로부터 수백만 달러를 지원 받았어요.
>
> 감독　1980년대 초에 과학이 망가졌고, 이해의 상충이 발생했어요. 국민이 선출하지 않은 수십억 달러 자산가 빌 게이츠와 같이 의학 배경, 전문지식이 없는 사람들이 이 나라에서 목소리를 내는 범죄의 배경이죠. 그 사이 수백만 명의 삶이 파괴되었죠.
>
> ― 플랜데믹 중에서

마이코비츠 박사는 박사는 코로나19가 자연적으로 발생한 게 아니라고 말한다. 마이코비츠 박사의 주장을 요약하자면 '미국 최고 감염병 전문가로 알려진 앤서니 파우치 박사는 빌 게이츠 및 거대 제약회사들과 한통속이며, 전염병이 퍼질 때마다 이들이 세상을 속여 공포를 조장하고 백신을 과대 확산시키고 있다'는 것이다. 마이코비츠 박사는 이런 주장을 담아 《Plague of Corruption》라는 책을 펴내기도 했는데 〈아마존〉과 〈뉴욕타임즈〉에서 베스트셀러에 오를 정도로 주목받았다.

마이코비츠 박사의 말을 믿는다면 "전 세계 인구 대부분이 백신을 맞을 때까지는 코로나19 발생 전으로 돌아갈 수 없다"는 빌 게이츠의 발언이 조금 다르게 들릴 수도 있을 것 같다. 그런 맥락에서, 거대 제약회사들이 기업이윤을 위해, 전 세계 모든 사람이 백신을 맞도록 전염병을 퍼뜨렸다는 의혹이 제기된 것이다. 그리고 의심은 걷잡을 수 없이 커져갔다. 미국이나 프랑스에서는 백신을 거부하는 취지의 집회가 숱하게 열렸으며, 일부 전문의들이 나서서 '백신 거부 운동'을 이끌기도 했다.

백신을 거부하는 이들 중 많은 수는 제약회사와 공조한 각국 정부가 코로나19에 대한 공포를 조장한다고 생각한다. 전 세계인들이 백신을 접종하게 되면, 그 이익은 다 누구 주머니로 들어가겠냐는 것이다. 그들은 말한다. "지난 20년 동안 게이츠 재단이 100억 달러(한화 약 11조) 이상을 기부했지만, 결국은 두 배 이상을 다시 벌어들였다."

· · ·

## 반론3 빌 게이츠의 주머니로 들어간 돈은 없다

두 배면 새로 생긴 수익만 22조 원에 이른다는 계산이 나온다.

하지만 미국 주식 전문가인 장우석 US스탁 본부장은 빌 게이츠가 백신으로 엄청난 돈을 벌었다는 의심도 사실과는 다르다고 주장한다.

제작진 　빌 게이츠는 정확히 얼마를 벌어들였는가?

장우석 　국내 다양한 언론을 통해 빌 게이츠가 제약회사에 어마어마하게 투자했다고 알려져 있다. 그런데 이것은 투자가 아니라 재단 차원에서 한 후원이라고 보는 것이 타당하다. 빌 게이츠는 비단 코로나뿐만 아니라 과거부터 에이즈, 결핵, 말라리아 퇴치를 위해서 30억 달러 이상의 자금을 썼다. 빌 게이츠가 한 인터뷰에서 '(이러한 투자로 인해) 2,000억 달러를 벌었다'는 발언을 해서 게이츠 개인이 막대한 이익을 거둔 것으로 오해하는 분들이 있지만 이 발언은 사실 빌 게이츠 개인이나 회사가 아니라 사회적으로 2,000억 달러 규모의 이익을 거두었다는 내용이 곡해된 것이다.

제작진 　빌 게이츠가 재단을 통해 개인적인 이익을 취했을 가능성은?

장우석 　자선사업을 하면서 뒤로는 자신의 수익을 불렸다는 오해도 있는데, 오히려 빌 게이츠가 자선사업을 하지 않았다면 그의 자산은 더 커졌을 것이라는 사실을 수치를 통해 확인할 수 있는 데다(Would be worth $175b had he never donated a dollar to charity), 빌 게이츠는 이미 자산의 95퍼센트를 사회에 기부하겠다고 약속한 바

있다.

제작진　포브스 기사를 보면 2018년 기준, 빌 게이츠 순자산이 세계 2위 (96조), 2019년에는 역시 2위(130조), 2020년에도 2위(120조), 2021년은 3위(149조)로 재산이 별로 줄어들지 않았다. 기부를 그렇게 했는데 왜 재산이 오히려 늘어났을까?

장우석　재산이 늘어난 이유는, 마이크로소프트 주식이 40% 상승했기 때문이다. 그러나 이 역시도 빌 게이츠 행보와 연결해서 보기보다는 코로나 19시대 언택트 수혜주라서 급등한 것이라 보는 것이 옳다. 마이크로소프트만 그런 게 아니라, 많은 IT 기업들이 코로나 19 발발 이후 주가가 폭등했다는 사실과 같은 맥락이라 볼 수 있다.

· · ·

## 백신에 대한 불신, 더 나아가 의학에 대한 불신

빌 게이츠가 자산 증식을 위해 전 세계 사기극을 벌이고 있다는 의혹은 거두어도 될 듯하다. 그러나 이렇게 증거를 내밀어도 여전히 의심스럽다는 눈빛을 보내는 이들이 있다.

"게이츠는 이미 차고 넘치는 돈을 가지고 있다. 그가 원하는 것은 더 많은 돈이 아니라 절대적인 영향력이다. 세계를 지배할 수 있는 영향력."

"이 세계는 겉으로 드러나지 않은 소수 엘리트 집단에 의해 이미 지배되고 있다."

이름만 대면 알만한 전 세계의 지도자, 배우, 기업가, 혹은 빌 게이츠 같은 부자들이 모여 조직을 만들고 인류를 손아귀에 넣어 쥐락펴락하고 있다고 가정해보자. 이들이 세상을 손쉽게 조종할 수 있는 가장 강력한 무기는 무엇일까? 바로 바이러스다. 그들은 치료제나 백신을 미리 확보하고 있으면서도 세상에 내놓지 않는 방법으로 위기를 고조시키고 사람들을 통제할 수 있을 것이다.

이런 의심은 때로는 '권력자들만 은밀히 백신을 맞는다'는 방향으로 흐르기도 하지만, '인류가 전부 백신을 맞아 조종당하는 동안, 권력자들은 백신을 맞지 않는다'는 식으로 번지기도 한다. 그 기저에는 백신은 '맞으면 해로운 것'이라는 생각이 깔려있기 때문이다. 실제로 빌 게이츠 부부가 본인 자녀들에게는 백신을 접종시키지 않는다는 가짜뉴스가 돈 적이 있다. (2019년 멀린다 게이츠가 SNS를 통해 "우리 아이들은 백신을 다 맞았다"라고 직접 밝혔으며, 빌 게이츠 본인도 백신을 접종했다.)

제기되는 의혹마다 증거를 가져와 사실을 입증하는데도, 새로운 의혹이 끊임없이 올라오는 이유는 무엇일까? 여기에는 백신과 제약 회사에 대한 불신, 더 나아가 의학에 대한 불신이 자리하고 있다. 대중 사이에 의학에 대한 불신이 생겨난 상태에서 마이코비츠 박사와 같은 인물이 유사과학을 주장하면 사람들은 "저것이 진실"이라며 확신하게 된다.

마이코비츠 박사의 경우, 생물화학 박사 출신인 것은 사실이며 한때 〈사이언스〉에 논문을 내기도 했다. 하지만 근거 부족으로 논문이 철회된 이후 학계와 어긋나는 길을 가고 있다고 한다. 마이코비츠 박사는 〈플랜데믹〉에서도 '마스크를 쓰지 마라'거나 '바닷가에 자주 가면 코로나를 방지할 수 있는 면역력이 생긴다'는 식의 주장을 펼친다.

프랑스에서 백신 반대 운동을 벌이는 대표적 전문가로 뤽 몽타니에라는 바이러스 학자가 있다. 그는 노벨상까지 수상한 학자인데, 최근 'DNA가 전자기파를 통해 옮겨간다'는 유사과학을 주장해 학계에서도 논란의 중심에 있다. 백신 반대 운동의 또 다른 중심축인 앙리 주와이외는 대체의학, 자연치유를 지향한다. 어쩐지 안아키(약 안 쓰고 아이 키우기)의 모습과 겹쳐 보이기도 한다.

## 음모론은 불안을 먹고 자란다

음모론은 불안을 먹고 자란다. 음모론이 자꾸 힘을 얻는 데는 그만한 이유가 있다. 음모론인 줄로만 알았고 음모론이기를 바랐던 끔찍한 소문들이 사실로 밝혀진 역사들이 실재하기 때문이다. 미국 앨라배마 터스키기 지역에서 벌어진 이른바 터스키기 사건이 대표적인 예이다. 터스키기 지역에 살던 흑인들 사이에 매독이라는 성병이 돌자, 미국 정부에서 이들을 치료해주겠다며 의료진을 파견했다. 매독에 걸린 사람들은 수십 년 넘게 무료로 치료를 받았다. 하지만 그건 치료가 아니라 불법 실험이었다. 정부는 매독 치료제가 이미 나온 지 오래였음에도, 매독에 걸린 사람들이 어떻게 병을 앓고 죽어 가는지 관찰하고 있었던 것이다. 연구를 위해 겉으로는 치료하는 척만 했고, 심지어 장례식 비용을 대준다는 달콤한 말로 속여 사후에 시신 해부까지 했다. 정부가 국민을 대상으로 벌인 일이라기에는 너무 끔찍해 도시 전설처럼 들리지만 실제로 일어났던 사건이다. (1932년 시작된 이 일은 1972년에야 언론에 알려지며 중단되었다.)

미국은 의료비가 비싸기로 유명하다. 서민들은 돈이 없어서 치료받기조차 힘든 가혹한 현실 때문인지 공공의료나 거대 제약회사에 대한 음모론은 유난히 미국 발인 경우가 많다. 그런데 지금이 어떤 시대인가? 미국에 도는 소문이 지구 반대편인 한국까지 오는 데 단 몇 초도 걸리지 않는다. 초고속 인터넷 망을 타고 루머는 전염병처럼 확산되고 재생산되며 더욱 몸집을 불려 나간다.

백신에 대한 불신은 미국뿐만 아니라 한국에서도 상당한 지지를 받고 있다. 지난 2020년 독감 백신 파동을 떠올려보자. 일부 독감 백신은 상온에 노출되었고, 또 다른 백신에서는 백색 입자가 발견되었다. 연거푸 일어나는 사건에 백신 품질을 신뢰하기 어렵다는 목소리가 높아졌다. 그러던 중 백신 접종 후 이상 반응이 나타났다는 신고가 수천 건 넘게 접수되었다. '독감 백신 접종 후 고등학생이 사망했다'거나, '독감 백신을 맞은 노인이 목욕 중 숨을 거뒀다'는 뉴스가 등장했다.

그런데 이런 소문은 항상 처음에 관심을 끌다가 결말은 흐지부지 잊히고 만다. 백신 파동 때 사망한 사람들에 대한 조사 결과도 그러했다. 결국 백신과 사망은 인과관계가 없는 것으로 드러났지만 백신에 대한 막연한 불안감은 여전히 사회 어딘가에 남아 있게 되었다.

· · ·

# 코로나19 백신은 믿어도 되는가?

그렇다면 백신은 정말 위험하지 않은 것일까? SBS 조동찬 의학 전문기자에게 물어봤다.

제작진 2020년 독감 백신 당시 많은 의혹이 있었다.

조동찬 지난해 실제로 일련의 사태 때문에 독감 백신 접종률이 지난해보다 낮아졌다. 결과적으로 질병관리청에서 독감 백신 후 사망했다고 접수된 이들을 역학 조사한 결과, 지금까지 단 한 명도 독감 백신이 원인이라는 게 확인된 사례는 없다. 실제로 우리가 모르는 어떤 이유 때문에 독감 백신이 원인이 되어 사망했을 가능성을 완벽하게 배제할 순 없겠지만…. 2020년 우리나라에서 독감 백신으로 인한 사망자 현재 보건 당국에 의해 확인된 사례는 없는 상태다.

제작진 통상적으로 백신의 부작용은 얼마나 되는가? 코로나 19 백신의 경우는 어떠한지 궁금하다.

조동찬 지금 코로나19 백신은 조금 급하게 나온 측면이 있다. 보통 백신이 세상에 등장하기까지는 임상시험 연구기간을 포함해서 5년이 넘게 걸리는데 코로나19 백신은 1년, 길게 잡아 3년 정도의 짧은 기간을 거쳐 세상에 등장한 것이다. 그래서 실제로 세상에 사람들에게 코로나19 백신을 놔봤더니 그 백신의 부작용으로 급성 알레르기 반응의 한 종류인 호흡곤란 그리고 저혈압, 쇼크 반응 같은 것이 등장했으며 기존 독감 백신과 비교해 봤을 때 한 8배 정도 높다는 결과가 있다. 그런데 그 8배 정도 높은 것을 확률도 따져보면 0.002퍼센트 정도? 그러니까 99.998퍼센트의 사람에게는 아무 이상이 없었다는 것이 과학적 데이터다.

제작진  그렇다면, 본인은 코로나 백신을 가족들에게 접종하라고 권할 것인가?

조동찬  일단 어머니 같은 경우에는 우선 대상 접종자로, 당연히 맞으시라고 이미 말씀드렸다. 나머지 가족들의 경우도 접종을 권장하고 있다. 그리고 나 역시 기회가 주어진다면(2021년 1월 기준) 참가하고 싶은 마음이다.


물론 백신이 100퍼센트 안전하다고 장담할 수는 없다. 백신이란 태생적으로 위험을 안고 있다. 하지만 질병에 노출돼 사망에 이를 위험과 백신 부작용을 겪을 위험 중 선택한다면 무엇이 더 합리적 결정일까? 물론 아무리 낮은 가능성이라도 더욱 안전한 백신을 개발하는 것이 현대 의학의 역할일 것이다. 또한 빅파마가 자신들의 이익을 위해 부정을 저지르지 않는지 시민으로서 감시하고 살펴야 한다. 다만 엉뚱한 가짜뉴스가 사회 불안을 키우고 본질은 덮는 것은 위험하다. 음모론이 득세하면 우리는 실제로 존재하지도 않는 그림자와 싸우게 된다는 점을 잊지 말아야 할 것이다.

백신에 칩을 심어 인류를 조종한다는 음모론은 비단 코로나 시대의 이야기만은 아니다. 물건을 사면 바코드에 입력된 코드로 인류를 조종한다거나, 신분증을 몸에 이식하면 언제든 감시받을 수 있다는 류의 음모론은 과학의 발전에 따라 다양한 얼굴을 한 채로 우리 곁에 머물러왔다. 지금은 우습게 들리지만 그 시절엔 꽤나 과학적이고 그럴듯한 의혹으로 둔갑해있었다. 그럴 때마다 인류는 진실을 알 수 없기에 늘 공포에 떨어야만 했다. 왜 우리는 그 공포에서 벗어나지 못한 채, 얼굴만 바꾼 알맹이는 그대로인 음모론에 휘둘려왔을까?

<당신이 혹하는 사이> 코로나19 편을 제작 중이었을 때는 '우리가 진짜 백신을 맞게 될 날이 올까?' 하고 반신반의했다. 그래서 백신 부작용이나 사망과의 인과관계에 대해 지금보다는 가볍게 생각한 부분도 없지 않아 있다. 하지만 며칠 앞으로 다가온 코로나19 백신 접종 앞에서 나는 비로소, 백신 음모론에 대한 질문을 다시 던질 수 있었다. 코로나19 백신 접종 후, 잔병 하나 없이 건강했던 청년이 사망했다는 기사를 접하면서 사람들은 순식간에 목숨의 위협을 느끼게 된다. 나도 그렇다. 내가 모르는 전문분야에서 진실과 거짓을 가려내는 건 쉽지 않은 일이기 때문이다. 이때 사람들의 불안감을 해소해주는 것은 결국 해당 부처에서 진상을 규명하고 투명하게 정보를 공개하는 일이다. 또 이 정보를 곡해하지 않고, 올바로 받아들이는 것이 우리가 더 이상 음모론에 휘둘리지 않을 유일한 방법이다.

하지만 역사 속에서 정부는 국민을 속여 가며 실험을 했고, 사람들은 언젠가부터 아무리 진실과 마주해도 그것을 믿을 수 없게 됐다. 음모론은 생명과 직결되는 가장 약하고 즉각적인 부분, 급소를 강타하기 때문이다. 자연스럽게 움츠러들 수밖에 없다. <당신이 혹하는 사이> 첫 방송을 준비하면서, 최소한 지금 우리가 마주해있는 코로나 19 음모론의 얼굴만큼은 껍데기를 벗기고 시청자들이 진실에 다가설 수 있었으면 했다. 하지만 다음날 <당신이 혹하는 사이> 유튜브 편집본에 달린 댓글 내용은 참담했다. '방송국 놈들도 결국 빌 게이츠와 한패'라거나 '비밀결사조직이 실재하는데 왜 진실을 왜곡하냐'는 식의 비난이 이어졌다. 빌 게이츠 역시 자신의 유튜브 채널에 '백신 음모론'과 관련한 해명 인터뷰를 올렸다. 하지만 올린 지 몇 시간 만에 댓글 창을 닫아야만 했다. 지금 전 인류는 코로나19와의 전쟁 중에 있지만, 이에 못지않게 음모론과도 피 터지는 싸움을 하고 있다. 과연 코로나19가 종식될 때쯤, 우리에게 진실과 거짓을 가려내는 음모론 면역이 생길까?

연출 **공동연출** 작가 **최윤화**

# "백신이 우리 몸에
# 짐승의 표 666을 새긴다"

· · ·

## "전 세계 인류의 90퍼센트는 사라져야 한다"

세상에는 수많은 음모론이 있으며 무려 수백 년의 역사를 이어 온 것도 있다. 한편 코로나19에 대한 음모론은 이제 겨우 1~2년 전에 발생했지만 놀라운 힘을 가지고 퍼져나가는 중이다. 코로나19에 대한 음모론은 '누군가 인위적으로 만들어 확산시켰다'는 주장을 넘어 '인구를 대대적으로 감축시키려는 불순한 계획의 일환이다'라는 의혹으로 커지기도 한다. 이 이야기도 시작은 역시 빌 게이츠의 말이었다.

"첫 번째는 인구입니다. 현재 지구에는 68억이 살고 있죠. 이 수치는 90억까지 늘어날 것입니다. 우리가 정말로 훌륭하게 새로운 백신, 보건, 출산 의료 서비스의 과업을 잘 해낸다면, 10~15%까지 낮출 수 있겠죠."

TED 강연 중 빌 게이츠가 직접 말한 내용이다. 분명 이상한 이야기다. 백신으로 인구를 감축할 수 있다니, 설마 백신으로 사람을 죽인다는 이야기일까? 이 발언 때문에 온라인에서는 이런 루머가 돌았다.

'인류가 지속적으로 생존하려면 전 세계 인구의 90퍼센트는 사라져야 한다고 빌 게이츠가 직접 말했다.'
'본인의 입으로 직접, 백신으로 인구를 줄일 거라고 이야기했다.'

그 증거로 빌게이츠의 TED 강연 영상이 첨부됐다. 이 영상을 접한 이들은 대부분 큰 충격을 받았고 빌 게이츠가, 일루미나티의 목표를 실행하고 있다는 소문이 퍼져나갔다. 여기서 왜 갑자기 일루미나티가 튀어나왔을까? 그 논리는 다음과 같이 전개된다.

① 빌 게이츠는 백신으로 인구를 줄일 수 있다고 했다.
② 인구를 5억 이하로 유지해야 한다는 계명이 비밀리에 전수되고 있다.
③ 미국의 조지아주의 한 석상에 그 계명이 새겨져 있다.

④ 위 계명이 새겨진 이른바 '조지아 가이드 스톤'을 세운 건 일루미나티다.

⑤ 그러므로 빌 게이츠는 일루미나티다.

. . .

## 미국에 세워진 종말의 비석

이 주장이 타당한지 살펴보려면 조지아 가이드 스톤이 무엇인지부터 알아야 한다. 이는 미국 조지아에 있는 6미터 높이의 거대한 석상으로 미국판 스톤헨지라 불린다. 이 석상이 세워진 것은 1980년 3월 무렵, 비교적 현대의 일이다. 1979년 6월, 한 남자가 건축가를 찾아와 석상 제작을 의뢰하며 이런 말을 남겼다고 한다.

"저희가 이 건축물을 세우려고 지난 20년 동안 비밀리에 준비해왔습니다. 세상의 종말을 견딜 수 있는 기념비입니다. 이 석상이 종말 이후 남겨진 소수의 인류에게 지침을 제공해줄 겁니다."

이 말을 남긴 인물, 즉 제작을 의뢰한 인물은 지금까지도 베일 뒤에 감춰져 있다. 다만 인류에게 지침을 주기 위해 세웠다는 석상에 새겨진 기이한 내용만이 갖가지 추측을 불러일으킬 뿐이다. 그 내용은 다음과 같다.

- 자연의 균형이 계속되게 하기 위해 인구를 5억 이하로 유지하라.

  (Maintain humanity under 500,000,000 in perpetual balance with nature.)

- 현명하게 번식하도록 이끌라 - 적절함과 다양성을 발전시켜라.

  (Guide reproduction wisely - improving fitness and diversity)

- 사용되는 새로운 언어로 인류를 통합하라.

  (Unite humanity with a living new language.)

- 열정-믿음-전통을 단련된 이성으로 다스려라.

  (Rule passion-faith-tradition-and all things with tempered reason.)

- 공정한 법과 정의로운 법정으로 사람과 국가를 보호하라

  (Protect people and nations with fair laws and just courts.)

- 세계 법정을 통하여 외부 분쟁을 해결함으로써 모든 국가가 내치하게 하라.

  (Let all nations rule internally resolving external disputes in a world court.)

- 옹졸한 법과 무능한 공무원을 피하라.

  (Avoid petty laws and useless officials.)

- 사회적 의무와 개인의 권리가 균형을 이루게 하라.

  (Balance personal rights with social duties)

- 진실-아름다움-사랑을 소중히 하여 무한한 조화를 찾도록 하라.

(Prize truth-beauty-love-seeking harmony with the infinite.)

- 지구의 암덩어리가 되지 말라 - 자연에 자리를 남겨주어라 - 자연에 자리를 남겨주어라.

(Be not a cancer on the earth-Leave room for nature-Leave room for nature.)

가장 문제가 되는 내용은 조지아 가이드 스톤의 첫 줄, "자연의 균형이 계속되게 하기 위해 인구를 5억 이하로 유지하라"는 계명이다. 현재 전 세계 인구는 70억 명이 넘는다. 조각상이 세워진 1980년대 인구는 약 45억 명이었다. 그때 기준으로 하더라도, 인구를 5억 명으로 유지하려면 9분의 1만 살아남아야 한다는 계산이다.

누군가의 장난이라 보기에는 이 석상을 만드는 데 들인 비용이나 노력이 만만치 않아 보인다. 놀랍게도 조지아 가이드 스톤은 태양과 달의 위치를 고려해서 제작되었다. 실제로 2017년 달이 태양의 전부를 가리는 개기일식이 일어났을 때는 조지아 가이드 스톤 앞으로 수많은 인파가 몰려들었다. 달이 태양을 가려 세상이 끝난 듯 대낮에도 어두컴컴해지는 현상을 조지아 가이드 스톤 앞에서 경험할 수 있었기 때문이다. 대체 누가 왜 이런 석상을 세웠을까?

석상의 의뢰자는 끝끝내 정체를 드러내지 않았다. 다만 의뢰인의 부탁으로 건축가를 찾아간 사람은 확인됐다. 이름은 로버트 크리스찬. 그러나 이 역시 가명이었고 건축가에게 죽을 때까지 자신의 존재를 비밀에 부쳐달라는 당부를 했다고 한다.

로버트 크리스찬이라는 이름이 다시 주목을 받게 된 건 조지아 가이드 스톤이 세워진지 8년 후. 이 이름으로 한 권의 책이 출판됐기 때문이다. 《Common Sense Renewed》라는 제목의 책은 말하자면 조지아 가이드 스톤에 적힌 계명에 대한 일종의 해설서다. 《Common Sense Renewed》에도 역시나 '인구를 통제해야 한다'거나 '인구 과밀화 문제는 용납해서 안 될 악'이라는 문구가 적혀 있다. 로버트 크리스찬은 이 책을 미국 의회는 물론 전 세계 유명 정치인, 기업가 등 수천 명에게 보냈다고 한다. (물론 그 명단에 빌 게이츠가 속해 있었는지는 알 수 없다.)

· · ·

## 백인우월주의단체 KKK의 추종자

로버트 크리스찬이라는 가명으로 알려진 이 인물은 조지아 가이드 스톤의 건축을 도왔던 어느 은행장에게 몇 년 동안 편지를 보냈다. 그런데 딱 한 번, '로버트 크리스찬'이 아닌 다른 이름으로 편지가 도착했다. 그 이름은 미스터 메리맨. 다큐멘터리 〈Dark Clouds Over Elberton〉는 이 편지를 단서로 로버트 크리스찬의 정체를 추적했다. 다큐멘터리 제작팀은 편지의 발신 주소와 조지아 가이드 스톤 해설서를 펴낸 출판사를 뒤쫓은 끝에 미스터 메리맨으로 추정되는 인물을 찾았다. 그는 실제로 해설서 《Common Sense Renewed》를 펴낸 사람이었다.

그러니까 조지아 가이드 스톤의 건립 의뢰자 로버트 크리스찬은 가명이고, 조지아 가이드 스톤의 가이드북을 펴낸 인물은 미스터 메리맨이다. 이 사람이 정·재계 유명 인사들에게 이 책을 보냈는데 그 발신 주소에는 미스터 메리맨의 친구라는 사람이 살고 있었다. 이들 모두 어떤 비밀스런 계획 아래 모인 단체의 일원일까?

그런데 미스터 메리맨과 그의 친구는 또 한 명의 뜻밖의 인물과 연결돼 있었다. 세계적인 물리학자로서 노벨 물리학상을 수상한 윌리엄 쇼클리(William Bradford Shockley)다. 그는 현대 컴퓨터 기술의 출발점이자 핵심이라고 할 수 있는 트랜지스터의 개발자로 유명하지만, 한편으론 극심한 인종 차별주의자이자 우생학 신봉자로 알려져 있다. 그는 인종별 평균 IQ를 내세워 흑인이 유전자적 열성에 속한다고 주장했다. 이 때문에 쇼클리가 대학에 초청강연을 하러 가면 학생들은 그를 조롱하기 위해 배너를 펼쳐 들거나, KKK 단의 복장을 하고 강연에 들어오곤 했다는 일화가 유명하다.

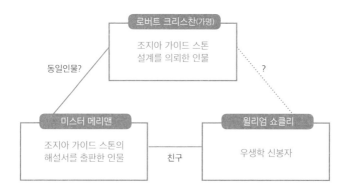

우생학을 나타내는 영어 단어 'eugenics'는 그리스어 'eu(well, 잘난, 좋은, 우월한)'와 'genos(born, 태생)'의 합성어다. 다시 말해 'eugenics'는 글자 그대로 '잘난 태생에 대한 학문(wellborn science)'을 의미한다. 초기 우생학은 '몇 세대에 걸쳐 결혼을 신중하게 하면 천재를 배출하는 것이 실제로 가능하다'는 이른바 긍정적 우생학에서 출발했지만, 갈수록 '우수하지 못한 이들을 제거해야 한다'는 논리로 발전해 갔다.

독일 나치는 우생학을 신봉한 대표적 사례로 꼽힌다. 인종적 순수성에 집착했던 히틀러는 유전적 질환을 가진 이들은 아이를 낳지 못하도록 출산 방지법(Law to Prevent Hereditarily Diseased Offspring)을 발표했고 이후 12년 동안 200만 명에 이르는 사람들에게 강제로 불임 시술을 시행했다.

미국의 '캐리 벅 사건'도 이와 비슷하다. '3대 이상 지적장애아를 출산한 경우는 강제로 불임 시술할 수 있다'는 선고가 1923년 미국 법정에서 내려졌다. 자유의 나라 미국에서, 국가가 한 개인의 출산을 저지하고 강제로 불임시술을 하는 전대미문의 사건이 일어날 수 있었던 것은 당시 유행했던 우생학의 영향이다. 미국 역사상 최악의 판결로 손꼽히는 이 재판으로 강제 불임시술을 당한 첫 번째 피해자가 바로 캐리 벅이다.

다시 본론으로 돌아가자. 다소 복잡한 이야기를 통해 조지아 가이드 스톤을 세운 사람과 해설서를 통해 인구감축론을 적극적으로 주장하던 사람, 그리고 백인우월주의자가 모두 상당한 연결고리를 갖고 있다는 사실을 확인했다. 자, 어떤 그림이 그려지는가? 백인이 아닌 인간을 제거해 인구를 대폭 감축하려는 계획은 과연 은밀히 진행되고 있을까?


· · ·


## 손흥민이 일루미나티의 일원?


이제 조지아 가이드 스톤이 KKK 혹은 우생학과 연관돼 있다는 추측은 이해할 수 있다. 그럼 대체 일루미나티는 왜 등장한 것일까?

조지아 가이드 스톤뿐만 아니다. 음모론에 조금이라도 관심 있는 사람이라면 일루미나티의 이름을 반드시 들어봤을 것이다. 전 세계에서 가장 강력하고도 비밀스러운 조직으로 알려진 일루미나티의 정체는 무엇일까?

놀랍게도 일루미나티는 가상의 단체가 아니다. 실제로 존재하는 조직이다. 중세 시대에는 마녀사냥이라는 이름으로 많은 여성이 학살당했다. 신을 버리고 악마와 계약했다는 이유로 불구덩이 속에 던져져 죽은 것이다. 마녀라는 낙인이 찍히면 가장 끔찍한 방법으로 죽을 수밖에 없던 그 시절, 독일의 아담이라는 남성이 이런 세태를 바꾸겠다는 결심으로 한 비밀 결사 조직을 세웠다. 바로 일루미나티였다.

조직이 만들어지자마자 종교에 염증 느끼던 지식인들이 바글바글하게 모여들었다. 가입원서를 써낸 사람만 3,000명에 이르렀다는데, 그중에는 괴테와 모차르트가 있었다는 설도 있다. 이들은 외쳤다. "신과 인간은 동등하다! 자유를 말하라!" 문제는 당시 교회에서 이런 말을 듣고 가만히 두고 보지 않는다는 것이다. 교황은 일루미나티를 불순한 단체로 규정하고 해체를 명했다. 아담은 이곳저곳으로 도망 다녀야 했고 일루미나티는 자연히 사라졌다. 여기까지가 일루미나티의 진짜 역사다.

그런데 그 뒤로 어째서인지 이상한 소문이 돌았다. 소문은 잊을 만하면 한 번씩 등장했다. '일루미나티 조직원을 유럽 어디에선가 봤대.' '프랑스 혁명의 뒤에 일루미나티가 있었대.' 주로 이런 식이다. 이야기는 부풀려졌고 케네디 대통령 암살, 9·11테러, 그리고 코로나19까지 모든 사건의 배후에 일루미나티가 있다는 루머가 퍼졌다.

이제 조직의 원래 취지는 사라진 채 '엘리트로 결성된 비밀 결사 조직이 있다더라'는 환상만 남았고, 거기에 이런저런 살이 붙었다. 오늘날 일루미나티 음모론을 지지하는 이들은 일루미나티가 세계 단일 정부를 꾸리는 것을 목표로 하며 뉴월드 오더(New World Order, 신세계 질서)라는 계명을 지킨다고 믿는다.

1달러짜리 지폐 뒤에 있는 그림이 일루미나티의 상징이라는 속설은 유명하다. 삼각형 속에 눈을 그린 이 그림은 원래 〈섭리의 눈〉이라고 불리며 르네상스 시절 즈음 교회에서 사용하기 시작한 상징이다. 하지만 이제는 일루미나티 상징으로 유명해졌으며 눈 모양만 그리면 일루미나티라는 식이 되었다.

심지어 눈 근처에 손을 가져다 대도 일루미나티에 포섭된 증거라고 주장한다. 한번은 손흥민 선수가 세레모니의 일환으로 엄지와 검지를 이용해 사각형을 만든 뒤 눈에 가져다 대고 사진을 찍는 포즈를 취했다. 그러자 "손흥민이 일루미나티에 포섭됐다"는 소문이 돌았다. K-POP 안무나 뮤직비디오 영상을 분석해서 특정 가수가 일루미나티에 가담하고 있다거나 SM엔터테인먼트 이수만 회장이 일루미나티라는 글이 온라인에서 수두룩하게 발견될 정도다. 일루미나티는 이제 공식적으로 존재하지 않는다고 설명해도 누군가 반론한다. "그럼 비밀 결사 조직이 대놓고 활동하겠어요? 당연히 비밀리에 움직이죠."

음모론자들이 일루미나티의 증거라고 종종 일컫는 게임용 카드가 있다. 2001년 한 회사에서 제작한 이 카드에는 놀랍게도 이후 발생한 세계적인 테러와 재난 등의 상황이 정확하게 묘사돼 있다. 그 중에서도 가장 많은 이들을 혹하게 했던 것이 바로 '9·11카드'다. 이 카드에는 똑같이 생긴 두 개의 건물이 폭발하며 무너지는 상황이 그려져 있다. 보자마자 9·11테러 장면이 떠오르지만 이 카드가 제작된 시기는 테러 발생 6년 전이다. 그렇다면 이 카드가 미래를 예언하기라도 한 것일까?

카드게임 회사 직원이 경찰 조사를 받았다는 사실이 알려지자, 9·11 테러 역시 오래 전부터 일루미나티가 설계한 사건이라는 소문이 퍼졌다. 그리고 그 내용은 꽤나 묘했다. '당시 이 회사에 엄청 유명한 해커가 일하고 있었는데 그 해커가 어딘가를 해킹해서 미래에 벌어질 일들을 알아냈다'는 내용이었다. 해킹을 통해 미래에 벌어질 일을 알아냈다니, 해커가 찾아낸 자료의 정체는 무엇일까? 바로 일루미나티의 비밀 계획서였다.

실제 이 카드의 이름 또한 '일루미나티 카드'다. 정리하자면 9·11테러를 비롯한 전 세계의 많은 재앙이 일루미나티와 같은 비밀 조직의 계획이었고, 그 계획안이 해킹돼 이런 카드를 만들어낸 것이라는 이 스토리는 이미 인터넷에 널리 퍼져있다. 최근 이 이야기가 더 화제가 되는 것은 이 카드에 포함된 한 장의 카드 때문이다. 박쥐처럼 보이는 보라색 괴물과 둥근 지붕을 한 건물이 그려진 이 카드를 보고 어떤 이들이 둥근 지붕 건물이 어디인지 찾아냈는데 다름 아닌 '중국 우한에 있는 한 호텔'이었다. '박쥐와 우한' 두 단어가 등장하면서 사람들이 떠올린 건 당연하게도 코로나19였다. 그리고 의심은 꼬리에 꼬리를 물고 깊어진다. 과연 지금의 팬데믹 상황도 모두 일루미나티의 계획이었을까?

이쯤 되면 너무도 많은 증거가 딱딱 맞아 떨어진다고 생각하는 것도 무리는 아니다. 하지만 조금만 각도를 틀어 다른 방향에서 생각한다면 전혀 다른 결론이 나올 수 있다. 사실 돔 형식의 둥근 지붕은 매우 흔히 쓰이는 건축 양식이다. 미국 워싱턴 DC 의회도 우리나라 국회의사당도 돔 형식이다. 그러니 카드 속 그림이 우한의 호텔이라는 주장은 코에 걸면 코걸이, 귀에 걸면 귀걸이가 되는 셈이다. 실제 카드 속의 건물 그림은 중국 우한의 호텔보다 미국 국회의사당과 더 유사하다.

카드회사 직원이 일루미나티 본부를 해킹했다는 것도 팩트가 아니다. 카드회사 직원 중 유명 해커가 있었고 그가 조사를 받은 것은 사실이다. 하지만 그가 해킹한 내용이 카드에 반영되었는지는 확인되지 않았다. (알려진 바로는 9·11테러가 아니라 911응급 대응 시스템 운영 관련 자료를 해킹했다고 한다. 우리나라로 말하자면 119 소방 자료를 빼낸 것이다.) 사람들을 속이는 것은 언제나 절반 이상의 팩트에 약간의 거짓을 가미한 가짜뉴스다.

· · ·

## "인구를 줄이자"는 말을 한 진짜 이유

빌 게이츠가 일루미나티라서 인류 대부분을 말살하려고 했다는 주장은 접어두자. 그래도 그가 백신으로 인구를 줄이자는 말을 한 것은 사실이지 않은가? 이 말은 어떤 맥락에서 나온 것일까? 그는 인구 문제에 관심을 가지고 오래전부터 강연해왔다. 인구가 폭발적으로 증가하는 원인은 제3세계의 출산율 때문이다. 아프가니스탄의 경우, 신생아 19명 중 1명이 생후 1개월 이내 사망한다. 그러다 보니 부모는 일단 많이 낳아서 최대한 살리는 방식을 선택하고 본다.

빌 게이츠는 이 문제를 이야기한 것이다. 백신으로 어린아이들을 살리면 무분별한 출산을 줄일 수 있고 나아가 인구도 조절할 수 있다는 취지다. 다시 말해, 인구 증가율을 낮추자는 것이지 현재의 인류를 줄이자고 한 것이 아니다. 인류 대부분을 말살하자는 얘기는 어디서도 한 적이 없다. 세계적 비즈니스 리더들이 그러하듯 빌 게이츠 역시 미래 세상을 예측하기를 좋아했다. 그는 1995년《미래로 가는 길》이라는 책에서 자신의 상상을 밝혔다.

- 초고속 인터넷 통신망을 이용해 영화를 기기와 상관없이 시청하게 될 것이다.
- 물건을 사고 싶으면 온라인으로 구경하고 비교하여 쉽게 구매할 수 있게 될 것이다.
- 미래에는 전화기 대부분이 납작한 화면 형식으로 변할 것이고 소형 카메라가 붙어있을 것이다.
- TV의 모습은 현재와 비슷하겠지만 보고 싶은 프로그램은 언제든 다시 볼 수 있을 것이다.

이 외에도 1999년 내놓은 예측에 따르면 지금의 스마트 비서(예: 시리나 빅스비), 온라인 구직 사이트(알바×국) 같은 풍경을 아주 상세하게 그렸다. 이제 다시 생각해보자. 빌 게이츠는 악마와 같은 본색을 감춘 배후 조종자일까? 아니면 뛰어난 통찰력으로 코로나19라는 재난을 예측해 백신 사업을 후원해온 오피니언 리더일까?

. . .

## 진짜로 돈 번 사람은 따로 있었다

빌 게이츠의 이름을 내세운 음모론이 퍼지는 동안 실제로 돈을 번 사람은 따로 있었다. '빌 게이츠 코로나 제조설'의 최초 유포자로 알려진 조던 세더도 그런 인물 가운데 하나다. 그는 자신을 큐어넌(QAnon)이라고 밝혀왔다. 그렇다면 큐어넌은 대체 어떤 사람들일까?

어느 날 '미국판 일베'로 불리는 사이트 '4chan'에 Q라는 닉네임을 가진 사람이 등장해 엄청난 사실을 폭로한다. 그의 주장을 정리하자면 다음과 같다.

'힐러리 클린턴을 비롯한 민주당원, 그리고 이를 지지하는 할리우드 셀럽(유명인사)들은 모두 딥 스테이트(deep state)라는 암흑 세력에 속해 있다. 나는 미국 정부의 최고 정보 등급인 Q 등급에도 접근할 수 있는 인물이어서 이런 사실을 알아냈다.'

딥 스테이트는 제도 밖 숨은 권력 집단을 의미한다는 점에서 일루미나티 음모론과도 맞닿아 있다. 당시 민주당 대선 후보였던 힐러리 클린턴을 비롯해 헐리우드의 유명 스타들과 기업인들이 모두 딥 스테이트의 일원이라는 주장이다. 이러한 Q의 발언은 크게 주목받았다. 사람들은 그를 추종하기 시작했고 그의 닉네임 Q에 익명이라는 뜻의 영단어 'anonymous'를 합쳐 "우리는 큐어넌"이라고 외쳤다. 큐어넌은 정확한 가입 명부를 가진 집단이 아니다. 큐어넌의 뜻에 동참하거나 스스로를 큐어넌이라고 밝히는 사람들에 의해 움직이는 가상의 단체에 가깝다. 이들은 최초의 폭로자 Q가 그러했듯 세상에 숨겨진 진실을 밝히겠다는 목적으로 움직이고 있다.

2021년 1월 미국 의사당에 대규모의 사람들이 난입해 총격전을 벌이고 최루가스로 아수라장을 만든 사건이 있었는데, 이때 난입한 이들이 바로 큐어넌이었다. 그들은 2020년 열린 미국 대선 결과, 즉 트럼프가 재선에 실패한 것을 받아들일 수 없었다. 왜냐하면 트럼프야말로 제도 밖의 숨은 권력집단인 딥 스테이트에 맞설 영웅이자 구원자라 여겼기 때문이다.

큐어넌은 트럼프가 숨겨진 악에 맞서고 있는 정의의 사도라고 믿었다. 그들은 코로나19 사태에서도 "이 위기를 극복할 수 있는 것은 트럼프뿐"이라고 했다. 그들의 주장에 따르면 코로나19와 백신은 모두 실체가 없으며 다수의 정치인과 학자가 거짓 선동에 동참하고 있다는 것이다. 큐어넌들은 코로나19의 존재를 부정하고 마스크를 쓰지 않거나 백신을 맞지 않았다. 그 결과 어떤 일이 벌어졌을까?

AP통신은 미국의 지역별 코로나19 확진자 비율과 트럼프 대통령 지지율 간의 연관성을 살폈다. 그러자 인구 10만 명당 코로나19 신규 확진자 수가 가장 많은 상위 376개 주의 93퍼센트가 (조 바이든 민주당 후보 대신) 트럼프 전 대통령에게 표를 던졌다는 점이 밝혀졌다. 쉽게 말하자면, 트럼프 지지율이 높은 지역일수록 코로나 확진자 비율이 높았던 것이다.

잘못된 신념이 바이러스를 퍼뜨리며 개인의 목숨을 빼앗고 사회 질서를 무너뜨리고 있지만 그 책임은 아무도 지지 않는다. '빌 게이츠 코로나 제조설'의 최초 유포자인 조던 세더는 오히려 이 기회를 틈타 돈을 벌었다. 사이트 만들어서 후원도 받고, 의문의 건강식품과 굿즈(가방, 티셔츠, 모자 등) 판매에 적극적으로 나섰다.

세더는 2019년에도 거짓 주장을 일삼은 상습적인 음모론자다. 당시 미국에서는 20년 만에 홍역이 대유행했는데 질병통제예방센터가 접종을 권하자 조던 세더는 "백신 유통기한이 얼마 남지 않아서 재고 처리하려고 백신을 권장하고 있다"고 소문을 퍼뜨렸다. 그는 부적절한 발언으로 계정이 삭제되어도 활동을 이어가며 사람들에게 두려움을 심었고, 그 두려움을 마케팅 수단으로 삼아 자기 잇속을 채웠다.

## "백신을 맞으면 '짐승의 표 666'이 몸에 새겨진다"

조던 세더 같은 음모론자들은 어둠의 정부가 우리를 조종하려 든다고 말한다. 그들이 말하는 조종 수단 중 하나가 '베리칩(나노 크기의 칩)'이다. 2020년 5월 실시한 여론 조사를 보면 미국인 4명 중 1명이 빌 게이츠가 칩을 심기 위해 백신을 이용할 것이라고 믿었고, 공화당 트럼프 지지자들은 무려 40퍼센트가 그렇다고 믿었다. 그들은 이렇게 생각한다.

'빌 게이츠가 전 세계인에게 백신을 접종하려 애쓰는 이유는 따로 있다. 백신 주사 속에 아주 작은 베리칩이나 나노칩을 넣어서 우리 몸에 주입하려는 것이다. 이 칩은 우리를 조종하고 다스리는 용도로 쓰인다.'

때마침 빌 게이츠의 재단이 실제로 디지털 신분증에 관한 프로젝트에 참여했다는 사실이 밝혀지며 논란은 더 커졌다. 이 프로젝트는 'ID 2020'으로 2020년부터 2030년까지 모든 사람에게 추적 가능한 디지털 신분증을 제공하자는 목표를 가지고 있다. 하지만 디지털 신분증이 칩 형태로 몸속에 삽입된다는 계획은 없으며, 카드 형태일지 혹은 완전히 새로운 형태일지에 대해서는 아무것도 밝혀지지 않았다.

이렇게 반론해도 누군가는 '빌 게이츠가 칩을 심으려고 한다'는 공포에서 빠져나오지 못한다. 그리고 누군가는 이런 두려움을 이용한다. 때론 정치적 목적으로, 때론 상업적 목적으로. 그런가 하면 종교적인 영역에서도 이런 음모론을 자신들이 목적에 부합하는 논리로 끌어다 쓴다. "Don't get 666 mark!" 우리말로 하자면 "666 마크를 받지 마라!"가 된다. 666 마크란 성경에 나오는 짐승의 표다.

> 또 낮은 사람이나 높은 사람이나, 부자나 가난한 자나, 자유인이나 종이나 할 것 없이 모든 사람에게 오른손이나 이마에 낙인을 받게 하였습니다. 그리고 그 짐승의 이름이나 그 이름을 표시하는 숫자의 낙인이 찍힌 사람 외에는 아무도 물건을 사거나 팔지 못하게 하였습니다. 바로 여기에 지혜가 필요합니다. 영리한 사람은 그 짐승을 가리키는 숫자를 풀이해 보십시오. 그 숫자는 사람의 이름을 표시하는 것으로서 그 수는 육백육십육입니다.
>
> ─《공동번역 성서》요한의 묵시록 13장 16~18절

받으면 지옥에 간다는 표. 짐승의 표. 백신을 통해서 몸속에 주입되는 베리칩은 정말로 성경에 나오는 그 표식일까?

"한국이 제일 문제예요. 바이러스 걸린 사람들을 바로 추적. 핸드폰으로. 그걸 몸에 집어넣는다고 생각해봐. 그걸로 추적한다고 생각해봐. (…) 그 안에 음모가 있단 말이야. 무서운 마귀. 죽일 수 있고 마인드컨트롤. 백신 맞는 거."

— K 목사

"빌 게이츠가 한국에 엄청나게 투자했어 제약회사들한테. (…) 수상하잖아요, 하는 짓이. 더군다나 기독교 증오하는 사람이. 동성결혼은 극단적으로 지지하고."

— Y센터 C 선교사

C 선교사가 속한 Y센터는 최근 코로나19 집단 감염 사태가 벌어진 곳이다. 그들은 코로나19가 심각한 전염병이 아니라며 방역 수칙을 무시했다. 집단적으로 종교 모임을 가진 결과 800명이 넘는 확진자가 나왔다. 이들로 인해 우리 사회는 피해를 입었지만, 음모론자 조던 세더가 그러했듯 이들도 아무런 책임을 지지 않는다.

짐승의 표 666은 이미 여러 번 종말론과 함께 유행했던 소재다. 1980년대에는 바코드가, 1990년대에는 신용카드가 지옥으로 가는 표식이라고 했다. 지금은 그 자리에 백신이 들어섰을 뿐이다. '베리칩'을 주장하며 백신 맞으면 지옥에 간다고 주장하는 이들을 자세히 살펴보라. 상당수가 수십 년 전 휴거(기독교 종말론에 등장하는 사건) 사태를 일으킨 교파와 연결되어 있다는 점을 알 수 있다.

시한부 종말론의 재탕, 삼탕…. 이를 믿고 백신을 거부하는 이들은 그 누구보다 두려움이 많은 사람일 것이다. 하지만 자신과 가족을 지키기 위해 선택한 백신 거부는 사실 잘못된 신념 위에서 만들어졌음을 깨달아야 한다. 음모론이 번지면 가장 어리고 약한 존재인 아이들부터 피해를 입는다. 오늘도 음모라는 이름의 최루탄을 뿌리는 사람들이 있다. 우리가 눈이 매워 뜨지 못하는 사이 범인은 홀연히 사라질 것이다.

방송을 준비하다 보면 수많은 음모론 커뮤니티에 들어가게 된다. 음모론에 빠진 이들의 세계는 생각보다 평범한 곳이다. 일상 속에서 건강을 걱정하거나 아이의 진학을 고민하거나 혹은 평범한 직장생활을 이어나가는 이들이 모인, 그러니까 다양한 연령대의 사람들이 누구나 들릴 수 있는 동네 병원이나 다를 바 없다는 뜻이다. 문제는 이런 평범한 사람들의 단 한 가지 믿음이 이들을 더 심각한 고통으로 이끈다는 점이다. 어느덧 이들이 모인 커뮤니티는 동네 병원 정도에서 대학병원으로 발전하고, 이곳에서 나누는 대화의 심각성도 짙어진다.

빌게이츠-코로나 음모론을 준비하던 시기 정은경 질병관리청장이 눈에 멍이 든 채 공식 석상에 나선 일이 있었다. 음모론 오픈 메신저부터 각종 카페, 사이트가 들썩이기 시작했다. 단지 눈에 멍이 들었다는 이유로 음모론자들은 '정 본부장이 일루미나티'에 영입됐다고 흥분했다. 일명 '블랙 아이 클럽' 음모론을 바탕으로 한 얘기다. 눈에 시퍼렇게 멍이 든 채로 나타난 유명인은 일루미나티의 협박을 받아 노예 계약을 한 이들이라는 내용의 음모론이다. 그 유명인 중엔 프란치스코 교황, 오바마 미국 전 대통령, 아이언맨으로 유명한 로버트 다우니 주니어까지 있다.

이야기는 묘하게 맞아 떨어져 가기 시작했다. 일루미나티인 빌 게이츠가 인류를 조종하기 위해 백신을 만들었고, 백신 수급과 접종 상황을 알리는 우리나라 질병관리청장 역시 일루미나티의 협박을 받아 움직이고 있다는 시나리오가 완성되고 있었다. 이 시나리오는 '그래서 우리는 백신을 맞으면 안 된다'는 공포를 남겼다. 급기야 백신 접종 후 주사 속 물질을 빼내는 법을 연구하는 이들도 있다.

기저질환이나 기타 병력, 혹은 피치 못 할 사정으로 백신을 피하는 이들이야 충분히 이해하지만 '일루미나티라는 믿음' 때문에 백신 접종을 피한다니. 전문지식보다는 자신들만의 병원 안에서 서로가 부풀린 믿음에 기대는 사람들. 이들의 믿음은 대체 어디에서부터 잘못된 것일까?

도저히 이해할 수 없는 상황에서 <당신이 혹하는 사이> 파일럿 방송이 막을 내렸다. 이후 시즌 1과 시즌 2를 거치며 극단적 음모론적 세계관 속으로 조금이나마 더 깊이 들어갈 수 있게 됐다. 그리고 더 깊이 들어갈수록 대개 음모론의 아래에는 시대적 맥락이 흐르고 있다는 사실을 확인할 수 있었다. 프랑스 언론 <르몽드>는 유튜브 시대에 광속으로 퍼지는 가짜뉴스와 음모론에 대한 기사를 쓰면서 이런 말을 남겼다.

"음모론의 확산은 많은 이들에게 도전 과제를 준다. 상대를 배척하거나 조롱하지 않고도 그 어느 때보다 설명과 검증에 시간을 할애해야 한다."

그리하여 우리는 오늘도 음모론을 파고 또 파헤친다. 그 과정에서 잡초처럼 돋아나는 가짜뉴스를 뽑고, 또 뽑는 것은 우리의 숙명이다.

연출 **공동연출** 작가 **최윤화**

# 어느 날 증발해버린
# 톱스타

# 사람을 찾습니다

**1. 인적사항**
본적 : ██████ ████ ████ ████
주소 : ██████ ████ ████ ████
██████ ████ ██
성명 : 윤 영 신(尹英信)
나이 : ██ (██, ██ ██)
주민등록번호 : 56██████-2█████

**2. 인상착의**
신장 : 166~168센치가량  체격 후리후리하여
피부가 희고 미인형임. 청바지, 밤색 바바리
착용

**3. 가출동기** : 86년 5월경 심한 우울증으로 가출
함.

**4. 연락처** : ███-████
██████ ████ ████ ██~██
██████████ ████

＊위 사람을 찾아주시는 분이나, 있는곳을 알려
주시는 분에게는 **100만원을** 후사하겠읍니다.

배우 윤영실 실종 전단지 | 사진 <당신이 혹하는 사이> 제작팀

· · ·

## '톱스타 실종'이라는 특종이 묻힌 이유

1986년, 배우 윤영실을 찾는다는 실종 전단지가 이곳저곳에 붙었다. 데뷔 10년 차 톱모델인 그녀는 업계에서 모르는 사람이 없는 유명인이었다. 패션쇼 런웨이를 접수한 뒤에는 스크린에도 얼굴을 비추며 활동 영역을 넓히고 있었다. 그런 그녀가 하루아침에 감쪽같이 사라졌다. 더욱 이상한 점은 당대의 톱모델이자 배우의 실종이 너무나 조용히 묻혔다는 것이다. 1986년 5월 16일, 그날 대체 무슨 일이 있었던 걸까?

가장 먼저 윤영실의 실종을 알아차린 사람은 언니 오수미 씨였다. 며칠째 연락이 되지 않는 동생이 걱정된 오수미 씨는 동생 윤영실 씨의 집으로 찾아갔다. 그러나 굳게 잠긴 집 안에선 어떠한 인기척도 없었다. 아파트 경비원에게 사정을 설명하고 열쇠 기술자를 불렀다. 마침내 문을 열었지만 집 안은 평소 그대로였고, 외부인이 침입한 흔적도 확인되지 않았다. 하지만, 어디 간다는 전화나 쪽지한 장 없이 사라진 그녀가 제 발로 나간 거라 단정하기에도 무리가따랐다. 경찰이 공항과 항만의 출입국 기록을 뒤졌으나 끝내 출국기록은 찾지 못했다. 그로부터 35년이 흐른 지금까지 생사 확인조차할 수 없는 여배우, 윤영실은 마치 세상에서 증발해 버린 듯 했다.

당시 이 사건은 어떻게 수사되었을까. 자료 확보를 위해 경찰에정보공개를 청구한 결과, 다음과 같은 답변이 돌아왔다. '수사 미제 사건의 보존 기간은 25년(범죄 수사 규칙 제277조)이므로, 우리 경찰서에서 해당 사건 관련 자료를 보관하고 있지 않습니다.' 너무 오래 지나 해당 기록의 존재 유무를 파악할 수 없다는 것이다. 윤영실 씨가 실종된 후, 언니 오수미 씨는 실종 전단을 만들고 100만 원이라는 사례금까지 걸었다. 덕분에 몇 건의 제보 전화가 걸려왔다. 1987년 2월 23일자 〈레이디경향〉의 기사를 참고해보자.

첫 번째 제보

**경상북도 칠곡군에서 바바리를 입은 여성의 변사체 제보**

→ 언니 오수미의 확인 결과 윤영실 아님

두 번째 제보

충청북도 모 다방에서 마담으로 일하고 있다는 제보

→ 확인 결과 장난 전화

세 번째 제보

서울 천호동에 정신이상을 일으켜 거리를 활보하는 여인이 윤영실 같다는 제보

→ 역시 전혀 다른 사람으로 밝혀짐

이 외에도 몇 건의 제보가 더 있었지만 하나같이 신빙성이 부족했다. 정신이상자부터 변사체까지 모두 찾아봤지만, 윤영실이 아니었다.

· · ·

## 의혹1 여배우의 실종, 배후에 권력이 있다?

이토록 단서가 없다는 것은 이상한 일이었다. 윤영실 씨는 얼굴과 이름이 알려진 유명인이었으며 키도 168센티미터로 평균보다

훨씬 컸고, 얼굴도 서구적이었다. 당시로서는 눈에 안 띌 수가 없는 외모였는데, 그녀를 본 사람이 단 한 명도 나타나지 않았다는 게 이상했다. 마스크와 모자로 얼굴을 가린다고 해도 큰 키를 숨길 수는 없었을 텐데, 공중으로 증발한 것이 아니고서야 어떻게 이럴 수가 있을까?

게다가 그녀가 실종된 건 1986년 5월. 그런데, 그녀의 실종에 대한 기사는 무려 7개월이 지난 1986년 12월에서야 처음으로 신문지면을 통해 보도됐다. 당시 기자들의 증언에 따르면, 여배우의 실종이라는 엄청난 사건이 벌어졌음에도 불구하고, 당시 이 사건과 관련한 어떠한 수사 브리핑도 없었다고 한다.

어쩌면 이 사건을 둘러싼 의심과 음모론이 퍼져 나가는 건 당연한 일이었을지도 모른다. 어떤 이들은 누군가 의도를 갖고 뉴스를 통제했다고 의심했다. 1986년이면 전두환 정권 시기로 언론 통제가 심했던 때다. 문화공보부 홍보정책실에서 거의 매일 언론에 보도지침을 내리던 시절이었기 때문이다. 실제로 80년대 언론사에 내려진 보도지침을 살펴보면 다음과 같다.

① 1986년 7월 부천경찰서 성고문사건에 대한 조사 결과에 대해 검찰의 발표 내용만 보도할 것, 사건의 성격을 '혁명을 위한 성 도구화'로 규정할 것, 변호인단의 반론을 싣지 말 것 등을 시달한 사례

② 1985년 11월 "미국의 정보자문기관에서 발표한 '한국 군부의 집권 가능성 20%'에 대하여 일체 불가"

③ 1985년 11월 "학생의 날 연합시위는 보도 불가"라면서 같은 날 열린 '학생의 날 기념 학생대축전'은 보도해도 된다는 지침

— 민주화운동기념사업회

하지만 윤영실 사건의 언론보도나 수사과정에서 외압이 있었을 거란 심증은 당시 시대적 분위기 외엔 명확한 증거가 없다. 진실에 접근하려면 더 많은 이야기를 들어봐야 한다.

• • •

## 의혹2 윤영실은 우울증을 앓고 있었다

윤영실 씨가 모델계에 입문한 것은 1976년, 스무 살 때였다. 한국무용을 전공해 국립무용단에서 활동하던 윤영실은 모델로 데뷔하자마자 타고난 외모와 끼 덕분에 큰 주목을 받았다. 한국 최초의 모델 회사인 (주)모델라인 설립에도 참여할 만큼 열정이 넘치는 인물이었다. 그런데 모델로서도, 사업가로서도 승승장구하며 정상의

자리에 오른 그녀에게 어느 날 시련이 찾아온다. 실종 1년 전 잡지
사와 나눈 인터뷰를 보자.

부푼 기대를 안고 찾아간 시댁에서 윤영실은 '절망'을 느꼈다. 평소 빌리가
해왔던 말들이 모두 거짓이었음을 알게 된 것이다. 목사라던 시아버지는
집사일 뿐이었고, 생활도 근근이 꾸려가는 형편이었다. 어디 그것뿐인가.
이민간지 10년이 넘었다는 말도, 또 UCLA 3학년이라는 것도 모두 엉터리
였다.

— &lt;여성자신&gt; 1985년 8월호

윤영실은 재미교포 출신 의대생 남성에게 끈질긴 구애를 받고
혼인신고를 했다. 하지만 알고 보니 그의 정체는 모두 거짓이었다.
집안도, 학교도, 의대생이라는 신분까지…. 설상가상으로 모델라인
에서도 멤버들과 불화를 겪으며 사실상 그녀는 퇴출됐다. 모델 생
활 10년 만에 처음으로 겪는 슬럼프였다. 힘든 일이 겹치면 누구나
무너질 수 있다. 윤영실 씨도 두 차례에 걸쳐 정신과 입원 치료를
받았다고 한다. 이 때문에 어떤 이는 당시 그녀의 정신이 건강하지
못했으며, 우울증으로 인해 스스로 잠적했다고 추측했다. 과연 그
럴까?
　그녀가 정신적 고통을 겪은 것은 사실이지만, 이후 그녀의 행보

를 보면 모든 일을 우울증 때문이라고 단정하기엔 무리가 있다. 사기 결혼 문제는 금방 정리했고, 이후 영화 촬영도 무사히 마쳤다. 무엇보다 그녀에게는 재기하겠다는 강한 의지가 있었다. 실종 10개월 전 인터뷰에서 윤영실은 이렇게 말했다.

> "마음이 편해지니까 병도 차츰 낫더군요. 7월 1일에 퇴원했어요. (…) 모델 윤영실로 돌아가야지요. 모델은 내 천직처럼 느껴져요."
>
> — <여성자신> 1985년 8월호

한때 슬럼프로 인해 공백기를 가졌으나 이후 다시 쇼 무대에 오른 윤영실이 대기실이나 화장실에서 워킹과 포즈를 연습하는 모습도 자주 목격되었다. 그러던 중 갑자기 사라진 것이다. 무엇보다 우울증으로 인해 스스로 목숨을 끊기라도 했다면 어디에서든 시신이 발견되지 않았을까. 하지만 지금까지도 그녀의 시신이나 유서가 발견됐다는 소식은 전해지지 않는다.

자살이 아니라 자발적 잠적이라고 해도 이렇게 오랜 세월을 숨어서 살기란 불가능에 가까워 보인다. 실종자를 추적할 때 경찰은 먼저 '생활반응' 여부를 살펴본다. 통장에서 돈을 찾아 사용한다거나 병원 진료를 보고 약을 처방받는 등의 기록이 있는지 살펴보는 것이다. 사람이 정상적으로 생활하려면 어딘가엔 그 흔적들이 남게 마련이다. 그러나 지난 수십 년 동안 윤영실 씨의 생활반응은 전혀 확인되지 않았다.

. . .

## 의혹3 "높은 분이 불러서 나갔다던데?"

그런데 그녀가 실종된 지 2년 6개월 후 흘러나온 목격담은, 한 가지 음모론에 힘을 실어주었다. 윤영실이 청남대에 드나드는 걸 봤다는 소문이 퍼진 것이다. 청남대란, 5공화국 시절부터 사용된 대통령 전용 별장으로 1988년 5공화국의 비리를 조사하던 국회 청문회에서 처음 그 존재가 드러났다. '국민 혈세로 지은 아방궁'이라는 비난을 받아온 청남대에 정말 윤영실이 다녀 갔을까? 만약 소문이 사실이라면, 그녀가 청남대에 드나든 이유는 무엇일까?

"시중에 나도는 소문은 전경환으로부터 연예인 소개를 부탁받은 모씨가 윤영실에게 전경환씨가 당신을 청남대에 초대하고 싶다고 전하자, 윤영실은 자신은 그런 자리에 가고 싶지 않다며 거절을 했다고 한다. 그러나 모씨를 통한 전씨의 부탁이 계속되자 윤영실은 안면이 있는 모씨의 얼굴을 생각,

청남대에 갔다는 것이 소문의 줄기."

— <여성중앙> 1988년 12월호

청남대를 주로 이용했던 이들은 당시 대통령의 형제들로 알려져 있는데 이들이 방문할 때마다 연예인들이 심심치 않게 동행했다는 '설'이 있다. 이런 소문과 맞물려 윤영실의 실종 배후에 거대 권력이 존재하고, 청남대에서 그녀가 사라질만한 어떤 사건이 있었던 것 아니냐는 의심이 피어난 것이다. 그런데 당시 청남대 주변에는 민가가 없었다. 더욱이 수많은 보안 절차를 거쳐야 들어갈 수 있는 그곳에 누군가 드나드는 걸 목격했다는 게 선뜻 납득이 가진 않는다. 근거 없는 헛소문이거나 청남대 내부의 누군가가 퍼뜨린 소문이란 얘기가 된다. 이에 한 기자가 언니 오수미 씨에게 이 소문에 대해 물었지만 그녀는 그저 황당하다는 반응을 보였다고 한다.

결국 실체는 확인되지 않은 채 소문만 무성했던 이야기. 음모론을 살찌운 것은 아마도 당시 사람들의 머릿속에 있었던 두려움과 불안함이 아니었을까. 대중의 눈길이 닿지 않는 곳에서 여배우와 권력자 사이에 어떤 일이 벌어지고 있을 것이라는 상상은 당시 영화의 주요 소재이기도 했다. 윤영실 씨 실종 3년 후인 1989년 개봉해, 서울 관객 30만을 동원하며 그해 흥행 1위를 기록한 영화 <서울무지개>가 대표적인 작품이다.

〈정권 최고 실세와 관계를 맺어 스타가 된 한 여배우가 뒤늦게 그들의 손아귀를 빠져나가려 하지만 결국 아무도 모르게 납치되어 살해된다〉는 내용을 담고 있는 영화 〈서울무지개〉. 이 작품을 만든 김호선 감독에게 왜 하필 그 시기에 이런 영화를 만들었는지 직접 들어봤다.

> "제가 영화를 만들 때 모티브는 7공자들의 이야기예요. (중략) 까만 세단이 두 대가 탁 오더니 제작부장을 찾아요. 너희 주연배우를 좀 데려가야 되겠다는 거죠. 여배우를 데려가겠다는 게 뭔 말이냐. 그러니까 시쳇말로 '너 죽을래?' 이런 식으로 협박을 이제 해가지고. 세상에 백주대낮에 그런 일이 어떻게 있을 수가 있어요. 결국은 사람 하나 죽여도 누구 하나 실종되고 없어도. (모르는) 그러니까 정말 무서운 시대였어요."
>
> — 김호선 감독 인터뷰 中

감독이 말한 7공자는 누구일까. 1970년대 막강한 권력과 부를 가진 정계·재벌가 도련님 7명이 어울려 다니며 사회적 물의를 빚은 사건이 있었다. 이들은 7공자로 불리며 영화계에까지 횡포를 일삼았지만, 사회적으로 드러나기까진 한참이 걸렸다. 이들의 존재가 처음 수면 위로 드러난 건 1973년 한 남자가 하와이로 출국하려다가 잡히면서부터였다. 남자는 거액의 현금을 들고 출국하려다 외환

관리법 위반, 재산 불법 밀반출 등의 혐의로 조사를 받았는데 그 과정에서, 지난 3년 동안 그가 신고도 하지 않고 해외에서 쓴 돈이 약 26만 5천 달러에 이른다는 사실이 뒤늦게 확인됐다. 당시 한화로 아파트 10채 값에 맞먹는 거금이었다.

　더 놀라운 건 경찰이 이 남자의 집을 압수수색하는 과정에서 드러났다. 그의 자택에선 수많은 여성용 명품백과 명품 구두, 귀금속이 쏟아져 나왔는데, 그 이유를 추궁하자, 남자는 재력을 내세워 그동안 수많은 여배우, 여대생을 만났다고 털어놨다. 실제로 경찰이 그 집에 들이닥쳤을 때에도 그곳엔 인기 여배우가 함께 있었다. 이후 언론은 권력과 재력을 무기로 불법과 탈법을 일삼고 사회에 물의를 일으킨 7공자들의 정체를 파헤치기보다 이 사건에 연루된 여배우 찾기에 혈안이 됐다. 그 과정에서 무분별한 추측과 폭로가 이어지고 억울하게 명예를 훼손당하는 피해자들이 속출했다. 허위보도를 한 언론사를 상대로 손해배상 청구를 한 여배우도 있었고 억울함에 음독자살을 시도한 배우도 있었지만 마녀사냥은 계속되었다. 이 문제에 대처해야하는 영화인 협회는 배우들의 명예를 보호하기보다는 소문에 거론된 여배우 13명을 지목해 서둘러 퇴출명단을 발표하는 이해하기 힘든 행동을 보이기도 했다.

· · ·

## 의혹4 스스로 종교 공동체에 들어갔다?

음모론은 시대의 맥락을 담고 있다. 99퍼센트의 거짓으로 만들어진 루머라도 그것을 그럴싸하게 보이게 만드는 현실이 뒷받침될 때 음모론은 널리 확산되고 사실로 받아들여진다. 그렇다면 70년대를 뒤집어놓았던 7공자들은 대체 누구였을까? 이 사건의 발단이자 핵심인물인 박씨는 당시 전국적으로 교세를 떨치던 신흥종교 교주의 장남이었다. 신도들끼리 신앙 공동체를 만들어서 집단 거주를 하던 이 종교단체는 폐쇄적 성격이 강해 한 번 들어가면 밖에서는 안에 누가 살고 있는지 확인하는 것이 힘들었다고 한다.

그런데, 수년 전 경주에서 1,040구의 시신이 발견된 일이 있었다. 알고 보니 이 공동체 안에서 사망한 신도들을 매장한 것이었는데. 매장된 사람들의 명부도 함께 발견되었지만 40구의 시신은 무연고자로 처리돼 있어 그 신원이 명확하게 확인되지 않았다.

윤영실이 사라신 후 그녀의 행방을 추측하는 기사들 중에는 밀항설과 외딴 섬에 은신 중이라는 설과 함께 기도원 잠입설도 제기되었다. 만약 윤영실이 이 종교 단체와 연결되어 있었다면? 공교롭게도 그녀가 실종된 5월은 종교단체에서 가장 큰 행사가 열리는 달이라 외부에서 생활하던 신도들도 공동체 안으로 들어가는 시기였다. 7공자 사건은 1975년, 윤영실 실종은 1986년으로 무려 9년의 시간차가 있지만, 교도소에 수감되었던 박씨가 1987년대에도 여성 감금 혐의로 체포된 전력을 감안하면, 시간적인 접점이 전혀 없는 것은 아니다. 그러나 배우 윤영실 씨의 실종이 종교단체와 관련이 있다는 구체적인 증거는 전혀 확인된 바 없다.

· · ·

## 의혹5 북한이 개입되어 있다

사라진 윤영실의 행방은 묘연하고, 어떤 실마리도 없는 상태가 지속되었다. 그런데 그 무렵, 언니 오수미 씨에게도 엄청난 사건이 벌어졌다. 여기엔 또 다른 두 명의 남성이 등장하는데, 한국 영화계의 거장으로 일컬어지는 고(故) 신상옥 감독과 유명 사진 작가인 김중만 씨다.

신상옥 감독은 오수미 씨와 법적 부부는 아니었지만 두 아이까지 낳은 사실혼 관계였다. 그러던 중 홍콩에서 홀연히 사라진다. 당시엔 아무도 몰랐던 그의 실종 이유는 놀랍게도 '납북', 신 감독은 북한에 의해 납치된 것이었다. 그리고 8년 만에 전 부인인 배우 최은희 씨와 함께 오스트리아 빈에 머물던 중 대사관을 통해 탈출한다. 전 세계를 충격으로 몰아넣은 이 놀라운 실화는 2016년 영화 〈연인과 독재자〉로 만들어지기도 했다.

윤영실 씨가 사라진 시점은 신상옥 감독이 북한을 탈출하고 불과 두 달 뒤의 일이다. 혹여 언니 오수미 씨의 전 남편인 신상옥 감독의 탈북이 배우 윤영실 씨의 실종과 관련이 있지 않겠냐는 음모론이 제기되는 이유다. 만약, 북한이 신상옥 감독과 최은희 배우를 다시 납치하기 위해 오수미 자매에게 접근한 것이라면? 그 과정에서 실수로든, 다른 어떤 이유로든 오수미 씨를 대신해 동생 윤영실 씨가 납치된 거라면?

신상옥 감독이 북한에 있던 8년의 세월 동안 오수미 씨는 사진 작가 김중만 씨를 만나 새 출발을 했다. 그런데 윤영실 배우가 실종된 지 2개월 후, 김중만 작가마저 소리소문없이 한국에서 사라져 버린다. 무슨 일이 있었던 걸까? 또 김중만 작가는 당시 왜 한국을 떠나야 했을까? 어렵게 김중만 작가를 만나 당시 심경이 담긴 자료를 받을 수 있었다. 트라우마 때문에 그때의 일을 떠올리는 것조차 힘들다던 그는 말 대신 그날의 기억을 적은 일기장을 건넸다.

1985년 5월 30일

"여기, 김중만 씨 사시죠?

두 남자가 문을 열어준 나에게 묻는다.

"예. 제가 김중만입니다."

이미 현관에 들어선, 지난 며칠 전에 본듯한 인상의 두 사람

"서울 출입국 관리 사무소에서 나왔습니다. 김중만 씨는 지금 바로 짐을 싸고, 저희와 함께 김포공항에 가셔야겠습니다."

"네?"

(…)

한 시간 뒤 도착한 김포공항에서 나는 미처 정리 못 한 옷가지와 필름과 카메라를 정리하고 있었다. 그리고, 제대로 정리도 마치기 전 일본으로 떠나는 비행기에 두 사람의 완강한 힘에 두 발이 들린 채로 어느 좌석에 앉혀 버리고, 한국을 떠나게 된다.


＊　＊　＊


1986년 7월

어렵게 다시 귀국한 나는 다시 2차 추방을 당했다.

그 이유는 모른다.

단지, 법무부 출입국 관리직원이 아닌 안기부 직원들에 연행되어 김포공

항에 도착해 곧바로 떠나는 L.A행 비행기에 실려 생전 처음 미국에 가게
되었다.

나의 나이는 32세였다.


그는 무려 두 번이나 강제추방을 당했다. 처음에는 프랑스 국적
을 가진 그가 불법체류자로 분류돼서 추방을 당한 것이라 했지만
두 번째 추방의 이유는 알 수 없었다고 한다. 그가 아는 사실은 두
번째 추방 때 그를 데려간 사람들이 법무부가 아닌 안기부 직원들
이었다는 점뿐이다. 그런데 김중만 작가가 안기부 직원에 의해 추
방된 것은 윤영실 실종 두 달 뒤였다.

언니 오수미 씨의 전 남편인 신상옥 감독의 탈북, 오수미 씨의 동
생 윤영실 씨의 실종 그리고 오수미 씨의 남편 김중만 작가의 추방
까지 모든 사건들은 2개월 간격으로 벌어졌다. 이 모든 일이 과연 우
연일까? 아니면 이 사건들을 꿰는 하나의 음모가 존재하는 것일까.

당시만 해도 실종인 줄 알았는데 사실은 납북이었다는 이야기

가 종종 등장했다. 일본인 요코타 메구미도 그러했다. 1977년, 당시 13세던 메구미는 일본 니가타시에서 하굣길에 실종됐다. 일본 경찰은 단순 실종으로 처리했고 20년이 넘는 세월 동안 의문의 사건으로만 치부되었다. 그러던 중 1997년 1월, 자신이 망명한 북한 공작원이라고 주장하는 인물 안명진으로부터 "그녀가 실종이 아닌 납북된 것"이라는 주장이 제기된다.

이후 2000년대로 들어서며 납북 일본인 문제가 크게 대두되었다. 북한 김정일은 일본과 외교 마찰이 생기자 '북한 특수기관의 조총련계 공작원들이 공모하여 메구미를 포함해 13명의 일본인을 납치했다'고 인정하고 사과했다. 북한 측은 메구미가 1994년 자살했다며 그 유골을 2004년 일본 측에 넘겼다. (그러나 DNA 검사 결과 요코타 메구미 본인의 것이 아니라고 나왔다.)

혹시 윤영실도 메구미처럼 북한으로 끌려간 건 아닐까? 북한이 실수로, 혹은 신상옥과 최은희를 다시 납치하기 위해 윤영실을 데려갔다면 목적을 달성하기 위해 무언가 행동을 했을 것이다. 아무런 메시지도 보내지 않고 지금까지 시간을 보낼 리 없지 않은가. 메구미가 실종된 것으로 알려졌던 기간은 20년이었다. 윤영실은 1986년 이후 현재까지 30년 이상 소식이 없는 상태다.

물론, 사건이 발생한 시기만 놓고 윤영실 실종의 배후를 북한 혹은 정부 기관이라고 단정할 수는 없다. 그런데도 이 안타까운 실종에 사람들이 '뭔가 있다'고 생각했다. 그 시절은 그랬다. 북한이나 반정부 같은 단어만 잘못 언급해도 사돈에 팔촌까지 쥐도 새도 모르게 끌려갈 수 있는 시대였다. 설사 아무 관계가 없다는 것이 밝혀져도 정부는 실수를 감추기 위해 진실을 인정하지 않았다. 그런 시대였기 때문에 작은 미스터리만 발생해도 의심이 더해지고 음모론이 만들어졌다. 아니, 음모론이 아니라 진짜 음모의 시대였는지도 모른다.

· · ·

## 음모의 시대가 음모론을 만든다

오수미 – 윤영실 자매의 비극은 여기서 끝나지 않는다. 오수미 씨 역시 동생이 실종된 지 6년 뒤 사망했는데, 그 죽음도 참 이상했다. 미국 하와이에 사는 친구 부부 집에 휴가차 놀러 갔는데 친구 부부의 밴 차량을 같이 타고 산길을 내려오던 중 브레이크가 파열된 것이다. 차는 낭떠러지로 굴러 떨어지는 큰 사고를 당했으나 일행 중 오수미만 숨졌다. 언니의 죽음으로 자매는 모두 비극적 최후를 맞이했다. 그리고 이제는 사건의 진상을 밝혀줄 그 어떤 이도 남아 있지 않다.

이런 상황에서 몇 년 전, 동생 윤영실을 목격했다는 사람이 등장했다. 윤영실 씨의 동료 디자이너였던 목격자는 사라진 윤영실 씨를 홍콩에서 봤다고 주장했다.

"이 패션계에서 모델들한테 우리는 물어보지, 언제나. 그러면 소식이 하나도 없다는 게 제일 특이했어요. 직원들하고 갔는데 신발가게를 들어갔는데요. 어떤 귀부인이 딱 들어오는데 똑같이 생겼어요, 윤영실 씨하고. 그래서 내가 우리 직원들더러 '어머, 이 사람 윤영실 씨 아니니? 아니니?' 이제 한국말로 크게 했어. 그 사람 들으라고. '어머 너무 윤영실 씨 같이 예쁘다 야.' 막 그랬더니 그 사람이 이렇게 신발을 보면서 막 미소를 짓더라고요."

홍콩에서 목격된 여인이 진짜 윤영실 씨인지 확인할 방법은 없다. 다만 35년이 흐른 지금까지도 많은 사람이 그녀의 실종과 언니 오수미 씨의 죽음을 기억하고 있는 것만은 분명해 보인다. 그것은 아마도 한 배우의 안타까운 실종이, 개인사를 넘어 우리 시대가 겪어온 상처와 부끄러운 과오, 그 안에서 다치고 숨죽여야 했던 이들의 아픔을 안고 있기 때문일 것이다. 지금은 과연 그때와 얼마나 달라졌을까? '여배우'라는 단어를 마치 돈과 권력에 따라붙는 액세서리처럼 여기고 있지는 않은가? 배우 윤영실과 함께 우리가 잃어버린 것들은 살아갈, 선택할, 보도할, 거부할, 가장 평범한 자유가 아니었을까?

35년 전 사라진 모델 겸 여배우, 윤영실. 이름도 낯선 그녀의 실종에 여전히 의문을 품는 사람은 많았다. 하지만, 발 벗고 나서 그녀를 찾았던 가족들은 모두 사망했고 신빙성 있는 자료도 거의 남아 있지 않았다. 취재 기간 내내 아무 답도 없는 그녀의 사진을 보면서 생각했다. 대체 어디로 사라진 것일까?

실타래처럼 얽혀 있는 윤영실의 주변인 가운데 우리가 만날 수 있는 사람은 김중만 작가뿐이었다. 한때 지근거리에서 알고 지낸 처제 윤영실은 어떤 사람이었을까. 실종 무렵 그녀에게 눈에 띌만한 변화는 없었을까. 하지만, 이 거대한 음모론의 한 축이 될 수도 있는 김중만 작가를 만나는 일 또한 쉽진 않았다. 30여 년 전 있었던 두 번의 강제추방은 그의 영혼에 구멍을 낸 것이 분명했다. 차분했던 그의 음성은 추방 당시의 기억을 떠올리는 것만으로도 심하게 떨려왔다. 그토록 오랜 시간이 흘렀어도 여전히 삶을 옥죄는 기억. 이대로 묻어두기엔 억울하고, 앞에 나서서 말하기엔 두려움이 엄습했을 그 기억을 그는 일기로 대신해서 전했다.

'사라진 자는 말이 없다.' 이 단순명료한 문장이 크게 와 닿은 적이 있었나 싶다. 윤영실 실종에 단서가 될 만한 기록은 세간에 떠도는 소문을 옮은 주간지 정도뿐. 수소문 끝에 기사를 쓴 기자들을 만나 봐도 명확한 물증은 나오지 않았다. 다만, 모두가 입을 모아 한 공통의 이야기가 있었다. "그때 시대가 그랬으니까…" 방송을 준비하면서 한 번씩 멈칫한 순간이 있었다. '혹시 스스로 원해서 잠적한 거라면?' '개인의 사생활을 너무 들추는 것은 아닌가?' 하지만, 당시 그녀 주변인들에게 벌어진 일, 그녀가 속했던 업계에서 일어난 일들을 하나씩 취재하면서 이 사건을 단순히 개인의 사건으로만 볼 수는 없다는 생각이 들었다. 어떤 소문이 돌아도 이상하지 않을 만큼 엄혹한 시대. 윤영실 실종과 관련된 여러 의혹들은 결국 당시 시대적 분위기와 궤를 같이 하고 있었다.

35년째 기억하는 그 이름, 윤영실. 그녀와 함께 활동했던 동료들은 이제는 원로를 넘어 대부분 은퇴를 했다. 그들은 저마다 기억 속 윤영실을 얘기하면서 오히려 우리에게 물었다. "그래서 지금 영실이가 어디 있어요?" 몇몇 선생님들을 거쳐 우연히 10여 년 전 홍콩에서 윤영실과 닮은 사람을 만난 동료 디자이너를 만날 수 있었다. 그녀는 그날을 어제 일처럼 생생하게 기억했다. 그만큼 기억 속 윤영실이 깊게 박혀 있기 때문일 것이다. 그녀가 본 사람이 진짜 윤영실이 아닐 수도 있다. 중요한 건 그녀 주변인들이 아직도 그녀를 기억하고, 어딘가 살아 있을 것이라고 생각한다는 점이었다. 처음 방송을 준비하면서 생각했던 질문도 수정되었다. '대체 어디로 사라졌을까?'라는 의문에 답을 찾는 것보다 더 중요한 게 있었다. 이 방송을 어디선가 보고 있을 그녀에게 꼭 말해주고 싶다. 아직 당신을 잊지 않았다고.

연출 **조상연** 작가 **어아름**

# 기묘한 자세로
# 죽은 남자

사건의 배경인 후쿠시마의 작은 산골 마을 I 사진 <당신이 혹하는 사이> 제작팀

· · ·

## 어떤 죽음은 오래도록 회자된다

한 인간의 죽음에는 저마다의 이유가 존재한다. 자연사, 병사, 타살, 자살…. 그리고 어떤 죽음은 남겨진 사람들에게 풀기 힘든 숙제를 던져주기도 한다. 소위 '음모론'으로 이야기되는 죽음들이 특히 그렇다. 어떤 때는 너무도 안타깝고 믿기지 않아서, 어떤 때는 두려워서, 어떤 때는 상식적으로 이해가 되지 않아서, 또 어떤 때는 잘 알지 못하기 때문에 어떤 죽음은 음모론으로 우리 곁을 떠돈다. 그래서 누군가의 죽음을 이야기한다는 일은 어렵고 조심스러운 일이지만, 반드시 제대로 알아야 하는, 이대로 묻어버릴 수만은 없는 이야기들이 있다.

여기, 너무도 기묘하고 그래서 무수히 많은 소문들에 둘러싸인 한 청년의 죽음이 있다. 이야기는 일본 후쿠시마 현의 어느 산골 마을에서 시작된다. 때는 지금으로부터 약 30년 전인 1989년 겨울. 이 마을 초등학교에서 일하던 여교사 A씨는 사흘간 휴가를 내고 본가에 다녀왔다. 휴가를 마치고 교직원 숙소에 돌아온 여교사가 화장실에서 볼일을 보려고 하는 순간, 무심코 변기 안에 있던 어떤 물체가 눈에 들어왔다. 바로 신발 한 짝이었다.

화들짝 놀란 여교사는 곧장 외부로 나가 변소와 연결된 정화조를 확인했다. 그런데, 어쩐 일인지 맨홀 뚜껑이 열려 있는 게 아닌가. 조심스럽게 들여다 본 정화조 안. 그곳에는 거기 있어서는 안될 것이 있었다. 열린 맨홀 안으로 보인 것은 다름 아닌 사람의 다리였다.

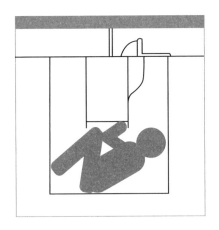

시신이 발견된 현장은 초등학교에 달린 교원 주택 화장실이었다. 최초 발견자는 그곳에 살던 여교사로 화장실 정화조 맨홀 안에서 양손 양발을 구부린 모습으로 죽어 있던 남자를 발견한 뒤 곧바로 경찰에 신고했다. 경찰과 함께 소방구조대가 출동했지만, 맨홀의 입구가 너무 좁아 시신을 꺼낼 수 없었던 탓에 결국 굴삭기를 동원해서, 땅을 파헤치고 정화조 관을 통째로 꺼낼 수밖에 없었다.

하지만 정화조 안에 있던 남성은 이미 사망한 상태였다. 팔꿈치와 무릎에 찰과상이 있었지만 치명적인 외상은 관찰되지 않았다. 부검 결과, 사망원인은 동사 및 흉부 순환 장애였다. (어떤 사고에 의해 한 자세를 취한 결과, 자세의 원상복귀가 되지 않은 상태에서 그 자세가 질식의 원인으로 작용하여 사망에 이르게 되는 것을 뜻하며 국내 법의학 용어로 체위성 질식사라고 한다.) 사망 시점은 발견되기 이틀 전인 2월 26일로 추정됐다.

남자는 어쩌다 이런 기이한 자세로 죽음을 맞이했을까? 일단 정화조 안으로 들어가려면 변기에 연결된 입구나 화장실 건물 밖의 맨홀 쪽 입구 둘 중 하나를 통과해야 한다. 문제는 맨홀 쪽 입구는 폭이 36센티미터지만 변기 쪽 입구는 폭이 20센티미터에 불과해 도저히 사람이 통과할 수 없다는 것. 남성은 화장실 건물 밖 맨홀을 통해 정화조로 들어갔다는 얘기가 된다. 대체 무슨 이유로, 어떻게, 그는 그곳에 들어갔을까?

## 의혹1 어떻게 정화조에 들어갔을까?

처음 경찰이 내린 결론은 실족사였다. 발을 헛디뎌 떨어져 사망했다는 것이다. 당시 화장실 건물 밖 정화조의 맨홀 뚜껑은 열려 있는 상태였다. 게다가 부패물질이 많은 하수구 근처에서는 황화수소가 발생하면서, 순간적인 중독 증상을 일으켜 정신을 잃게 됐을 가능성도 배제할 수 없다. 그랬다면 경찰의 초기 수사 내용처럼 발을 헛디뎌 아래로 떨어졌을 가능성도 배제할 수는 없다. 하지만 사건 당시 정화조 안의 오물은 비워져 있던 상태였다. 게다가 발견 당시 시신은 겨울임에도 상의를 모두 탈의한 상태였고 입고 있던 후드 달린 점퍼, 운동복, 속옷은 가슴에 움켜쥔 상태였다.

앞에서 언급했듯, 맨홀은 직경 36센티미터로 성인남성이 어깨를 통과하기도 쉽지 않을 뿐 아니라, 겨우 들어가더라도 안에서 몸을 트는 것은 몹시 어려운 사이즈다. 스스로 허리를 숙여 머리부터 맨홀로 들어갔더라도 발견 당시와 같은 자세는 나오기 어렵다. 안으로 들어간 후, 그 안에서 몸을 반대로 돌리거나, 애초에 덤블링하듯 물구나무 자세로 들어가야만 가능한 자세다. 3D 시뮬레이션을 통해 확인한 결과 신장을 162센티미터 이하로 설정해야 발견 당시와

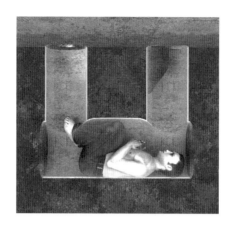

같은 자세를 만들 수 있었다.

그가 스스로 이 안에 들어갔을까? 혹시 그가 사망한 뒤 누군가 이곳에 시신을 유기한 것은 아닐까? 서울대 법의학교실 유성호 교수의 의견을 들어봤다.

유성호  이 사람은 팔꿈치 무릎 등에 표피 박탈이라고 해서 피부가 까진 흔적이 있다. 그런데 그 이외에는 아주 크게 손상을 받은 부분이 없다. 이 사람이 사망한 뒤에 누군가 그를 그 좁은 통로에 넣으려 했다면 사실 좀 더 많은 곳에 상처가 있어야 되는데, 찰과상이 관절부위와 일부 정화조 벽과 닿는 부위에만 있다. 게다가 사인이 흉부순환 장애라는 점도 이 사람이 정화조 안에서 사망했을 가능성을 높여주는 단서다. 흉부 순환 장애가 우리나라 법의학 용어로 체위성 질식사라고 하는데 좁은 공간에서 무릎을 굽힌 상태에서 갈비뼈가 눌려 숨을 제대로 쉬지 못해 추위에 떨다가 질식사한 거라 볼 수 있다. 이 사람이 옷을 벗었지 않은가.

제작진　옷은 언제 벗었을까?

유성호　사실 동사하는 사람들에게서 가장 흔히 나타나는 모습 중 하나가 '이상 탈의 현상'이기는 한데, 부분 탈의를 하는 경우는 많지만 겹겹이 입을 옷을 다 벗는 완전 탈의는 거의 없다. 이 경우는 몹시 드문 케이스라고 할 수 있다. 정화조 안에서 벗었다고 하기엔 공간이 너무 좁으니 아마도 벗은 채로 들어가지 않았을까?

법의학적인 견해에서 보면, 남자는 옷을 벗고, 스스로 맨홀로 들어갔다는 결론이다. 그렇다면 남자는 왜, 정화조에 들어갔을까?

• • •

## 의혹2 왜 정화조에 들어갔을까?

남자의 기묘한 죽음을 둘러싸고 마을에서는 한 가지 가능성에 대한 이야기가 떠돌기 시작했다. 바로 남자가 '어떤 목적'을 위해 정화조 안에 들어갔다가 나오지 못해 그대로 얼어 죽었다는 것이다. 발견된 장소가 여교사 숙소였고 시신의 시선은 변기 쪽을 바라보고 있었기에 그런 의심은 더욱 커졌다. 여교사가 용변 보는 걸 엿보려는 목적으로 들어간 게 아니냐는 소문이 파다했다. 그렇다면 사망한 청년은 성범죄자 혹은 폐소기호증 (밀폐된 공간에서 쾌감을 느끼는 성향)을 지닌 사람이었을까? (사실, 세상에는 갖가지 특이 취향을 지닌 이들이 존재한다. 일례로 어른이 갓난아이 흉내를 낼 때 흥분과 쾌락을 느끼는 오토네피오필리아(autonepiophilia)도 있다. 이는 1973년 작 공포 영화 〈The Baby〉의 소재가 되기도 했다.)

숨진 남자는 차로 10분 거리의 이웃 마을에 살고 있는 26살의 청년이었다. 그는 시신을 발견한 여교사 A씨와 아는 사이였다. 여교사의 애인과 죽은 청년은 친한 친구 사이였다. 그 무렵 세 사람은 자주 연락을 주고받았다. 그러던 중 여교사는 휴가를 내고 고향을 다녀왔고, 고향에서 돌아온 그날 청년의 시신을 발견하게 된 것이다.

여교사가 휴가를 낸 2월 24일은 청년이 마지막으로 목격된 날이자 실종된 날이다. 그리고 법의학 소견에 따르면 변기에 들어가서 사망한 것은 그로부터 이틀 뒤로 추정된다. 분명 그녀가 휴가를 떠난 사실을 알고 있었을 텐데 빈집의 화장실을 엿보러 들어갔다는 게 이상하지 않은가?

죽은 청년은 영업 관련 일을 하는 평범한 회사원이었다. 실종 전

집 근처 음식점에서 열린 선배의 송별회에 참석하고 늦게 돌아온 청년은 TV를 보고 있던 아버지에게 "잠깐 다녀오겠다"는 말을 남긴 후 사라졌다. 가족들은 그가 집을 나간 지 이틀 만에 실종신고를 했지만, 그는 그로부터 이틀이 더 지난 실종 나흘 째, 정화조 속 시신으로 발견됐다. 사망 시각은 발견되기 이틀 전, 그러니까 실종 이틀째 날로 추정된다. 실종 후 시신으로 발견되기까지 나흘 동안 그에게는 무슨 일이 있었던 걸까?

> 2월 23일 **집 근처 음식점에서 열린 선배 송별회에 참석**
>
> 2월 24일 **오전에 아버지가 거실에서 TV를 보고 있을 때 "잠깐 다녀올게"라는 아들의 목소리를 들었다고 함**
>
> 2월 26일 **실종 신고, 실종자가 사망한 것으로 추정되는 날**
>
> 2월 28일 **시신 발견**

나중에서야 가족들은 실종된 청년의 승용차에 자동차 열쇠가 꽂혀 있다는 사실을 확인했다. 금방 돌아올 생각으로 키를 꽂아두고 갔거나, 단순히 깜박해서 승용차에 키가 그대로 꽂혀 있었을 수도 있다. 하지만 그의 죽음에 의문을 품는 이들은 그가 자동차에 키를 뽑지 못할 만큼 다급한 상황에 처했던 것이 아닐까, 의심한다. 누군가에게 쫓기고 있었을 가능성이 제기되는 대목이다. 만약 그가 쫓기고 있었다면 그가 정화조에 들어간 이유도 전혀 다른 차원에서 짚어볼 수 있다. 첫 째로 숨기 위해 스스로 정화조로 들어갔을 가능성이 있고 두 번째로는 '어쩔 수 없이' 스스로 들어갔을 가능성도 따져 봐야 한다. '어쩔 수 없이' '스스로' 들어간다는 건 어떤 경우일까?

누군가 독이든 알약을 먹고 사망했다. 이 경우, 겉으로 보기에는 의심할 게 없는 완벽한 자살이다. 다른 경우는 생각하기 어렵다. 그런데 이 사람이 죽기 전 그의 앞에서 칼을 든 남자가 서 있었다. 칼을 든 남자는 두 개의 알약을 내밀며 이렇게 말했다. "원하는 쪽을 집어라! 하나에는 독이 들어 있고, 하나는 그렇지 않다. 네놈이 하나를 선택해라. 나머지를 내가 먹겠다." 이것은 셜록 홈즈 첫 번째 소설 《주홍색 연구》에 나오는 내용이다. 자살로 보이지만 사실은 살인인 일이 실제로 있을 수 있다.

. . .

## 의혹3 그에게는 자살해야 할 이유가 없다

30년이 흘렀지만 지금도 일본 잡지나 책에서도 종종 이 사건을 언급하고 있다. 굉장히 미스터리한 사건임에도 불구하고 당시 수사 내용이나 기사로 알려진 부분이 거의 없다. 그럼에도 이 사건은 우리나라 인터넷에서도 엄청난 화제가 되었다. 유튜브에서 '후쿠시마 정화조 사건'을 검색하면 수없이 많은 영상들이 쏟아진다. 미스터리 콘텐츠를 다루는 유튜버들은 다 한 번씩 언급했을 정도다. 이 사건이 사실은 우리나라와 무관하지 않기 때문이다.

어떤 연관이 있는 것일까? 힌트는 이 지역의 이름이다. 그렇다. 이 사건은 후쿠시마 원전 폭발과 연관되어 있다는 의혹을 받고 있다. 그리고 마침 올해는 후쿠시마 원전 사고 10년이 되는 해다. 세간에서는 청년이 원전과 관련된 비리를 파헤치다 의문의 죽음을 당한 게 아니냐는 추측이 떠돌았다. 청년이 다니던 직장이 후쿠시마 원전의 하청회사였기 때문이다.

정말 이 청년의 죽음이 후쿠시마 원전 폭발과 관련이 있을까? 청년이 사망한 지 벌써 30여 년이 지났는데 왜 이제야 그런 이야기가 나올까. 32년 전 죽음과 10년 전 원전 사고는 어떤 고리로 연결돼 는지 알아보기 위해 먼저 일본으로 가서 후쿠시마 현의 그 마을을 찾아가보았다.

어머니 (아들이 죽고난 후) 우리도 이것저것 해봤어. 점쟁이에게도 가보고.

제작진 점쟁이는 뭐라고 말하던가요?

어머니 '스스로 들어간 건 아니다'라고 했는데 그것 말고는 알 수 있는 게 없으니까….

어머니와의 대화에서 점쟁이가 마지막에 했다는 말이 좀 의미심장하다. '스스로 들어간 건 아니다'라고 한 것이다. 청년은 할머니와 아버지, 그리고 어머니와 한집에 같이 살았다고 한다. 현재 할머니와 아버지는 숨을 거두셨고, 어머니만 남아 있다. 사건 당시 유가족의 심정은 이루 말할 수 없었을 것이다. 착하던 아들이 갑자기 죽었는데, 하필 화장실에서 죽은지라 나쁜 소문까지 돌았다. 수사 결과를 도저히 믿을 수 없었던 아버지는 범죄서적을 사다놓고 직접 연구를 했으며, 파손된 정화조를 집으로 가져와 복원해서 보관했다고 한다. (이 정화조는 아버지 사망 후에 없앴다.)

청년은 평소 마을 청년회에서도 적극적으로 활동하고 동료 결혼식 사회를 도맡던 통칭 '인싸'였다. 당시 회사 동료는 그를 "마을에서도 회사에서도 욕심을 낼만큼 리더로서 자질이 풍부했던 사람"이라고 평했다. 이런 그에게 찾아온 기이한 죽음을 주변인들은 쉽게 납득하지 못했다.

· · ·

## 의혹4 떨어진 신발 한짝은 무엇을 의미하는가?

여기서 우리가 놓치고 있는 것이 있다. 처음 여교사가 변기 아래쪽에서 봤다는 '그것'이 무엇인지 기억하는가? 당시 정화조 안에는 청년의 운동화가 '한 짝'만 있었다. 나머지 한 짝은 놀랍게도 사건 현장에서 꽤 떨어진 제방에서 발견되었다. 그가 스스로 정화조에 들어간 것이라면 신발은 양쪽 모두 맨홀 입구나 정화조 안에서 발견됐어야 하지 않을까?

실수로 신발 한 짝을 길에 흘렸다면 청년은 맨발로 꽤 긴 거리를 걸었다는 뜻이 된다. 후쿠시마의 2월은 몹시 추운 겨울이다. 겨울에 맨발로 거기까지 걸어갔다는 가정보다는 신발이 벗겨질 만큼 정신없이 쫓기고 있었다는 추측이 더 합리적이지 않을까? 만약 그랬다면 그를 뒤쫓은 인물은 누구였을까?

. . .

## 의혹5 그를 해치려는 세력이 있었다

청년이 죽기 10일 전, 마을에서는 촌장선거가 열렸다. 그런데 선거 과정이 심상치가 않았다.

제작진 그 당시 선거가 꽤 치열했나요?

어머니 응. 그랬지. 그때는 지금과 달리 선거에 돈을 썼으니까.

제작진 아들은 그렇게 돈으로 표를 사는 걸 싫어했나요?

어머니 우리 아들은 그런 식으로 돈 쓰는 걸 싫어했어. 그때는 어렸으니까 선거 같은 것에 엮이고 싶어 하진 않았지만.

마을 사람 이건 경찰들은 정말 모르는 부분인데 선거는 돈이 움직이니까.

제작진 선생님도 돈 받은 적이 있으세요?

마을 사람 받은 적 있어.

제작진 그때 현직 촌장이 이겼나요?

마을 사람 계속 이겼어. 7번 전부 이겼으니까.

이 마을에서 촌장선거는 굉장히 중요한 일로, 당시 마을은 선거로 분위기가 후끈 달아올라 있었다. 청년은 현직 촌장을 지지하고 있었다고 한다. 재선에 도전하는 현직 촌장은 원전 추진파였다. 1971년에 가동된 후쿠시마 제1원자력 발전소는 마을을 먹여 살리는 지역 경제 기반이었다. 따라서 재선을 노리는 현직 촌장에게는 원전 보수회사 영업주임이었던 청년의 인맥이 필요했을 것이다. 청년은 마을 청년단 활동을 하면서 평소에도 마을 일을 적극적으로 도왔다.

그런데 응원연설까지 부탁받았던 청년이 돌연 현직 촌장을 지지하지 않겠다고 선언해버렸다. 그 이유는 선거 과정에서 돈이 오가는 걸 알고 환멸을 느꼈기 때문이다. 이 과정에서 청년에게 앙심을 품은 촌장의 선거팀에서 무슨 짓을 한 것이 아니냐는 의심이 제기됐다. 만약 그가 현직 촌장 지지파에게 쫓기고 있었다면 마을 어디에도 숨을 데가 없었을 것이다. 그를 도와주었다가 촌장한테 알려질까 겁이 났을 수도 있다.


그런데 청년이 정화조 안에서 사망한 것은 확실할까? 땅속에 있는 걸 누가 본 것도 아니고, 사진이 있는 것도 아니다. 단지 마을 사람들 증언만 있기에 그 자체를 의심하는 사람들도 있다.


전 소방대원 **사고 났을 때 내가 소방 분단장을 했는데 굴착기를 가져왔을**

때 정화조가 이미 망가져 있었어.

제작진  이미 망가져 있었다고요?

전 소방대원  저기 오래된 동사무소로 가서 알몸을 수돗물로 다 씻기고 의사
가 검안했어. 이런저런 소문이 많았어.


　과거 소방대원이었던 한 마을주민은 현장에 도착했을 당시, 정
화조는 이미 부숴져 있었고 시신도 씻겨진 상태였다고 했다. 검안
을 하기도 전에 임의로 시신을 씻는 행위는 증거 인멸이나 다름없
다. 청년의 시신이 발견됐을 때 현장으로 분뇨수거차를 끌고 온 사
람이 당시 현직 촌장의 선거관계자였다는 소문도 있다. 이 사람이
경찰이 오기도 전에 땅을 파헤쳐 정화조를 꺼냈단 것이다. 수사의
원칙인 현장보존은 전혀 이루어지지 않았다. 이 때문에 누군가는
그 일을 실수가 아닌 '고의적이고 조직적인 은폐'라고 의심하는 것
이다. 그만큼 이 마을에서 촌장의 힘은 컸고, 원자력 발전소에 거는
마을 사람들의 기대도 컸다. 원자력 발전소가 이 마을 사람들에겐
제일 큰 일터이자, 경제 기반이었기 때문이다. 원전 지지파이자, 이
마을 최고 권력자인 촌장이 청년의 죽음과 관련이 있을까? 실제로
사건 발생 7년 뒤 일본의 한 다큐멘터리 감독이 이러한 의심을 바탕
으로 영화를 제작하면서 당시 촌장을 만나 이 문제를 물었지만, 자
신은 청년의 죽음에 대해 아무것도 모르며 촌장 선거와 청년의 죽

음은 전혀 관련이 없다는 입장을 밝혔다.

이 사건 이후 당시 마을 사람들을 포함해 4,000명이 재조사 청원서를 제출했다. 당시 마을 인구가 3,800명 정도였다고 하니 거의 모든 마을 사람들이 재조사를 원했던 셈이다. 그러나 이런 여러 의혹에도 불구하고, 경찰은 타살혐의점이 없다는 이유로 숨진 청년이 스스로 정화조에 들어갔다고 결론을 내렸고 그렇게 사건은 숱한 의혹만 남긴 채 기억 속에 묻히게 됐다.

• • •

## 도쿄전력과 관련된 또 하나의 죽음

그런데 30여 년이 흐른 지금, 다시 이 사건이 화제인 걸까. 이 이야기가 후쿠시마 원전 사고와 구체적으로 무슨 연관이 있다는 것일까? 후쿠시마 원전 사고는 2011년 3월에 발생했지만, 청년이 사망한 것은 한참 전인 1989년 2월이다. 당시에 알려지지 않았던 이 정화조 사건이 2011년 후쿠시마 원전 폭발사고 이후 다시 주목을 받은 이유는 청년이 죽기 두 달 전 철로에서 뛰어내린 한 남자와 연관이 있다.

당시 일본 신문을 살펴보면 '도쿄전력 원전 보수과장 자살'이라는 기사가 지면 하단에 작게 실려 있다. 자살한 사람은 도쿄전력 본사에 근무하고 있던 원자력 발전부 보수과장이었다. 근무 시작일인 1월 4일, 그는 JR 우에노역 2번 플랫폼에서 열차에 뛰어들어 자살했다. 열차가 들어오기 직전, 선로에 뛰어내려 엎드려 누운 상태로 다가오는 열차 바퀴 울림이나 경적에도 몸을 일으키지 않았다.

1년에 한 번 정기검사 때 여러 보수공사 전체를 총괄하는 업무를 담당했던 그의 사망은 원인 불명의 자살이라고 결론이 내려졌다. 하지만 세간에서는 그의 죽음이 원전 때문이라고 의심했다. 보수과장이 자살하기 3일 전, 담당하던 후쿠시마 원전 3호기에 이상 진동이 발생했는데 보수과장이 이를 도쿄전력 측에 보고했으나, 이는 보수과장이 사망한 그날까지 사흘 동안 상부에 전달되지 않았다. 더욱 주목할 점은 보수과장이 사망하고 이틀 뒤인 1월 6일, 냉각수를 노심(핵반응이 일어나 열을 생산하는 원자로의 핵심 부분)에 옮기는 재순환 펌프가 손상되는 사고가 발생했다는 사실이다. 보수 담당자로서 이러한 문제들이 어떤 재앙으로 이어질지 예측할 수 있었기에, 앞으로 닥칠 일에 대한 두려움과 책임감 때문에 스스로 목숨을 끊은 것은 아닐까? 물론 이것은 어디까지나 세간에 떠도는 음모론일 뿐이다. 하지만 이러한 음모론이 그저 헛소문이나 가짜뉴스로만 여겨지지 않는 건 우리가 지닌 두려움과 무관하지 않을 것이다.

우리나라에서도 비슷한 일이 있었다. 바로 2012년 벌어진 '고리 원전 블랙아웃' 사건이다. 당시 작업자의 실수로 외부 전원이 차단됐는데, 엎친 데 덮친 격으로 비상 발전기까지 고장이 났다. 그러면서 고리원전 1호기 전원이 12분간 꺼지게 되었는데 당시 냉각수 온도가 36.9도에서 58.3도까지 상승했다. 사고도 사고지만 더 문제가 됐던 부분은 당시 발전소장을 비롯한 관리자들이 '없던 일로 하자'며 일지를 조작하고 사실을 은폐했다는 점이다. 이러한 사실은 이들이 삼겹살집에서 나눈 대화를 옆자리에서 우연히 들은 한 시의원에 의해 세상에 알려졌다. 발전소 측은 "12분 만에 수습이 돼 영향이 미미했고 잘 수습이 됐기 때문에 문제가 없다"라고 했지만 과연 이 문제를 그렇게 가볍게 여겨도 될까. 우리는 그러한 방만과 안이가 부른 끔찍한 참사의 결과를 이미 알고 있다.

· · ·

## 누군가는 원전 폭발의 징후를 알고 있었을까

도쿄전력 보수과장이 담당하던 후쿠시마 원전 3호기에서 일어난 사고는 용접을 꼼꼼히 하지 못해서 일어난 사고였다. 원자로의 이상 징후를 보고한 뒤, 스스로 목숨을 끊은 보수과장은 네 아이의 아빠이자 평소 책임감이 강한 성격이었다. 그런 그가 유서 한 통도 남기지 않고, 자살할 이유가 있을까? 보수과장이 철로에 뛰어든 날, 그는 퇴근길에 아내에게 "지금 집에 갈게."라고 전화를 했다고 한다. 그리고 이틀 뒤 그 원자로에서 사고가 났고 두 달 뒤엔 정화조에서 한 청년이 처참한 모습으로 발견됐다. 공교롭게도 그 시기는 후쿠시마 원전에 이상 징후가 잇따라 보고되기 시작한 시기와 일치한다. 그래서 누군가는 이런 상상을 이야기한다. 만약 청년과 보수과장이 서로 아는 사이였다면? 청년이 보수과장의 죽음에 대한 진실을 파헤치고 원전의 위험성을 폭로하려다 원전 관계자들에게 위협을 당했다면? 그로 인해 청년이 스스로 정화조에 숨어들어야 했다면, 그의 죽음을 자살일까, 타살일까?

· · ·

## 불편한 진실과 편리한 거짓

오랜 시간이 흐른 지금 우리가 진실을 알아낼 방법은 거의 사라졌다. 청년과 보수과장의 죽음이 원전과 무관하다는 주장도 꾸준히

기묘한 자세로 죽은 남자

제기된다. 보수과장과 청년의 근무지가 달랐으며, 무엇보다 원자력 발전소에 들어가는 부품의 가짓수는 100만 개 정도로, 어떤 유지보수 회사인지도 명확하지 않은데 바로 원전 사고 가능성과 연결하는 건 무리라는 지적이다. 심지어 청년은 기술 인력이나 작업자도 아니고 영업주임이 아닌가. 애당초 두 사람의 죽음이 원전과 관련이 있다는 직접 증거는 아무 것도 없다. 그럼에도 두 사람의 죽음 뒤에 거대한 흑막이 있다는 음모론이 가라앉지 않는 건, 우리가 갖는 '원전에 대한 불안감' 때문일지 모른다. '음모론은 불안을 먹고 자란다'는 말이 있다. 그리고 불안은 무언가를 숨기고 감출 때 더 커지게 마련이다.

2021년 1월 5일, 도쿄전력 전 직원이 양심선언을 했다. 2011년 후쿠시마 원자력 발전소 폭발사고가 예견된 사고였다는 말이었다. 한때 후쿠시마 원전 운영사인 도쿄전력의 간부 후보로도 거론됐던 그는 일본 아사히신문과의 인터뷰에서 "원전 사고는 당연히 일어날 만한 사고였다"고 말했다. 그는 사고 3개월 후 도쿄전력 자체 조사 보고서를 정리하라는 명령을 받았다. 당시 보고서 초안에 사고 원인을 쓰려고 하자 당시 회장인 가쓰마타 쓰네히사는 사실에 입각하지 않은 건 쓸 필요도 없고, 사고 원인을 왜 네 마음대로 정하느냐고 나무랐다. 그는 회장의 태도를 두고 이렇게 말했다.

"'사고는 천재지변이었으며 막을 수 없었다'라는 시나리오를 요구하고 있다고 느껴졌다."

후쿠시마 원전 폭발사고는 어떻게 마무리가 되었는가? 책임자들은 모두 벌을 받았는가? 2019년 9월 19일, 도쿄전력 전 경영진은 무죄판결을 받았다. 도쿄지방재판소는 19일 업무상 과실치사상 혐의로 기소된 도쿄전력 임원진 세 명에 대해 모두 무죄를 선고한 것이다. 피고인인 도쿄전력의 경영진들이 직원으로부터 쓰나미의 위험을 예상한 시뮬레이션 결과를 전달받았음에도 불구하고 조치를 취하지 않았다며, 피고인들에게 법정 최고형인 금고 5년을 구형했지만 피고인들은 "보고를 받은 기억이 없다"고 발뺌하거나 "대책을 미루지 않았다"고 강조하며 무죄를 주장했다. 그 결과 그들은 1심에서 무죄를 선고받았다. 하지만 유족을 대리한 변호사가 항소해 현재 재판은 계속 진행 중이다.

그러나 한 가지 확실한 건, 대부분의 참사가 그러하듯 후쿠시마 원전 사고 또한 몇몇 어떤 악의 세력 때문에 벌어진 사고가 아니라는 점이다. 후쿠시마 사고는, 예측할 수 있고 예측해야만 하는 거대한 사고 앞에서 원전을 지킬 수 있는 충분한 기술과 제도가 확보되지 못해 일어난 참사다. 수많은 '실수'와 '안이' 여러 사람들의 '묵인'과 '동조'가 누적된 결과다. 단 몇 명의 악인이 만들어낸 재앙이 아니란 이야기다.

30년이 지난 시점에서 사건의 진짜 진실을 찾는 건 불가능에 가까워졌다. 대개 이런 사건들은 독버섯처럼 퍼져나가곤 한다. 대중은 한 인간의 죽음을 가벼운 오락거리로 소모하기도 하고, 때론 화려한 영웅담으로 포장하기도 한다. 청년의 죽음이 원전과 관련돼 있는지는 지금에 와서는 알기 어렵지만, 적어도 근거 없는 추문으로 한 사람의 인격을 더럽히지는 않아야 하지 않을까? 현장이 잘 보존돼 있었다면, 당시 경찰이 좀더 꼼꼼하고 다각적으로 수사를 펼쳤다면, 도쿄전력이 원전에 이상이 발견됐다는 보수과장의 보고를 무시하지 않았다면, 수많은 이상징후들을 가벼이 넘기지 않았다면 그래서 2011년 후쿠시마 원전사고가 발생하지 않았다면, 애당초 이 음모론은 만들어지지 않았을 것이다.

그해 겨울, 작은 산골 마을에서의 취재는 유난히 힘난했다. 사건 이야기를 꺼내면 마치 약속이라도 한 듯 마을 사람들은 입을 꾹 다물었다. 그들의 시간은 아직 1989년 그날에 머물러 있는 것 같았다. 현지 기자들도 인터뷰를 하지 못하고 되돌아갔다는 실패 무용담이 그냥 나온 게 아닌 듯싶었다.

30년 사이 마을은 많이 변해있었다. 우선 가장 중요한 현장이 사라졌다. 사건이 발생한 여교사 숙소 건물이 있던 자리에는 신축건물이 들어섰다. 게다가 2011년 후쿠시마 원자력 발전 사고로 피해를 입은 마을 곳곳에는 폐허의 기운마저 감돌았다. 취재 마지막 날까지 허탕을 치고 쫓겨나기가 부지기수였다. 이번 취재는 망했구나. 체념한 채로 돌아가려던 그때, 할머니 한 분이 눈에 띄었다. 놀랍게도 할머니는 죽은 청년의 이웃주민이었다. 우리는 할머니의 안내를 받아 죽은 청년의 집을 방문했다.

다시 생각해봐도 기이한 우연이었다. 한때는 식구들로 복작거렸을 그 집에 이제는 죽은 청년의 어머니만 홀로 남았다. 어머니는 여전히 집안 곳곳에 아들의 흔적을 간직하고 있었다. 아들이 소중하게 여겼던 기타를 유품으로 보여주며, 어머니는 음악을 좋아하던 아들을 떠올렸다.

스튜디오 녹화 당시, 죽은 청년의 어머니를 만나는 장면이 나오자 모든 출연자는 말을 잃었다. 그전까지 청년의 기묘한 죽음에 대해 이런저런 추리를 이어가던 그들이었지만, 그의 어머니를 본 순간 알게 된 것이다. 한 사람의 죽음을 한낱 흥밋거리로 소비하기에는 남은 자들의 고통이 너무 크다는 것을. 어머니는 그 사건을 잊을 수는 없지만, 진실을 알고 싶은 마음도 더는 남아 있지 않다고 했다. 인터뷰 내내 주름진 얼굴에는 체념의 낯빛이 서려 있었다. 죽은 자는 말이 없고, 30년이라는 시간이 흐른 지금에 와서 진실을 파헤치기란 쉽지 않다. 하지만 소문이라는 보이지 않는 폭력은 이미 한 남자의 명예와 가족의 일상을 무너뜨렸다. 1989년 그날 파괴된 것은 비단 정화조뿐만은 아닐 것이다.

연출 배진희  작가 이선영

# 어느 형사의 죽음,
# 그리고 버닝썬

형사과
이 용 준

135—
서울
TEL
FAX

· · ·

## 출근길에 사라진 강력반 형사

2010년 7월, 충북 영동의 한 저수지에서 시신 한 구가 발견됐다. 27살 청년의 이름은 이용준. 그는 서울 강남 경찰서 강력 1팀 형사였다. 벌써 이틀째 근무지를 이탈하고 연락 두절된 그를 찾기 위해 동료 경찰들과 가족들이 백방으로 뛰던 상황이었다. 그는 갑자기 왜 사라졌을까? 그리고 강남서 형사가 왜 아무 연고도 없는 지방의 저수지에서 시신으로 발견된 것일까.

이 사건은 수사 한 달 만에 자살로 내사 종결됐다. 유가족은 의문점이 너무 많다며 이의를 제기했지만 결론은 달라지지 않았다. 그런데 사건 발생 10년 여년이 홀쩍 넘은 지금, 갑자기 이 사건에 관심을 가지는 이들이 늘어나고 있다. 그리고 최근 이용준 형사 사건을 검색하면 자주 보이는 단어가 있다. 다름 아닌 '버닝썬'이다. 2019년에 터진 버닝썬 게이트와 그 일이 있기 9년 전인 2010년 발생한 이용준 형사의 죽음이 어떻게 관련이 있다는 걸까. 먼저 이용준 형사가 사망한 2010년 7월 이 형사의 행적부터 되짚어보자.

. . .

# #1 실종 전날: 2010년 7월 26일

밤 9시 20분. 퇴근한 이 형사는 집이 아닌, 역삼 지구대로 향했다. 이곳은 그가 강남경찰서로 오기 전 근무지였다. 동료 경찰들의 증언에 따르면, 그는 이곳에 특별한 용무가 있었던 것으로 보인다.

"그래서 그 사이에 뭐를 했나 제가 이제 그걸 또 확인을 해봤어요. 용준이가 뭐를 했을까 봤더니만 우리 역삼 지구대, 역삼 파출소에, 나가서 서류를 복사를 해왔더라고요. 자기 사건 관련된 서류를…."

— 동료 형사의 말을 녹취

자신의 근무지도 아닌 곳에서 그는 무슨 서류를 복사한 것일까. 역삼 지구대에서 나온 이 형사는 밤 10시 17분, 주유소에서 현금 9만 원어치 기름을 가득 채웠다. 그러고는 선릉역에 위치한 술집으로 가서 S씨라는 남자를 만났다. 두 사람은 알게 된지 보름밖에 안 된 사이였다. 새벽 3시까지 양주 3~4병을 마신 두 사람은 S씨의 집으로 가 잠을 잤다.

다음날 아침, S씨는 전화벨 소리에 일어나 통화하는 이 형사를 봤다고 한다. 그에 따르면, 이 형사가 "네, 반장님, 죄송합니다. 늦게 일어났습니다"라고 말하면서 부리나케 나갔다는 것이다. 그때가 출근 시간인 8시 30분보다 30분 이상 늦은 아침 9시 2분경이었다는 게 S씨의 주장이다.

· · ·

## #2 실종 당일: 2010년 7월 27일

그 후 이 형사가 향한 곳은 경찰서가 아닌, 사건 현장이었다. 관내 절도 현장에 들러 자신의 카메라로 증거사진을 찍은 뒤 그는 잠깐 집에 들렀던 것으로 보인다. 함께 살던 누나가 퇴근해서 보니 샤 위한 흔적이 있었고, 이 형사가 먹은 것으로 추측되는 바나나 껍질도 있었다고 진술했다.

그런데 여기서부터 이 형사의 행동이 이상해진다. 그가 사망하고 며칠 뒤 날아온 '과태료 통지서'를 보면, 이 형사는 오전 10시 32분 서초IC 하행선을 지난다. 경찰서에 있어야 할 그 시각 서울을 빠져나가는 고속도로에 들어선 이 형사, 무슨 급한 사정이라도 생긴 걸까. 그는 버스 전용차선 위를 달리고 있었다.

그리고 약 2시간 뒤인 12시 35분경, 경부고속도로 영동군 황간면 부근에서 교통사고가 발생한다. 앞 범퍼의 절반이 찌그러질 정도의 사고였지만 다행히 이 형사의 부상은 크지 않았다. 그는 부축도 받지 않고 스스로 걸어서 병원에 걸어 들어갔다. 당시 병원 기록을 살펴봤다.

환자명 **이용준**

내용 **TA 환자로서 CT 및 X-ray 검사 → 환자 스스로 IV(링거줄) 제거 후 사라짐**

TA란 교통사고(traffic accident)의 약자다. 이 형사는 병원에서 몇 가지 검사를 받은 후 찰과상을 입은 이마에 간단한 처치를 받고, 혼자 화장실에 갔다. 그런데, 한참이 지나도 소식이 없어 간호사가 화장실로 가봤더니 링거만 덩그러니 뽑혀 있었다고 했다. 실제로 병원 CCTV에 이 형사가 병원에 온지 30분 만에 스스로 걸어 나가는 모습이 찍혔다. 이것이 이 형사의 생전 마지막 모습이다. 그는 왜 이렇게 은밀하고 다급하게 병원을 빠져 나갔을까? 누군가에게 쫓기거나, 반대로 누군가를 쫓고 있었던 건 아닐까?

이런 의문에도 불구하고 당시 사건을 수사한 경찰은 '스스로 병원을 나간 후 시신으로 발견됐으니 자살'이라고 판단했다. 충북 영동경찰서의 조서 내용이다.

라. 변사자 주변인들에 대하여

변사자의 주변인들을 상대로 조사한 결과 변사자는 내성적인 성격이고 말이 별로 없으며 특별히 죽고 싶다거나 사인과 관련된 말을 한 적이 없다고 진술하고 변사자의 사인은 전일 과도한 음주로 출근을 하지 못하고 바로 경찰서로 들어가지 못해 주변 사건 현장에서 사진 촬영 등을 하면서 자신의 잘못을 만회하려고 하는 등의 소심한 행동을 보이다가 우발적으로 고속도로를 빠져나간 것이 아닌가라고 생각이 든다는 진술이 공통적인 진술임

· · ·

## 의혹1 음주운전 사고를 낸 죄책감에 자살?

'음주로 인해 출근을 못해 방황했고, 교통사고까지 내자 소심한 이 형사가 자살을 했다?' 물론 경찰 공무원이란 신분으로 무단결근도 교통사고도 가벼운 일은 아니었을 것이다. 특히 전날 마신 술 때문에 벌어진 사고라면 심리적 압박은 더 컸을지 모른다. 당시 현장에 출동한 고속도로순찰대 보고서를 보면, 이 형사의 차량은 우측 가드레일과 충돌한 뒤 3차선을 가로질러 좌측 중앙 분리대와 충돌했다. 다른 피해차량이 없는 단독 사고였다. 당시 충북 영동경찰서의 수사 보고서를 살펴보자.

사. 변사자의 교통사고 당시 혈중 알콜 농도에 대하여

국과수 부검결과 변사자의 혈중 알콜 농도는 0.010%로 확인되어지고 사
고 전일 새벽까지 마신 술로 인하여 술이 완전히 깨지 못한 것으로 생각되
어짐

현행법상 음주운전의 처벌 기준이 되는 혈중 알콜 농도는
0.03퍼센트 이상, 2010년 당시 기준으로는 0.05퍼센트 이상이었다.
0.01퍼센트는 최하 검출 기준으로 혈액에서 알코올이 거의 검출되
지 않았다는 뜻이다. 게다가 사고 당시 출동했던 고속도로순찰대,
견인차 기사들, 병원 관계자들 역시 이 형사에게서 술 냄새를 맡지
못했다고 진술했다.

· · ·

## 의혹2 스스로 저수지에 걸어가서 죽었나?

병원에서 자취를 감춘 이 형사가 이틀 뒤 시신으로 발견된 저수
지는 병원으로부터 2.2킬로미터 떨어져 있다. 저수지까지 걸어서
이동했다면 약 30분 이상이 걸리는 거리다. 당시 이 형사의 자동차
는 교통사고로 견인된 상태였고 택시를 타고 이동한 흔적도 확인되

지 않았다. 최고 기온이 32도를 넘어서던 무더운 여름, 병원에서 슬리퍼를 신고 나선 사람이 과연 그 먼 거리를 걸어서 이동했을까? 이 저수지는 내지인들만 아는 외진 장소로 이 형사와 아무런 연고가 없었다. 지나가는 이 형사를 태웠다는 운전자도, 그가 걸어가는 걸 본 목격자도 없다.

저수지의 수심은 성인 가슴 정도 깊이, 유속이 거의 없는 물살이 약한 곳이었다. 하지만 국과수 부검 결과, 가장 유력한 사인은 '익사'. 부패가 심한 상태라 정확한 감정이 어렵지만 이 형사의 직접적인 사망 원인은 익사일 가능성이 높다는 감정이었다. 그렇다면 그의 죽음은 단순 사고사이거나, 자살일까?

· · ·

## 의혹3 이 형사의 죽음, 자살인가 타살인가?

하지만 자살로 단정하기 어려운 이유 또한 부검 감정에서 담겨있다. 당시 숨진 이 형사의 폐에서는 '디틀럼'이라는 플랑크톤이 나왔다. 문제는 디틀럼이 해수 플랑크톤의 한 종류라는 점이다. 저수지에서 익사한 사람의 폐에서 왜 바다 플랑크톤이 검출됐을까?

2010년 처음 이 사건을 방송한 〈그것이 알고 싶다〉 781회 '어느 강력반 형사의 죽음' 제작진은 이 의문점에 대해 국립과학수사연구원(이하 국과수)에 직접 문의했다. 그런데 돌아온 답변은 좀처럼 믿기지 않는 내용이었다. '검사 결과를 옮겨 적는 과정에서 실수로 오타가 생겼다'는 것이다. 어떻게 이런 일이 있을 수 있을까? 그 해명을 어디까지 믿어야 할까?

시신의 간과 비장에서는 디펜히드라민이라는 심상치 않은 성분도 검출됐다. 디펜히드라민은 감기약, 알레르기약, 수면 유도제 등에 들어가는 성분이다. 위장에서는 소화가 거의 다 된 바나나도 발견되었는데, 이 형사 누나의 증언대로 아침에 집에서 먹고 나간 것이라면 디펜히드라민 성분의 약물은 그 이후에 먹었다는 추정이 가능하다. 하지만, 교통사고 후 이 형사가 치료를 받은 병원에서는 이런 약을 처방한 사실이 없었다. 병원과 저수지 사이에는 마땅한 약국이 없었으며, 그 무렵 이 형사가 다른 병원이나 약국에 간 기록도 확인되지 않았다. 그렇다면 이 형사는 언제 어떻게 이 약을 먹었을까? 아니면 누군가 몰래, 혹은 강제로 이 형사에게 약을 먹인 건 아닐까?

이 형사의 정수리와 머리 쪽엔 광범위한 출혈이 있었다는 기록이 있다. 하지만 서울대학교 법의학 교실의 유성호 교수는 교통사고 당시 촬영된 CT 사진과 비교 분석한 결과, '두정부의 광범위한 두피하

출혈'은 모두 그날의 교통사고 당시 발생한 것으로 보는 게 합리적이라는 결론을 내렸다. 그러면서 유성호 교수는 머리의 상처가 아닌 목 부위에 남은 길고 뚜렷한 상흔에 주목했다. 당시 수사팀은 저수지 안의 물풀에 의해 긁힌 상처라고 봤지만 유 교수의 생각은 다르다.

"목 부위에 보면 이렇게 표피 박탈이라고 그래서 우리가 할퀴거나 긁힌 자국들이 꽤 있어요. 이게 꽤 있고 이거는 제가 보기에도 조금 특이한 게 손톱 모양이라고 의심할 수 있을 정도로 이렇게 작은 반달 모양이라서 여기 보이시죠? 여기 보시면 하나, 둘, 셋, 넷, 다섯, 여섯 (…) 목에 분명히 뭔가 긁힌 흔적은 있다. 목에 긁힌 자국은 분명하지만 안쪽에 강한 압력으로 목을 조인 흔적은 없다, 라고 그래서 뭔가 의심스러운 정황은 분명히 있습니다. 그렇지만 이것과 사망 원인과는 연결 지을 수는 없다, 라고 판단합니다."

손톱으로 자신의 목을 상처내는 상황은 어떤 경우일까? 국내 1호 프로파일러 권일용 교수는 이러한 상처가 누군가에 의해 강제로 목을 조를 때 흔히 나타나는 방어흔의 일종이라고 설명한다. 그날 이 형사는 저수지에 빠지기 전, 어떤 약물을 섭취했고 몸부림을 칠만큼 강한 몸싸움을 겪었을 가능성이 높다. 정말 그가 스스로 저수지에 몸을 던졌을까? 아니면 누군가 약물에 취한 그를 저수지로 옮겨 물에 내던졌을까?

## 의혹4 동료 경찰들의 어쩐지 이상한 태도

사망 전 이 형사의 행적도 시신이 발견된 장소도, 부검 결과도 모두 의혹투성이다. 그런데도, 동료 경찰들은 이 형사의 시신이 발견되자마자 그 즉시 자살이라고 단정했다. 심지어 이 형사가 평소 여자 친구 문제로 고민이 많았다는 말을 언론에 흘리기도 했는데, 이는 사실이 아니었다. 사망하기 직전 몇 달 동안 이 형사는 어떤 여성과도 주기적인 연락을 주고받지 않았던 것으로 확인됐다. 이 형사의 아버지가 기억하는 시신 발견 당시 상황에 대해 좀 더 들어 보자.

아버지  용준이 사체가 영동저수지에서 발견되었다. 그래서 막 이게 무슨 일이냐…. 그럴 리가 없다… 우리 딸하고 나하고 같이 승합차를 타고 이제 내려온 거지. 그 차 안에서 이건 그 (형사) 과장이 차 안에서 용준이는 자살한 거 같습니다. 자살이 확실하다는 겨. 그래서….

제작진  확인도 하기 전에?

아버지  그렇지. 그 영동 내려오는 중에 그렇게 얘기하는 거야. 형사과장 얘기가 만일에 부검을 하게 되면 뭐 이제 또 며칠 걸린다 이거예요.

그리고 뭐 왜 사람이 원인 모르게 죽었대도 꼭 자살로 볼 수 있느냐? 이런 식으로 얘가 진술을 하니까 옆에서 이제 있던 최반장이… 아유, 그러면은 부검해야 되는데 꼭 그렇게 하느냐고? (…) 아휴. 그때 저는 지금도 안 잊어먹는 게 그 용준이가 이제 이렇게 집 나가고서 같이 찾으러 다닐 때도 그랬고 계속 그 전부터 그 용준이한테 우리가 얼마나 잘 해줬는데 배신을 했다. 그 최반장이 배신 소리를 뭐 수십 번을 했어요.

제작진 배신을 했다?

아버지 응. 배신을 했다. 그러니까 (…) 하루하루 결근했다고 해서 배신했다 소리를 막 하느냐? 응? (…) 조금 이상하다 그런 생각이 드는 거야.

유족도 아니고 경찰이 부검을 말리는 경우가 있을까? 또한 배신이라니 무슨 뜻일까? 유가족들은 지금까지도 동료 경찰들의 행동을 이해하지 못하고 있으며, 이 형사의 사인을 밝히는 데 가장 중요한 수사만 제대로 해줬더라면 이렇게 의심하지는 않았을 것이라고 했다.

## 의혹5 이 형사는 부산에 갈 계획이었다

지금까지 살펴본 자료만으로는 명확한 단서가 보이지 않는다. 이용준 형사의 행적을 밝혀줄 또 다른 증거가 필요한 상황에서 그의 자동차에 달린 내비게이션도 하나의 실마리가 된다. 그가 실종된 2010년 7월 27일 그가 내비게이션에 입력한 마지막 목적지는 부산의 한 공업소였다. 마침 사고가 난 지점도 경부고속도로니 그는 부산행을 계획하고 있던 것일까?

하지만 그 공업소에는 이 형사를 아는 사람이 한 명도 없었다. 강남경찰서 형사가 왜 근무일에 부산으로 가려고 했을까? 실종 전날 밤, 이 형사는 지인 S씨랑 술을 마셨다고 했다. 그보다 며칠 전 S씨는 이 형사에게 자신의 친구를 소개해줬다. 그런데 그 친구의 집이 부산으로, 이 형사의 목적지인 공업사에서 불과 1킬로미터 거리였다. 그럼 이 형사는 S씨의 친구를 만나기 위해 부산에 가려고 했던 것일까? 그래서 전날 밤 9만 원어치 주유도 했던 것일까?

S씨의 친구를 조사해봤으나 그는 이 형사가 부산에 온다는 어떤 연락도 받지 못했다고 한다. 또한 실제 두 사람이 통화를 주고받은 기록도 없었다. 무언가 풀리지 않은 부분이 있지만, 이에 대한 수사

는 처음부터 제대로 되지 않았고 이 형사가 왜 부산으로 가려 했는지 더는 알 수 없게 되었다. 어떤 사건이든 사고 직전의 행적이나 통화 내역을 조사하는 것은 기본이다. 그런데 이 형사의 휴대전화는 없어졌다. 통화기록은 경찰이 갖고 있지만 가족들은 보지 못했다.

앞서 실종 당일, 늦잠을 잔 이 형사가 팀 반장 전화를 받고 일어났다고 했다. 그 뒤에 한 번의 통화가 더 있었다. 동료 경찰이 전화를 걸었고 이 형사가 10시 26분에 받은 것이다. 아까 버스 전용차선 단속 카메라에 찍힌 시각이 10시 32분이니 아직 서울에 있을 때다. 그런데 당시 통화한 형사는 이용준 형사가 전화를 받기는 했는데 아무 말도 하지 않더라고 했다. "여보세요. 용준아"만 하다 끊었는데 그게 약 11초였다는 것이다. 다시 걸어보았지만 컬러링이 짧게 19~20초 정도 울리다가 끊겼고 이것이 이 형사의 마지막 통화가 되었다. 그리고 2시간쯤 지나고 나서 사고가 났다.

• • •

## 의혹6 주변을 맴돌던 수상한 검은 차

이 형사의 시신이 발견된 주변을 탐문하던 유족들은 마을 주민과 인근 택시기사들로부터 수상한 이야기를 들었다고 했다.

> "그때 와서 한 분은 저기에서 잠복근무하고 한 분은 저기에서 잠복근무하더라고, 누가 더 있었나 몰라도, 한 분은 자가용 허 넘버 빌려가지고 저기서 잠복근무를 했어."

이 형사가 치료받은 영동의 병원 주변은 대도시와 달리 외지 차량이 주차돼 있을 경우 쉽게 눈에 띄기 마련이다. 특히 지역 택시기사님들의 경우 외지 번호판을 민감하게 살펴보고 기억한다. 병원 인근의 주민들과 택시기사들은 이 형사가 사라진 그날, 병원 주변에 외지에서 온 검은 차가 있었고 잠복을 한다며 오랫동안 주변을 맴돌았다고 증언했다. 하지만 당시 영동지역의 경찰과 강남경찰서의 동료 경찰 중 누구도 이 형사가 사라진 당일에는 영동에서 그를 찾은 일이 없다고 했다. 더욱 의심스러운 건 수상한 잠복 인력이 타고 온 검은 차량의 번호판이 '허'로 시작한다는 점, 다시 말해 그들이 타고 온 차량이 렌트카라는 것이다. 잠복 중이라던 그들은 진짜 경찰이었을까? 경찰이 아니라면 이 형사가 사라진 병원 근처를 감시하던 낯선 이들의 정체는 과연 무엇일까?

· · ·

## 그 시절 강남에는 '밤의 황제' KP가 있었다

이용준 형사의 실종과 죽음을 당일의 기록만으로 재구성하기에는 미심쩍은 부분이 많다. 그렇다면 이번에는 멀리 돌아서 접근해보자. 이 형사가 수사하던 어떤 사건으로부터 추적을 시작해보는 것이다. 이 형사의 친구로부터 당시 그가 수사하던 사건에 대한 실마리를 얻을 수 있었다.

"한 번 그런 적이 있었대요. 어떤 신고가 들어왔대요. 어떤 사람이 술을 먹다가 거기서 이렇게 바가지를 씌우느니 뭐 가짜 양주를 팔았느니 뭐 그렇게 시비가 붙었나봐요. 자기가 그런 거 파헤치려고 이렇게 막 수사도 하려고 딱 했는데 그쪽 사람들이 어디다 이렇게 전화를 막 하더래요. 그래가지고 윗사람이 딱 받더니, 수사하지 말라고, 자기도 되게 억울했지만 수사 제대로 못하고 그냥 나왔다…."

친구의 증언을 토대로 유추해보면, 이 형사는 강남에서 가짜 양주를 팔고 바가지를 씌우는 유흥업소에 대해 조사 중이었다. 그런데, 누군가에 의해 수사를 방해받은 것으로 보인다. 공교롭게도 그 시기 강남 일대에서는 이 가짜양주를 사업 아이템 삼아 큰돈을 번 사람이 있었다. 그는 '밤의 황제'로 불린 인물, KP다. 빈 양주병에 팔고 남은 술과 싸구려 양주를 마구 섞어서 새것처럼 속였고, 이렇게 만든 가짜 양주로 한몫 단단히 챙겼다.

KP는 '그 바닥'에서 알아주는 거물이었다. 1990년대 나이트에서 일하던 호객꾼 출신으로 폐업 위기에 몰린 룸살롱들을 헐값에 인수하는 방식으로 사업을 키웠고, 돈을 몇 천억 원씩 긁어모았다는 소문과 함께 유흥업계의 성공신화로 떠올랐다. 그는 기존에는 없던 기가 막힌 마케팅으로 손님들에게 자신의 존재를 각인시켰다고 한다. '양주 1병 시키면 맥주 무제한 공짜'라거나 '초저녁에 온 손님은 값을 깎아주는 조조할인' 같은 지금의 유흥업소 문화를 KP가 대부분 만들었다고 한다. 그러다 보니. 한때 '유흥업계의 스티브 잡스'라고 까지 불렸다는 그는 강남, 북창동, 경기도 부천 일대에서 최대 20여 개 업소를 운영했는데 많이 벌 때는 매출이 연간 1,000억 원에 달했다고 전해진다. 경찰 출신으로 KP 수사 총책임자였던 황운하 국회의원에게서 당시 이야기를 들어봤다.

"야유회도 단체로 가고 하면 굉장히 많은 인원이 이렇게 (모여요). 하나의 회사죠. 기업화된 거예요. KP는 과감하게 투자도 했는데, 공인회계사 출신 세무사 출신을 자금관리팀으로 구성했어요. 더 충격적인 것은 KP의 최측근 집사. 딸랑딸랑하는 이 집사 역할을 하는 사람이 검사 출신이었어요. 검사 출신을 고용을 해서 집사처럼 쓰고 있었어요. 그래서 황제라는 별명을 붙여 준 거예요. 이 자가 황제구나."

KP가 밤의 황제로 군림하게 된 과정엔 불법적 힘이 작용하고 있었다. KP는 미성년자를 고용해서 성매매를 알선한 혐의 등으로 재판을 받고 세금을 포탈한 것이 드러나 2010년 구속되기도 했다. 더 놀라운 것은 그 과정에서 수많은 경찰과의 유착관계가 드러났다는 점이다. 어디 경찰뿐이랴. KP의 핸드폰에는 경찰 고위간부는 물론, 검찰, 정치인, 세무서, 구청 공무원 등 온갖 사람들의 연락처가 저장되어 있었다. KP의 결혼식 때 주례를 맡은 이가 경찰 고위간부였다고 하니 그의 인맥은 말할 것도 없다. 반은 조폭, 반은 경찰인 결혼식이 장관이었다는 후문도 전해진다. 유흥업소 사장이 어떻게 이런 인맥을 형성했을까? 업계 지인의 증언을 들어보자.

"그 시절만 해도 2010년 뭐 그 전엔 말할 것도 없고 2000년대 초반은 솔직히 관할 지구대에서 총무가 다 있었다고. 상납을 해야 돼. 그게 그냥 공공연한 거야. 그 시절엔 그게 있었어. 그게 이상하지도 않고. '지금 간다.' '이리 들어왔다.' (단속 정보를 주는) 그런 건 공공연하게 있었지 계속. 2010년까지만 해도 한 업소에서 보통 큰 업소는 보통 돈 1,000만 원에서 1,500 정도

관비가 나가고.”

‘관비’라는 은어로 통했던 뇌물 상납은 당시 강남 일대 유흥업계의 관행이었다. 그런데 KP는 이 부분에서도 남달랐던 것으로 알려져 있다. 각 경찰 지구대별로 KP와 거래하는 총무가 지정되어 있었고 한 팀당 매달 200만 원씩 월정액으로 상납했다고 한다. 수금한 뇌물을 팀원들과 나누고, 그들의 입을 단속하는 것이 총무의 역할이었다.

그렇게 공들여온 대가로 KP는 어마어마한 ‘백’을 등에 업었다. 경찰들에게 단속 정보를 빼내는 정도에 그치지 않고 경찰 윗선에 연락해 ‘누구를 유흥업소 단속반에 발령을 내라’거나 ‘이 사람은 빼라’는 등 인사에도 관여했다고 한다. 뒷주머니를 차기 위해, 단속반에 들어가고 싶었던 경찰들이 아예 KP 앞에 줄을 서고 대기했을 정도라 하니 밤의 황제라는 별명이 아깝지 않다.

상황이 이렇다 보니 KP가 덜미를 잡힌 순간, 서울 강남구 일대 경찰들이 굴비처럼 줄줄이 엮여 들어갔다. 특히 논현 지구대와 역삼 지구대의 경우 KP와 엮이지 않은 경찰을 찾기가 쉽지 않았을 정도라고 한다. 주목할 점은 두 곳 모두 이용준 형사가 근무했던 곳이라는 사실이다. 2007년 말부터 2009년 초반까지 논현 지구대에 근무하며 생활 안전과 소속으로 유흥업소 단속을 했던 이 형사는 이후 역삼 지구대로 근무지를 옮겼다. 그리고 몇 년 후, 이 일대에 피바람이 불기 시작했다. 바로 이용준 형사가 사망하기 1년 전의 일이다.

"수사 대상은 2009년을 전후해 강남경찰서 산하 역삼지구대. 신사파출소, 서초경찰서 산하 반포지구대, 서초파출소 등에서 근무했던 경찰관들인 것으로 알려졌다. 검찰은 2010년 경찰 수사 당시 이 씨로부터 뇌물을 받은 경찰관에 대한 조사가 제대로 이뤄지지 않은 점을 중시, 당시 ○○○ 씨(KP)와 경찰 간 유착관계를 조사한 경찰 감찰팀원들도 조사키로 했다."

역삼 지구대를 포함해 강남 경찰들의 대대적인 감찰 조사가 이루어졌다. 이때 KP의 검은 손을 잡지 않은 것으로 밝혀진 몇 안 되는 경찰 중 한 명이 바로 이용준 형사였다. 이 시점에서, 우리가 이 형사의 사망 직전 행적 중에, 다시 한 번 주의 깊게 살펴야 할 사실이 있다. 당시 강남 경찰서 소속이던 이용준 형사는 실종 전날 밤, 과거 자신이 근무했던 역삼 지구대에 들러 어떤 서류를 복사했다고 했다. 그리고 사망하던 그때까지 이 형사는 그 서류를 갖고 있었던 것으로 보인다. 이 형사의 교통사고 수습을 위해 현장에 출동했던 보험회사 직원이 이 형사의 차량 안에서 발견한 서류가 있었기 때문이다. 경찰 출신이었던 이 보험회사 직원은 그것이 수사 자료였다고 기억한다. 그렇다면 그 수사기록이 이 형사의 죽음과 관련이 있을까?

이 질문을 마주할 때마다 이 형사의 아버지는 가슴을 치며 후회한다. 장례식 도중 경황이 없던 상황에서 그 서류를 아들의 동료 경찰에게 그대로 전달했다가 나중에서야 '그 서류를 좀 보고 싶다'고 찾으니 하나같이 '이 형사가 맡고 있던 사건은 없었다'며 서류도 별게 아니었다고 입을 닫았다는 것이다. 이 형사의 아버지는 지금까지도 그때 아들이 복사했던 그 서류의 정체를 알지 못한다.

· · ·

## KP가 몰락하고 버닝썬이 떠오르다

성매매 알선 및 세금 포탈 등의 혐의로 법정에 선 KP는 1심에서 징역 3년 6월, 벌금 30억 원을 받았지만 재판이 진행되는 도중 보석을 받고 풀려난다. 그런데 그 뒤 누구도 생각하지 못한 일들이 벌어졌다. 가석방 상태에서 KP가 종적을 감춘 것이다. 지명수배 명단에 오르고 다시 우여곡절 끝에 붙잡혀 다시 재판을 받게 됐는데 2심에서 그에게 선고된 형량이 놀랍게도 1심 때보다 오히려 줄어드는 반전이 펼쳐졌다. 가중치벌은커녕 벌금마저 5분의 1가량으로 감소했다. 어떻게 이런 일이 가능했을까? 당시 수사책임자였던 황운하 의원은 KP의 뒤에 경찰만 있었던 게 아니기 때문이라고 단언한다.

"도망 다니던 KP를 어찌어찌해서 긴급 체포를 했어요. 이게 중요한데, 형식적으로 (긴급체포할 때) 검사한테 승인을 얻어요. 지금까지 제가 35년 경찰을 하면서 긴급체포를 승인을 안 한 사례는 한 건도 없었어요. 그런데 KP에 대한 긴급 체포를 검사가 승인을 거부하는 거예요. 그런데 승인을 거부하기 전에 무슨 이야기가 있었냐. 긴급체포하니까 KP가 그 자리에서 전화를 하는 거예요. 중앙지검의 검사한테… ××× 검사님 중얼중얼중얼 이렇게 전화를 하는 거예요. (그러면서 경찰한테) 당신들은 절대 나를 구속하지 못할 것이다 (라면서) 경찰 그 심문에 하나도 대답을 안 했어요. 그래서 KP를 면담하겠다고 했죠. 그런데 이른바 비호세력이 누구냐 검찰, 경찰 이야기를 다 하라고 하니까 '저는 아무것도 모릅니다. 저는 아무 죄도 없습니다' 이러면서 '그런데 과장님, 제가 돈을 벌어놓은 게 있기 때문에 과장님 제가 평생 책임을 져드릴 수 있습니다' 이런 말을 하는 거예요."

어쨌거나 KP는 잡혔고 경찰 조직은 KP와 통화한 경찰관 63명 중 6명을 파면, 33명을 징계했다. 그러나 법원과 검찰 관계자 중에서 유착 여부가 드러나 처벌받은 사람은 아무도 없었다. 이후로도 여러 차례 교도소에 드나들던 KP는 그렇게 자연스럽게 강남 유흥골목에서 사라졌다.

그렇다면 KP의 몰락으로, 유흥업계와 경찰의 유착관계는 끊어졌을까? KP가 사라진 후, 강남의 뒷골목에 제 2대 밤의 황제가 등장했다. 이른바 뺑구라 불리던 그는 2011년 강남에서 대형 클럽을 차리는데, 이게 그만 크게 성공한다. 순식간에 이 바닥의 대세로 떠오르며 손님을 쓸어 모으고 급기야 강남구청으로부터 '명품 건전 클럽'이라는 명패까지 받았다.

그렇다면 뺑구는 어떻게 그렇게 빠르게 강남 뒷골목의 황제가 됐을까? 의외로 답은 너무도 간단했다. 뺑구가 운영하는 클럽과 거래하는 유통업계 업주 대부분이 KP와의 유착이 드러나 옷을 벗은 경찰과 구청 위생과 직원들이었던 것이다. 한 마디로 뺑구가 황제의 자리에 앉을 수 있었던 비결은 KP와 검은 거래를 하던 경찰 및 공무원 인맥을 고스란히 대물림받았기 때문이다. 업계 관계자들의 증언에 따르면, 이들은 클럽 이용객이 경찰 단속을 두려워할 때면 당당하게 "우리는 사법당국과 MOU를 체결했습니다"라는 말을 했을 정도라고 한다.

그리고 몇 해 뒤 뺑구의 클럽에 있던 MD가 나와서 또 다른 클럽을 차린다. 그 클럽이 몇 해 전 세상을 뒤흔들었던 그곳, 바로 버닝썬이다. 2019년 버닝썬 사건이 터지고 조사하는 과정에서 버닝썬과 뺑구의 클럽의 실체가 드러났는데 경찰 인맥부터 탈세 방법까지 두 클럽은 마치 붕어빵처럼 똑같았다고 한다. 결국 1세대 밤의 황제 KP부터 버닝썬까지 이들의 유착비리는 꼬리에 꼬리를 물고 10년 이상 이어지고 있었던 것이다.

. . .

## 악의 대물림, 버닝썬은 아직 끝나지 않았다

2018년 한 남성이 강남 클럽 버닝썬에서 폭행 신고를 할 때만 해도 이 사건이 이렇게 커질 줄 아무도 몰랐다. 하지만, 해당 지구대에서는 신고를 받고도 제대로 출동하지 않았고 오히려 피해자를 조롱했다고 알려지면서 뉴스에 오르내렸다. 버닝썬을 담당하는 지구대가 어디였을까? 바로 역삼 지구대다. 단순폭행 사건에서 시작된 조사는 이후 마약 투약에 온갖 성범죄 의혹으로 불거졌다. 클럽과 경찰의 유착 의혹도 줄줄이 쏟아져 나왔다. 하지만 그에 비해 수사는 제대로 이루어지 않았다는 여론이 지배적이다.

판은 크게 벌렸으나 '버닝썬'에서 유의미한 '과실'을 얻지 못할 가능성도 있다. 경찰과의 유착을 입증할 결정적 증거는 확보하지 못하고 있기 때문이다.

— &lt;경향신문&gt; 2019년 3월 23일자 기사

버닝썬 수사는 왜 제대로 되지 않았을까? 여기에 이용준 형사와 의 뜻밖의 연결고리가 있다. 그 내용을 자세히 알아보기 위해서는 먼저 버닝썬 사건 초기 수사 상황으로 돌아갈 필요가 있다. 당시 이 사건의 초동 수사가 잘못된 점을 발견하고 문제를 제기한 A 경위라 는 사람이 있었다. 수사 방향을 올바로 잡을 수 있는 기회를 제공한 그는 돌연 비수사 부서로 발령이 난다. 수소문 끝에 다른 지역에서 근무하고 있는 A 경위를 만나봤다.

"버닝썬 관련돼서 첩보가 들어왔거든요? 내가 관련된 자료를 좀 찾아서 보 니까 사실과 다르게 수사가 됐더라고. 그래서 그 문제를 제기를 했고. 그 당 시에 지능범죄수사대장이 C였거든요? 제가 그때 버닝썬 수사가 잘못됐다 고 해서 (문제) 제기도 많이 했었는데 전혀 받아들여지지 않았죠. 저는 이제 거기 가서 한 달 있다가 쉽게 얘기해 쫓겨난 거예요. 계속 수사 부서에 가려 고 지원도 하고 했는데, 전혀 받아들여지지는 않아요."

A 경위의 말에 따르면, 버닝썬 수사 총책임자 C는 수사가 잘못 된 것을 알면서도 사건을 덮으려고 했다. 게다가 잘못된 수사를 바

로 잡으려는 A를 돌연 수사를 할 수 없는 민원부서로 발령 냈다고 한다. 결국 A 경위는 수사 총책임자 C의 직권남용에 대해 검찰에 진정서를 제출했다. 이 일로 세간의 주목을 받게 된 버닝썬 수사 총책임자 C는 그 시기 돌연 경찰직을 내려놓고 대형 로펌으로 이직한다. 마치 한 편의 영화나 드라마 같은 이 스토리에서 이용준 형사도 혹시 A 경위와 비슷한 상황에 처했던 것은 아닐까?

물론 어디까지나 추측일 뿐이다. 하지만 이런 상상에 힘을 싣는 정황이 있다. 버닝썬 사건 수사총책임자의 정체 때문이다. 그는 누구일까? 이 형사가 사망했다는 소식을 듣고 영동으로 내려가는 길에, 그의 사인을 알기도 전부터 타살도 사고사도 아닌 자살이라 말하며 가족들에게 부검하지 말라고 설득했다는 사람. 이 형사가 일했던 강남경찰서 소속 경찰관이며 이 형사의 직속 상관인 그가 세월이 흘러 버닝썬의 수사 총책임자가 되었고, 수사를 덮으려 했다는 의혹에 경찰직을 내려놓은 그 사람, C와 동일인물이다.

이용준 형사와 버닝썬의 연결고리는 여기까지다. 이 형사가 숨지고 3년 후, 그의 아버지는 사건을 다시 조사해달라며 검찰에 진정을 냈다. 처분 결과는 다음과 같다.

조사한 결과, 명백히 자살로 볼 증거가 없으며 살인 또는 타인의 관여로 사망에 이른 것으로 추정할 증거도 없는 상태에서, 현재까지 조사된 내용만으로 사망경위를 밝히는 것에 한계가 있음이 명백하고 더 이상 수사할 내용도 없어 내사종결하였음을 알려드리니 양지하시기 바랍니다.

이용준 형사 변사 사건의 공식적인 수사 결과는 이것이 마지막이다. 그가 세상을 떠난 지 12년. 가족들의 삶은 여전히 그날 그 저수지에서 단 한 발자국도 벗어나지 못하고 있다. 강남 경찰서, 유흥업소 단속, 그리고 어느 형사의 죽음…. 그 사이에는 어떠한 연결고리가 있을까. 이용준 형사는 그날 무엇을 찾기 위해, 혹은 누구에게 쫓겨 그곳까지 갔을까. 여전히 강남거리에서는 제4, 제5의 KP들이 활보하고 있을 것이다. 또 다시 이런 일이 반복되지 않으려면 지금이라도 잘못 꿰어진 첫 단추부터 바로 잡아야 한다. 그것은 이해하기 힘든 이 억울한 죽음을 명명백백 밝히는 일에서 시작될 것이다.

"음모론을 오히려 확산시키는 프로그램 아니냐." <당신이 혹하는 사이>를 시작할 때 가장 많이 접한 질문이었다. 그리고 한편으로는 가장 대답하기 힘든 질문이기도 했다. 사실 당혹사 제작팀에 속하지 않았더라면 나 역시 대번 똑같은 질문을 했을 것이다. 공중파 방송국에서 음모론을 주제로 방송을 한다니…. 시사교양 프로그램의 제작진이란 어쩌면 선비 같은 집단이라서(좋은 의미든, 나쁜 의미든) 이 질문을 무시할 수 없었다. 우리가 내린 결론은 이것이었다. '꼭 확산시켜야 하는 음모론을 다뤄보자. 세상에는 의심해야 하는 사건도 있다.' 그리고 제작팀에 다가온 의문이 이용준 형사 의문사 사건이었다.

이 의문사 사건은 2010년 <그것이 알고 싶다>에서 방송되었다. 당시는 사건 발생 직후였기 때문에 정황을 밝히는 데 집중해 방영되었다. 그로부터 10년이 지났다. 그동안 '밤의 황제 KP 사건'이 있었고 '버닝썬 사태'도 있었다. 10년의 맥락에서 이용준 형사 의문사 사건을 다룬다면 조금 더 중요한 증언이나 미처 살피지 못한 당시의 상황이 확인될 수도 있다고 생각했다. 하지만…

"이렇게 방송이 나간다고 뭐가 달라질까요?"

고(故) 이용준 형사의 아버님은 이 질문으로 입을 떼셨다. 방송이 나간들 무엇이 바

뀔 것이며 당시를 떠올리는 것만으로 유가족들은 너무 힘들다는 말씀도 덧붙이셨다. 아버님을 찾아 뵈러간 제작팀은 감히 한 번의 방송으로 무언가 달라질 것이라는 답을 드리지는 못했다. 다만 조심스럽게 이런 말씀을 드렸다. 세상이 바뀌었고, 당시 상황을 알고 있는 사람들의 지위도 바뀌었다고. 이 방송이 무언가를 즉각적으로 바꿀 수는 없지만 잊고 있던 기억을 떠올리는 사람이 생길 수 있다고. 그리고 시사교양팀에 몸담고 있는 이상 아버님께서 불편하지만 않으시다면 프로그램과 무관하게 이 사안을 계속 따라갈 것이라고. 아버님은 그제야 천천히 10년간 홀로 모으셨던 사건의 자료집을 보여주셨다고 그 자료집이 방송을 가능하게 했다.

촬영도, 방송도 모두 끝난 지금, 다시 그때를 떠올리면 "방송으로 뭐가 달라지냐"는 아버님의 질문에 아직 대답할 수 없다는 점이 속상하다. 많은 사람이 사건을 알게 되었고, 진위를 확인해야 하는 추가 제보도 있었지만 아버님이 느끼실 만한 변화로 이어지지는 않은 것 같다. 그럼에도 아버님 앞에서 말씀드렸던 답변처럼 고(故) 이용준 형사 사건을 방송 제작팀으로서 절대 놓치지 않을 것이라는 변명 어린 마음은 변하지 않았다. 방송에 이어 책을 통해서 이 사건을 다시 한 번 소개하게 된 마음은 그때와 똑같다. 우리의 작은 노력이 모두의 관심을 불러일으키기를, 변화를 이끌 수 있는 증언이나 사실이 부디 드러나기를 간절히 기다려본다.

연출 조상연 작가 어아름·최윤화

# 〈인체의 신비전〉에서
# 시신으로 발견된 아나운서

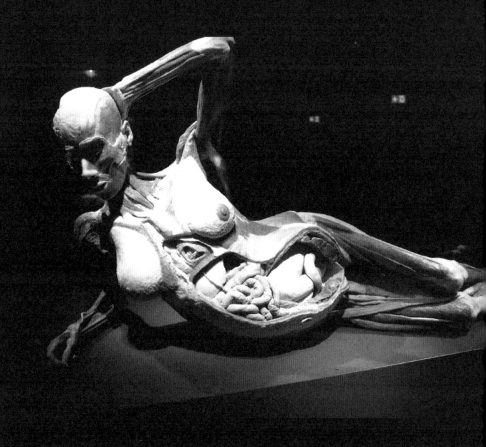

인체의 신비전에 전시된 산모와 태아

· · ·

## 실종된 사람의 시신을 봤다는 목격담

　아름다운 여인이 있었다. 언변도 뛰어나서 많은 사람의 사랑을 받던 사람. 그런데 1998년, 이 여성이 연기처럼 사라졌다. 그것도 혼자가 아니라 배속에 있던 8개월 된 태아와 함께였다. 그녀는 23년이 흐른 지금까지 어떤 연락도 없으며, 시신을 찾았다는 소식조차도 없다. 놀랍게도 임신 중 실종된 여성은 매일 TV에 나오는 인기 아나운서였다. 바로 중국 다롄 방송국 아나운서 장웨이제의 이야기다.

　인기 아나운서였다는 말이 무색할 정도로, 현재 인터넷상에서 그녀에 대한 정보는 실종 당시 나이 외에는 아무것도 찾아볼 수 없다. 그녀의 활동 당시 영상은 전무하고 사진도 몇 장 남아 있지 않다. 마치 애초에 존재하지 않았던 것처럼 감쪽같이 사라진 이 아나운서의 실종이 사람들의 입에 다시 오르내린 건 실종 14년 만에 미국에서 전해진 기이한 목격담 때문이었다. 2012년, 미국의 한 전시회에서 장웨이제를 봤다는 사람들이 등장한 것이다. 더욱 충격적인 사실은 그녀가 살아있는 사람이 아니라, 전시물로 나타났다는 점이었다.

> "임신한 여성의 표본을 공개했는데, 실종된 것으로 추정되는 다렌TV의 미녀 앵커 장웨이제가 그 주인공이다."
>
> — BOXUN, 2012년 8월 15일 기사

실종된 사람이 전시물로 발견되었다니, 어떻게 된 것일까? 논란이 된 전시회는 1995년 일본 도쿄를 시작으로 유럽, 아시아, 미국 등 전 세계 4,000만 명 이상이 관람한 〈인체의 신비전〉이다. 우리나라에서도 2002년 첫 전시에만 무려 250만 명이 관람한 놀라운 흥행 성적을 기록한 이 전시회는 그간 어디서도 볼 수 없었던 인간의 몸속을 낱낱이 해부해 사실적으로 보여준다는 점에서 눈길을 끌었다. 그중에서도 장웨이제를 닮았다는 임산부 전시물은 반쯤 비스듬히 누운 자세로 가슴부터 자궁까지 갈라져 틈이 벌어져 있는데 그 사이로 웅크린 태아의 모습까지 보인다. 너무나 사실적이어서 끔찍하기까지 한 전시물. 그렇다면 왜 이 전시물이 12년 전 실종된 아나운서 장웨이제라는 이야기가 나오게 됐을까?

· · ·

## 의혹1 아나운서 실종 사건의 배후는 권력자다?

장웨이제 실종 기사와 댓글에는 늘 연관검색어처럼 따라다니는 한 사람의 이름이 있다. 바로 한때 다롄 시장을 지낸 중국의 유력 정치인 보시라이다. 한때 시진핑의 가장 강력한 라이벌로 손꼽혔던 그가 장웨이제의 내연남이자, 그녀의 배속에 있는 아이의 아빠라는 소문이 당시 중국 내에 파다하게 퍼졌다. 그리고 그런 소문이 돌고 얼마 지나지 않아 사람들은 더 이상 장웨이제를 TV에서 볼 수 없었다. 방송계에서 퇴출당한 것이다. 그리고 만삭의 몸을 이끈 그녀가 소리소문없이 사라진 후에도, 많은 이들은 그녀의 생사조차 알지 못했다. 신문에서도 방송에서도 그녀의 실종에 관한 기사가 보도되지 않았기 때문이다.

'권력자를 둘러싼 스캔들과 한 여인의 실종' 여기까지만 해도 충분히 의심스럽고 미스터리한 이 사건은 어쩌다 〈인체의 신비전〉과 관련돼 있다는 음모론으로 확대되었을까? 〈인체의 신비전〉과 장웨 이제는, 그리고 보시라이는 대체 무슨 관계일까?

· · ·

## 의혹2 수상한 전시회 〈인체의 신비전〉을 만든 인물

세계적인 흥행기록을 세운 〈인체의 신비전〉은 교육적이고 과학적인 전시회로 알려진 탓에 학교 단체 관람객이나 부모 손에 이끌려온 어린아이들이 특히 많았다. 그런데 당시 이 전시회를 관람한 이들 중에는 전시회장 내부에 감돌던 독특하고도 역겨운 냄새를 잊을 수 없다는 증언들이 많다. 그 냄새의 정체는 놀랍게도 시신을 방부 처리하는 과정에 쓰인 화학약품들. 그러니까 이 전시회의 전시물들 모두가 모형이 아닌 100% 사람의 시신이었던 것이다.

이토록 엽기적이고도 파격적인 전시회를 연 사람은 '죽음의 의사' 혹은 '닥터 프랑켄슈타인'으로 불리던 독일의 해부학자 '군터 폰 하겐스'다. 그는 자신만의 특허기술로 표본을 만들어왔다. 사람 몸에서 피부를 벗기고 수분과 지방을 빼낸 다음, 플라스틱 소재를 주입하는 '플라스티네이션(plastination)'이라는 기법이다. 하겐스 박사는 이 기술을 이용해 사람의 시신을 표본으로 만드는 과정을 한 방송에서 마치 쇼처럼 보여주기도 해 논란을 산 인물이다. 윤리적인 논란은 뒤로 한 채, 사람들의 시선을 잡는 데 성공한 하겐스 박사는 이후 수백 구의 시신으로 표본을 만들어 세계 곳곳에서 전시회를 열어 막대한 흥행을 거두는 데 성공했다. 우리나라에서 1인당 관람료가 1만 원 정도였으니, 전시회로만 약 1,000억 원 이상의 수익을 거두었을 것이란 계산이 나온다.

하겐스 박사의 기행은 여기서 그치지 않았다. 2010년 급기야 그는 방부 처리한 시신을 부위별로 판매하는 일명 '시체 마켓'을 온라인과 오프라인에 개점, 시신 판매에 나서기도 했다. 몸 전체는 1만 5천 유로(한화 2,200만 원), 흡연자의 폐는 3,600유로(한화 480만 원), 손의 일부는 185유로(한화 25만 원)라는 구체적인 가격까지 매기고 시체장사에 나섰으니, 이쯤 되면 그가 왜 '죽음의 의사'라 불렸는지, 충분히 짐작할 수 있지 않을까?

· · ·

## 의혹3 그 많은 시신은 어디에서 왔을까?

다시 장웨이제 이야기로 돌아와 보자. 그녀가 소문처럼 하겐스 박사의 전시물이 되었을 가능성을 따져보려면 우선 하겐스 박사가 전시물을 만든 시신들을 어디서 구했는지를 확인할 필요가 있다. 〈인체의 신비전〉의 공식 홈페이지에는 전시물은 모두 기증받은 시 신으로 만들어진다고 명시돼 있다. 그렇다면 스스로 내 시신을 표 본으로 만들어달라고 서약한 사람들이 그렇게나 많았다는 것일까?

하겐스 박사의 인체 표본 공장은 세계 곳곳에 있다. 그중에서 압 도적으로 가장 많은 표본을 만들어낸 곳은 다름 아닌 중국에 있다. 독일 언론이 조사한 바에 따르면 2003년까지 이 공장 한 곳에서 보 유한 표본의 수가 완전한 인체 표본 647개, 부분 표본 4,000개 그리 고 태아, 신생아 표본 182개 등 4천 개 이상인 것으로 확인됐다. 이 공장이 처음 문을 연 시기가 1999년이란 사실을 감안하면 매년 천 구 이상의 시신으로 표본을 만들어냈다는 이야기가 된다. 이것이 가능한 숫자일까? 하겐스 박사는 대체 어디서 어떻게 그 많은 시신 을 구할 수 있었을까?

이 공장은 극도로 비밀스럽게 운영되어 왔다. 높은 임금을 주고,

의대 졸업장을 가진 이들만을 뽑았으며 출입 카드가 없는 이들은 결코 드나들 수 없도록 출입 통제에 만전을 기해왔다. 과연 그 안에선 무슨 일들이 벌어져 왔을까. 혹시 장웨이제도 그곳에 있었을까. 이 인체 표본 공장에서 1년 반 동안 일했던 전 직원의 인터뷰는 그 비밀스러운 공장 안에서 벌어진 일들이 우리가 상상하는 것보다 훨씬 더 참혹했음을 증언한다.

> "한 번 들어올 때 차 4~5대가 들어오는데 그 안이 전부 시체입니다. 전부 비닐에 들어 있고요. 창고 하나에서 시체를 처리하는데 큰 욕조에서 돼지마냥 처리하죠. 욕조가 전부 포르말린이에요. 상태가 좋은 시신은 욕조 하나에 두 구를 넣고, 좋지 않은 경우, 욕조 하나에 4~5명구의 시신을 넣어요. 시신을 처리한 뒤 인체의 수분, 유분을 완전히 빼내죠. 그리고 화학약품 처리를 해요. 완성품이 되면 사람 형상이 아니에요. 플라스틱처럼 무색무취가 되죠. 아이도 임산부도 있어요."

무려 1년에 천 구 가까운 시신이 인체 표본으로 만들어지던 곳, 세계 최대규모의 이 인체 표본 공장이 장웨이제 실종과 관련이 있다고 의심하는 이들은 이 공장의 위치에 주목한다. 바로 중국 다렌시. 그렇다. 장웨이제의 배속에 있던 아이의 친부라는 의심을 받았던 인물, 보시라이가 시장으로 있었던 도시다. 보시라이는 하겐스 박사에게 명예 시민증을 수여했을 만큼, 하겐스 박사의 인체 표본 사업을 적극적으로 지원해왔던 것으로 알려져 있다. 장웨이제의 실종과 그 배후에 있는 것으로 의심받았던 유력 정치인, 그리고 그가 시장으로 있던 도시에 세워진 인체 표본 공장. 이 수상한 삼각구도는 단지 우연에 의한 것일까?

. . .

## 의혹4 사형수의 시신을 몰래 빼돌렸다?

이 음모론이 단순한 루머로만 여겨지지 않는 건, 무엇보다 '시신의 출처'가 불분명하기 때문이다. 2004년 독일 검찰은, 〈인체의 신비전〉에 전시된 표본 중 최소 2구의 표본에서 두개골에 난 총탄 흔적을 발견했다고 밝혔다. 당시만 해도 중국에선 총살형으로 사형을 집행하는 경우가 적지 않았다. 상황이 이렇다 보니 사형수의 시신을 하겐스 박사의 인체 표본 공장으로 빼돌린 것이 아니냐는 의혹이 들끓었다.

이에 대해 하겐스 박사는 "나는 절대로 사형수의 시체를 사용하지 않는다. 그런데 나도 모르는 새에 문제가 발생했을 가능성은 있다"는 애매한 입장을 밝혔다. 그런데 사형수의 시신이 사용되었다고 하더라도 여전히 의문은 남는다. 대체 사형수가 얼마나 많아야, 4년 동안 4,000구의 시신을 조달할 수 있을까?

여기서 또 하나, 뜻밖의 키워드가 등장한다. 중국 공산당이 '사교(邪敎)'로 지정하고 금지한 일종의 기공수련법 파룬궁이다. 중국은 파룬궁 수련을 엄격히 금지하면서 수련자들을 처벌하고 사형까지 집행해 왔는데 이 파룬궁 탄압에 가장 적극적이었던 도시 중 하나가 바로 다롄 시라는 것이다. 그리고 중국 공산당이 파룬궁을 '사교(邪敎)'로 지정하고 탄압하기 시작한 시기는 1999년, 공교롭게도 인체 표본 공장이 다롄 시에 들어선 바로 그 해다. 중국은 지난 2015년, 사형수의 장기 적출을 중단한다고 밝혔다. 바꿔 말하면 이전까지는 사형수의 시신에서 장기 적출이 이루어졌다는 이야기가 된다. 당시 중국에서는 사형수의 가족이 시신 인수를 거부하거나, 사형수가 장기기증을 원할 때 국가가 임의로 시신을 처리하는 게 법적으로 가능했다. 국가가 임의로 장기 적출을 하거나 시신을 기증할 수 있었던 것이다. 그렇다면 그와 관련한 어둠의 경로는 또 얼마나 넓고 다양했을까?

하지만 장웨이제는 사형을 선고받은 적이 없다. 게다가 중국 역시 연쇄살인범 같은 극악무도한 범죄자가 아닐 경우, 만 18세 이하의 청소년이나 임산부는 사형을 집행하지 않는 것이 원칙이다. 따라서 〈인체의 신비전〉에 나온 임산부 표본은 사형수의 시신이 아닐 가능성이 높다. 그렇다면 이 임산부 표본이 장웨이제든 아니든, 가능성은 크게 두 가지로 좁혀볼 수 있다. 자발적으로 기증한 시신이거나, 사형수도 아닌 또다른 어둠의 경로로 입수된 시신일 가능성이다. 예를 들면 알려지지 않은 범죄에 의한 희생자일 수도 있다는 이야기다. 장웨이제가 실종되기 전 마지막 기사에는 그녀가 어떤 위협과 압박을 느끼고 있었는지 짐작하도록 하는 내용이 실려 있다.

> "구카이라이가 중공 공안을 이용해 장웨이제에게 압력을 가하고 이직을 하도록 협박했다. 장웨이제는 방송국에서 쫓겨난 뒤, 다롄 난산 호텔에 비밀리에 구금되어 여러 차례 자살 시도를 했으나, 실패했다고 한다. 그리고 장웨이제는 어느 날 실종되었고, 구카이라이가 그녀를 죽인 것이 아니냐는 소문이 돌았다. 그리고 보시라이가 그녀에게 1,000만 위안을 주고 입을 막아 그때부터 자취를 감추었다는 소문도 있다."
>
> — NTD, 2012년 4월 14일 기사

이 기사에서 언급된 구카이라이, 그녀는 장웨이제와 내연관계로 알려진 보시라이 당시 다롄 시장의 아내다. 더 놀라운 것은 장웨이제와 남편의 관계를 알고 장웨이제를 방송국에서 퇴출시킨 뒤 불법 구금했다는 의심을 받는 인물, 구카이라이가 바로 하겐스 박사의 다롄 공장 총책임자였다는 사실이다. 그러니까 장웨이제와 내연 관계인 보시라이의 도움으로 하겐스 박사는 다롄 시에 최대 규모의 인체 표본 공장을 세웠고, 보시라이의 아내인 구카이라이는 그 공장의 총책임자였다. 그런 그녀가 장웨이제와 남편의 관계를 알고 장웨이제를 죽이려고 했었다. 때마침 장웨이제가 실종됐고, 〈인체의 신비전〉에 전시된 임산부 표본이 장웨이제가 아니냐는 의혹이 돌고 있는 것이다. 퍼즐 조각들이 맞춰지는 것 같지 않은가?

· · ·

## 의혹5 임산부 표본과 장웨이제는 얼마나 일치할까?

합리적인 의심이지만 '이 임산부 표본은 장웨이제'라고 단정 짓기는 어렵다. 현재 남아있는 단서라고는 장웨이제의 사진과 임산부 표본뿐이다. 표본과 장웨이제에 관한 의혹이 제기된 후, 중국 포털에서는 장웨이제가 활동했던 당시의 영상과 사진이 모조리 사라졌다. 중국 언론조차 장웨이제 실종 미스터리를 보도하려 했을 때, 장웨이제 사진을 찾지 못했을 정도였다고 한다. 사실 제작진도 장웨이제와 표본의 유사성을 분석해보려 했지만, 사진이 너무 부족해서 전문가들도 분명한 답을 내릴 수가 없었다.

마지막으로 확인해볼 만한 것은 임산부 표본의 태아 발달 상태 뿐이었다. 실종 당시 장웨이제는 임신 8개월째였다. 그녀가 만약 임신한 채 갑작스러운 죽음을 맞이해, 표본이 되었다면 〈인체의 신비전〉에 전시된 표본의 배속 아이도 8개월이어야 한다. 산부인과 전문의에게 다양한 각도의 임산부 표본 사진을 제공해 확인해본 결과 표본의 태아 또한 약 8개월 정도로 추정된다는 답이 돌아왔다. 그러나 확인할 수 있는 사실은 여기까지. 수많은 소문과 의혹은 여전히 풀리지 않은 미스터리로 남아있다.

장웨이제와 인체 표본을 둘러싼 의혹이 사그라지지 않자 하겐스 박사는 이렇게 입장을 밝혔다. "그 인체 표본은 나의 아내와 친분이 있는 중국 여자의 신체이며, 유족에게서 기증을 받은 것이다. 하지만 구체적인 신분은 밝히지 않겠다." 물론 그 표본이 장웨이제가 아닐 가능성도 높다. 하지만 그렇다 해도 하겐스 박사의 해명은 여전히 믿기 어렵다. 당신이라면 임신한 내 가족을, 그녀의 배속의 아이를, 전시물로 만드는 데 동의하겠는가? 장웨이제든 아니든 배속을 훤히 드러낸 채 사람들 앞에 전시되었던 그녀가 대체 누구인지, 어쩌다 그녀와 아이가 전시물이 되었는지…. 그 진실을 알아야 할 이유는 여전하다.

# 권력자 부부의 몰락 그리고 실종 14년 만에 제기된 의혹

그렇다면 이 음모론의 핵심 인물들은 모두 어떻게 됐을까? 한때 시진핑의 가장 강력한 라이벌로 꼽히던 보시라이는 현재 교도소에 수감되어 있다. 그의 몰락의 직접적인 원인은 놀랍게도 아내 구카이라이의 살인사건이었다. 보시라이의 아내 구카이라이가 자신의 내연남이었던 한 영국인 사업가를 독살했는데 보시라이가 이 사실을 알고도 은폐했고, 사건 진상을 보고한 공안국장을 해임한 사실이 드러난 것이다.

이 일로 보시라이의 아내 구카이라이는 사형유예(사형 선고를 받았지만 집행은 보류하는 것)를 선고받았고 아내의 살인을 은폐한 보시라이는 뇌물수수, 직권남용 등의 혐의까지 더해져 무기징역을 선고받았다. 부부가 나란히 징역을 사는 결말을 맞이하게 된 셈이다. 이들이 체포된 직후인 2012년 인체 표본 공장도 문을 닫았다. 까마귀 날자 배 떨어진 걸까? 인체 표본과 장웨이제를 둘러싼 기사가 처음 세상에 나온 것도 그 무렵이다. 실종 14년간 어느 매체에서도 언급되지 않았던 장웨이제. 그녀의 이름이 비로소 다시 세상에 나왔다.

2002년 국립 서울 과학관에서 우리나라 첫 〈인체의 신비전〉 전

시가 열렸을 때, 특별전시장 입구에는 장례식장의 근조 표시처럼 흰 바탕에 검은 글씨로 "이 전시를 위해 자신의 몸을 기증해주신 분들을 위해 경건하고 정숙한 마음으로 관람 바랍니다"라는 글귀가 쓰여 있었다. 안타깝게도 장웨이제가 어떻게 됐는지, 임산부 표본이 장웨이제가 맞는지 우리가 더 이상 확인할 방법은 없다. 하지만 〈인체의 신비전〉의 많은 표본들은 과연 본인들이 죽어서 저런 모습으로 사람들에게 전시될지 알고 있었을까? '죽음 앞에 인간은 평등하다'는 말이 있다. 안타깝지만 이분들에게는 해당하지 않는 이야기일지 모른다. 적어도 죽음 후에 인간으로서 최소한의 존엄을 지킬 수 있기를 바랄 뿐이다.

# 연기처럼 사라진 장웨이제, 연기처럼 사라진 자료

방송을 준비하면서 가장 구현하고 싶었던 것이 장웨이제와 인체 표본을 둘러싼 음모론을 단순한 이야기가 아닌 이미지로 시청자들에게 보여주고자 하는 것이었다. 장웨이제와 인체 표본 이 두 단서들을 한눈에 비교할 수 있다면 더 '혹'할 것 같아서였다. 그러나 너무 많은 제약이 있었다. 장웨이제 사진을 구하기 위해 백방으로 찾아보아도 인기 아나운서였다는 사람이 방송 영상은커녕 제대로 된 사진 한 장이 없는 거다. 겨우 찾아낸 건 화질이 좋지 않은 장웨이제의 사진 네다섯 장. 그리고 <인체의 신비전>의 임산부 표본 사진이 전부였다.

영상분석가, 몽타주 전문가, 안면인식업체 대표, 해부학자, 국립과학수사연구원 법의관에게까지 분석의뢰를 했지만 돌아오는 대답은 같았다. "자료가 너무 부족해요"였다. 허탈했다. 오죽하면 중국 매체들도 장웨이제 실종 미스터리를 보도할 때, 다롄 방송국의 다른 여성 아나운서 사진을 가지고 오보한 경우가 있었다고 한다. 심지어 대만의 한 유명 신문에선 우리나라의 모 여배우 사진을 장웨이제라고 보도하기도 했다. 중국 온라인에서 떠도는 바로는 장웨이제가 딸을 낳았고 이름을 바꾼 채 어딘가에 살아있다는 음모론도 있었다. 근거가 거의 없어 방송에서는 다루지는 못했다. 그러나 필자는 이 음모론을 믿으려고 한다. 음모론의 엔딩은 각자 상상하는 것이니까.

연출 **김동민** 작가 **박유리**

# 김정남 암살사건,
# 그는 왜 사라져야만 했는가

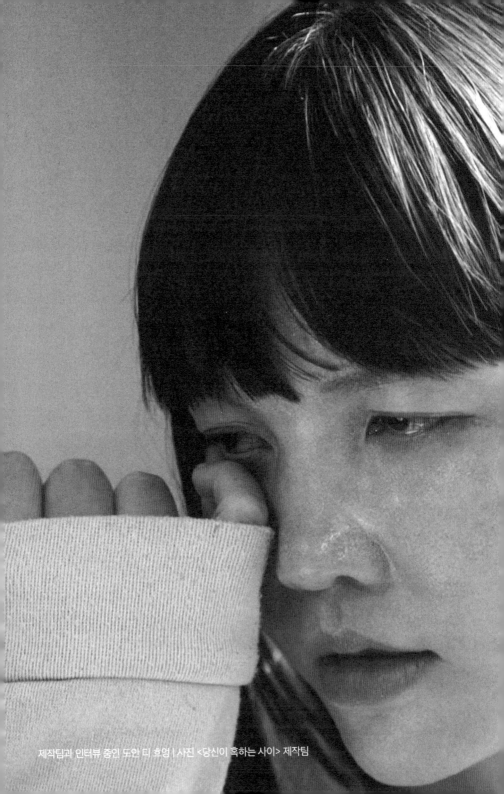

제작팀과 인터뷰 중인 도안 티 흐엉 l 사진 〈당신이 혹하는 사이〉 제작팀

· · ·

## 암살된 백두혈통의 황태자

　2017년 2월 13일, 북한 김정일 위원장의 장남이자, 현 최고 지도자인 김정은의 이복형인 김정남이 말레이시아 쿠알라룸푸르 공항에서 피살됐다. 사인은 급성 신경작용제 중독. '독극물에 의한 암살'이었다. 공항에 온 지 겨우 2시간 만에 목숨을 잃은 김정남, 그의 죽음은 누가 어떻게 계획한 것이었을까.

　김정남의 죽음에는 여전히 숱한 음모론이 따라다닌다. 북한의 소행으로 결론난 이 사건의 배후가 따로 있다는 설부터, 사실은 그가 죽지 않았다는 설까지. 그 미스터리를 풀기 위해 먼저 쿠알라룸푸르 공항에 찍힌 CCTV를 바탕으로 그날의 상황을 재구성해보자.

① 오전 9시. 김정남이 홀로 유유히 공항에 들어선다.

의혹은 바로 이 지점에서부터 출발한다. 평소 김정남은 늘 경호원을 대동하고 다녔다. 특히 2013년. 북한 권력의 2인자이자, 그의 고모부 장성택이 숙청된 후부터, 경호 인력을 이전보다 더 강화해 왔다. 그런데 이날. 김정남은 유례없이 혼자 공항에 나타난 것이다. 대체 왜 그랬을까?

② 공항에 들어온 김정남은 셀프티켓 발권기 앞으로 이동한다.

셀프티켓 발권기 앞에 선 김정남은 당황한 듯 보였다. 늘 수행원이 따라다니던 터라, 스스로 발권을 하는 게 익숙지 않았을 거란 짐작이 가능하다. 그러는 사이, 그의 주변으로 두 명의 여성이 다가왔다. 인도네시아 국적의 시티 아이샤, 그리고 베트남 국적의 도안 티 흐엉이다.

③ 대기하던 여성 용의자 두 명이 김정남을 앞뒤에서 덮치고, 유유히 사라진다.

김정남을 덮친 두 여성은 차례로 그의 얼굴을 양손으로 얼굴을 문질렀다. 암살자들이 한 행위라곤 단지 그것뿐이었다. 소요 시간은

2.33초. 일을 치른 후, 당혹스러워하는 김정남을 두고 두 여성은 유유히 사라졌고 김정남은 공항 직원에게 도움을 요청했다.

④ 직원들과 함께 의무실로 이동한다.

그런데 공항 의무실로 이동하는 김정남의 모습에서 심상치 않은 움직임이 포착됐다. 다리에 문제가 생긴 듯 절뚝거리기 시작한 것이다. 결국 의무실에 도착하고 얼마 지나지 않아 김정남은 쓰러졌고, 약 2시간 후에는 숨을 거두었다. 여기까지가 CCTV에 담긴 그날의 일이다.

수많은 사람이 오가는 공항을 무대로 한 암살극. 범행은 너무도 대담하고 신속하게 이루어졌다. 마치 첩보 영화의 한 장면처럼 이렇게 간단히 사람을 죽일 수 있는 것일까?

• • •

## 암살 용의자가 또 있다?

사망한 김정남의 몸에서는 'VX'라는 물질이 다량 검출됐다. 독성이 매우 강한 화합물로 무색무취의 액체와 기체상태로 존재하는

VX는 주로 호흡기를 통해 몸에 흡수되는데 중추 신경부터 자율 신경, 근육 조직까지 신경계를 파괴해 몇 분 내에 사망에 이르게 한다. 현재까지 알려진 독가스 중 가장 유독하다고 알려져 있다. 김정남을 덮친 두 여성의 옷과 몸에서도 VX가 검출됐다. VX를 손에 바른 두 여성이 차례로 김정남의 얼굴을 공격하면서 눈, 코, 입을 통해 빠르게 독성물질이 흡수되었을 것으로 추정되는 상황이다. 그런데 여기서도 의문은 남는다. 손에 VX를 바른 두 여성은 어떻게 멀쩡히 공항을 빠져나갈 수 있었을까? 이들이 진짜 김정남의 암살범일까?

한편 이날 CCTV에선 또 다른 수상한 움직임이 포착된다. 시티 아이샤와 도안 티 흐엉의 주변에 머물면서, 김정남 암살과정을 모두 지켜본 4명의 남자가 있었던 것이다. 홍송학, 리재남, 리지현, 그리고 오종길. 모두 북한 국적이다. 그들은 김정남이 이날 공항에 올 것을 미리 알고 있는 듯했다. 네 사람의 출입국 기록만 봐도 짐작할 수 있다.

| 홍송학 | 리재남 | 리지현 | 오종길 |
|---|---|---|---|
| 1월 31일 | 2월 1일 | 2월 4일 | 2월 7일 |

<말레이시아 입국 일자>

네 사람은 김정남 출국일에 맞춰 차례로 말레이시아에 입국한다. 그리고 김정남이 피살된 2월 13일, 네 명 모두 출국했다. 김정남 암살을 위해 계획된 동선이라고 밖에 볼 수 없다. 그들은 어떻게 김정남의 이동 동선을 미리 알고 있던 것일까? 한가지 유추할 수 있는 건, 김정남은 당시 평소 사용하던 여권이 아닌, '김철'이라는 이름의 새 여권을 썼다는 것이다. 이 여권은 북한에서 발급한 외교 여권이라는 이야기도 있다. 만약 사실이라면 북한 측에서 김정남이 말레이시아에 머문다는 것을 파악하고 있었고, 그의 출국일에 맞춰 암살 계획을 세웠다는 시나리오가 가능해진다.

· · ·

## 의혹1 왜 하필 공항이었을까?

한국에서도 비슷한 사건이 있었다. 1997년 이한영 암살사건이다. '대동강 로열패밀리'라고도 불린 이한영은 김정일의 처조카로, 북한 최고위급 탈북자였다. 한국에 정착해 방송국 PD, 사업가로 활발히 활동했고, 김정일 정권의 실체를 신랄하게 폭로하는 책을 쓰기도 했다. 그러던 중 거주 중이던 아파트 복도에서 두 명의 암살조에게 피살당했다.

북한의 영토가 아닌 곳에서 일어난 두 로열패밀리의 암살사건. 그러나 이한영과 김정남의 죽음에는 다른 점이 있다. 상식적으로 암살은, 이한영의 경우처럼 인적이 드문 시간, 은밀한 장소에서 계획될 것이다. 하지만 김정남은 달랐다.

인파가 몰리기 시작하는 아침 9시. 하루 유동 인구만 10만 명에, 수 천대의 CCTV가 지켜보는 말레이시아 최대 공항에서 보란 듯이 공개처형을 당했다. 그의 죽음은 무엇을 의미할까. 북한은 누구에게 어떤 경고 메시지를 주고 싶었던 것일까.

· · ·

## 의혹2 죽은 자는 있지만 죽인 자는 없다

김정남을 암살한 베트남 국적의 도안 티 흐엉과 인도네시아 국적의 시티 아이샤는 현장에서 체포됐다. 그러나 사건 약 2년만인 2019년 3월 시티 아이샤가 먼저 석방된 것을 시작으로 두 달 뒤인 5월에는 도안 티 흐엉도 석방됐다. 시티 아이샤는 살인에 대한 공소가 갑작스레 취소되었고 도안 티 흐엉 역시 살인이 아닌 상해로 죄가 경감되면서 형량이 줄어든 것이다. 당시 두 여성 용의자의 운전기사 역할을 한 북한 측 인물인 리정철 역시 현장에서 체포돼 구금됐지만 2주 만에 석방된 뒤 북한으로 추방됐다. 이유는 증거 불충분이었다. 결국 김정남 죽음에 관계된 모든 용의자가 풀려나거나 도망갔다. '죽은 자는 있지만, 살인자는 없는' 영구 미제 사건이 되고만 것이다. 대체 그날 무슨 일이 있었던 것일까.

제작진은 어려운 과정을 거쳐 여성 암살 용의자 중 한 명인 베트남 여성 도안 티 흐엉과 연락이 닿았다. 그리고 오랜 설득과 취재 끝에 베트남 하노이에서 도안 티 흐엉을 직접 만났다. 북한 최고위급 인물을 암살했다고는 믿기지 않는 평범한 외모의 도안 티 흐엉. 시간관계상 방송에서 공개하지 못한 그녀와의 인터뷰 내용을 상세히 살펴보자.

흐엉　　기분은요, 조금 기쁘기도 하고 무슨 내용으로 인터뷰를 원하시는지 몰라서 걱정되기도 해요. 그래서 일찍 일어나가지고 버스를 타고 이렇게 올라왔죠.

제작진　왜 기쁘세요? 뭐가요?

흐엉　　내 이야기를 나눌 수 있는 기회고 내 마음, 내 기분도 털어놓아서 사람들이 나를, 내 상황을 더 이해시킬 수 있을 것 같아서요.

제작진　2017년 2월 13일에 무슨 일이 일어났어요?

흐엉   저에게 그날은… 평생 잊지 못할 날이에요…. (사건 두 달 전) 지인에게 전화가 와서 '한국 미디어' 회사에 다니는 사람이 있는데 '너를 배우로 섭외하려고 한다, 한번 만나볼래?'라고 물었어요. 이름은 미스터 Y라고 했어요. 그 회사를 방문해본 적은 없어요. 미스터 Y가 저에게 연기를 지도해주었어요. 그날(김정남 피살 당일)도 다른 촬영 일과 마찬가지로 퍼니 비디오(funny video), 재미있는 동영상을 촬영한다고 해서 공항에 갔어요. 아침 6시 50분, 저는 공항에 가기 위해 버스를 탔어요. 화장도 했고요. 거기서 미스터 Y를 만났어요. 오늘 촬영한 영상은 유튜브에 올릴 거라면서 잘 찍어야 한다고 열심히 하라고 강조했어요. 그리고 또 다른 남성 배우도 섭외했지만 리얼한 리액션을 위해서 그 남성 배우에게는 여성 배우 2명이 같이 한다는 사실을 감출 거라고 이야기했어요. (남성 배우는) 저희와 언제 어떻게 촬영이 시작될지 모를 거란 이야기였죠. 그리고 저희에게도 그 남성 배우가 누구인지, 어떻게 생겼는지 미리 알려주지 않을 거라고 했어요. 저뿐만 아니라 나머지 여성분(시티 아이샤)도 서로 모르는 상태였어요. 그리고 얼마 후, 미스터 Y가 저에게 이야기했어요. 상대 남자 배우가 잠시 후에 여기로 올 건데, 저랑 다른 여성 배우가 뒤에서 그 남자 배우를 깜짝 놀라게 하면 된다고. 그렇게 하면 재미있는 동영상이 나올 거라고 말이죠. 보통 몰래카메라를 찍기 전 그 사람이 오렌지 주스나 존슨스베이비 오일을 저희 손에 뿌려줬거든요. 그

래서 그날도 저희에게 손을 달라고 하면서 액체를 제 양손에 뿌리고
나서 골고루 발라줬죠.

제작진   왜 그 액체를 뿌려야 하는지 궁금하지 않으셨어요? 맨손으로 눈을
가려도 충분히 놀랄 텐데.

흐엉   네, 저도 궁금했죠. 왜 오렌지 주스나 무엇인가를 손에 뿌려야 하나?
의아했어요. (미스터 Y가) 그렇게 하면 더 웃기고 리액션이 더 강하
게 나온다고 했어요. 사람들이 더 많이 놀랄 것이라고 설명했거든
요. 얼굴에 뭔가 묻었다 느꼈을 때 더 놀라서 시청자에게 많은 웃음
을 줄 수 있다면서요. 유튜브를 하는 것이니까 이해할 수 있는 이유
라고 저도 생각했죠.

제작진   무슨 물질인지 안 물어봤어요?

흐엉   물어보지 않았어요. 전에도 오일을 준 적이 있어서 똑같은가보다….
저 말고 시티 아이샤라는 여성이 먼저 했고, 그걸 보고 저도 따라갔
어요.

이 때까지만 해도 도안 티 흐엉과 시티 아이샤는 서로를 알지
도 못했다고 한다. 이날도 손에는 미스터 Y가 준 오일을 묻혔고, 그
의 신호와 함께 모르는 남자의 얼굴을 문질렀다. 그녀들은 왜 이토
록 기이한 지시사항을 전혀 의심하지 않았을까? 이유는 의외로 간
단했다. 김정남이 처음이 아니었던 것이다. 김정남을 공격하기 전에

도 두 여성은 미스터 Y의 지시에 따라 다른 사람들을 상대로 같은 행동을 했다. 그리고 마지막으로 시도한 몰래카메라의 상대가 바로 김정남이었다. 그가 누구인지 꿈에도 몰랐다는 흐엉은 당시 상황을 이렇게 기억한다.

제작진 그 사람(김정남)이 뭐라고 했어요?

흐엉 아무 말도 하지 않았어요. 그냥 놀랐어요. '여자 2명이 왜 나를 놀렸지?' 하는 표정이었어요. 그때 제가 고개를 살짝 숙이면서 사람을 잘 못 봤다며 사과를 했어요. 그러고 나서 바로 이동했죠.

그녀들은 VX를 바르기 전 손에 오일을 꼼꼼히 발랐다. 어쩌면 이 오일이 장갑 역할을 했을지 모른다. 공격이 끝난 후에는 두 사람 모두 곧바로 화장실로 뛰어가 손을 씻었다. 맨손으로 VX를 바르고도 아무런 이상이 없었던 건 그 때문이었을 가능성이 크다. 사건 이후 미스터 Y는 연락이 두절 됐고 경찰들을 맞닥뜨리고 나서야 자신이 엄청난 일에 연루되었다는 사실을 알게 됐다고 흐엉은 고백했다. 그녀가 만난 미스터 Y, 그는 네 명의 북한 용의자 중 한 명인 리지현이었다.

흐엉 처음에 소개받았을 때 베트남어로 말했고 이름은 미스터 Y라고 했어요. 소개해준 언니도 그렇게 불렀고 정확한 한국 이름은 몰라요.

제작진　지금도 그 사람 이름을 아직도 몰라요?

흐엉　몰라요. 예전 동료 언니에게 처음 소개받을 때, 한국 연예 기획사에 다 니는 사람이라고 들었어요. 이름이 뭐냐고 물었을 때 미스터 Y라고 해서 더 이상 묻지도 않았어요. 베트남어도 잘해서 더 믿음이 갔죠.

제작진　만날 때마다 그 이름을 부르셨어요?

흐엉　네, 그렇게 불렀어요. 그리고 '오빠'라고 하기도 해요. 아는 언니를 통 해 소개받은 뒤 그 사람이 회사 가서 보고한다고 제 사진을 찍었어 요. 유튜브 배우로 채용 가능할지 자신이 한번 알아보겠다고 했죠.

제작진　소개한 언니는 누구예요?

흐엉　그 언니는 투이라는 베트남 사람이에요. 그 언니도 아무것도 몰랐을 거예요. 언니 말로는 단골손님이라고 했어요. 전에 저도 바에서 일 했는데 같이 일했던 언니예요. 나중에 그 언니가 일을 그만두고 자 기 가게를 열었어요. 언니네 바에 술 마시러 오던 손님이었던 것 같 아요. 그 전에 저도 유튜브를 한 적이 있어서 언니가 소개했을 뿐이 고 저는 무척이나 고마워했어요. 한국 기획사 직원을 소개받다니 정 말 기뻤죠.


그러나 그녀들이 연출자의 지시대로 김정남을 덮친 뒤 미스터 Y, 즉 리지현은 종적을 감추었다.

흥영　다 찾아봐도 그 사람이 없고 연락도 안 되고 해서 호텔로 가려고 우버를 불렀어요. 우버를 기다리는 동안 몇 명이 와서 여권을 보여달라고 했죠. 실물과 여권 사진이 달라서 그런가보다 생각해서 보여줬는데, 같이 가야겠다고 하더라고요. 그리고 "제가 얼굴을 만진 남자가 쓰러졌다"고 설명해줬어요. 정말 너무 당황스러웠고 왜 이렇게 된 것인지 저도 몰랐었죠. 지금까지도 어쩌다 내가 그런 일에 휘말렸는지 이해가 안 돼요. 여기까지가 제가 알고 있는 모든 것이에요.

제작진　(말레이시아) 감옥에 있었던 2년은 어땠어요?

흥영　2년 동안… 힘들었죠. 거의 매일 기도했었죠. 빨리 고향으로 돌아가기를. 당시 제 걱정은 '어떻게 해야 내 결백을 증명할 수 있을까?'라는 것뿐이었어요. 내가 아무것도 몰랐다는 것을 증명해야 하는 것이었죠. 누구도 저희 상황을 모르니까…. 그분(김정남)과 가족에게는 진심으로 죄송하다는 말을 드리고 싶어요.


· · ·


## 사라져버린 또 한 명의 백두혈통, 김한솔

김정남의 피살과 동시에, 함께 증발해버린 인물이 또 있다. 그의 아들, 김한솔이다. 아버지 김정남이 피살된 당시 그는 마카오에 있던 것으로 알려졌다. 이후 소식이 전혀 전해지지 않다가 사건 24일 만에 뜻밖의 곳에서 모습을 드러냈다. 어느 반북단체의 유튜브 채널에서 짧은 영상 속에 등장한 김한솔. 40초 남짓 되는 그 영상에서 그는 덤덤하게 말을 이어간다.

"저는 북한 출신 김한솔입니다. 김일성 일가고요. 아버지가 며칠 전에 살해됐습니다. 상황이 좋아지길 바라봅니다."

이 영상을 끝으로 김한솔은 지금까지 5년째 자취를 감춘 상태다. 로열패밀리 두 부자(父子)는 이렇게 세상에서 사라졌다. 북한의 로열패밀리라 불리던 두 사람은 왜 죽거나 사라져야 했을까.

· · ·

## 가설1 스탠딩 오더: 반드시 김정남을 처리하라

여기에는 몇 가지 가설이 있다. 그 중, 국정원은 '스탠딩 오더'에 의해 암살됐다고 보고 있다. 스탠딩 오더란 그만하라는 명령이 있을 때까지 무조건 작전을 수행하라는 뜻이다. 국정원에 따르면 2011년 김정은이 집권할 때부터 '김정남 처단'은 스탠딩 오더였다고 한다. 그는 왜 처단의 대상이 되어야 했을까.

김정남은 아버지인 김정일에게 어릴 적 무척 사랑받은 장남이었다. 김정일이 "눈에 넣어도 아프지 않다"고 했을 정도로 아꼈다는 말이 있다. 김정남과 어머니가 다른 김정은은 재일교포 출신의 무용수 고용희에게서 태어났다. 세습 정치를 이어가며 혈통을 중시하는 북한 사회에서 김정은은 이복형에게 이른바 '혈통 콤플렉스'를 느꼈을 가능성이 크다.

하지만 후계 계승에 대한 관심보다는 여자와 유흥에 빠졌던 김정남은 성인이 된 후 김정일의 신뢰를 받지 못했다고 한다. 특히 2001년, 김정남이 가족과 함께 일본 디즈니랜드를 가기 위해 위조여권으로 밀입국하려다 공항에서 체포된 사건으로 세계적인 망신을 당한 후로 그는 김정일 후계 구도에서 완벽하게 밀려났다는 게 정설이다. 그 후로 김정남은 북한을 떠나 오랫동안 해외를 전전하며 살았다. 바꿔 말하면 이미 오래전, 김정남은 후계 경쟁에서 밀려났던 상황. 그런데 김정은이 굳이 외교적인 무리수를 감수하면서까지 이복형을 처단해야 할 이유가 있었을까.

## 가설2 정적 제거: 장성택은 김정남을 지지했다?

　김정남과 김정은의 권력 구도를 이해하는 데 빠지지 않는 인물이 있다. 바로 김정일의 매제이자 김정남과 김정은의 고모부인 장성택이다. 북한 내 권력 이인자였던 장성택은 사실상 김정남의 후견인 역할을 해왔던 것으로 알려져 있다. 김정남이 해외를 떠도는 동안에도 호화로운 생활을 유지할 수 있었던 비결이 장성택으로부터 북한의 비자금을 받았기 때문이라는 이야기도 있다. 2018년 일본에서 이와 관련된 기사가 보도되기도 했다.

　　ＮＨＫによると、正恩、正男両氏の義理の叔父である張氏は２０１２年８月、北京で中国の胡錦涛国家主席と会談した際、「金正日（キム・ジョンイル）氏の後継には、正男氏を就かせたい」との意向をひそかに伝えたという。

　　この密談の内容を、中国の最高指導部のメンバーだった周永康・元政治局常務委員が翌年初め、正恩氏に密告したという。張氏は１３年１２月に国家反逆罪などで処刑され、正男氏は１７年２月に暗殺された。

장성택은 2012년 8월 베이징에서, '후진타오' 중국 국가주석과 회담을 했을 때, "김정일의 후계자로 김정남을 앉히고 싶다"는 뜻을 은밀히 전달했다고 말했다. 이 밀담 내용을 중국 최고지도부 멤버였던 저우융캉 전 정치국 상무위원이 이듬해 초 김정은에게 밀고했다는 것이다. 장성택은 2013년 12월 국가반역죄 등으로 처형을 당했고, 김정남은 2017년 2월 암살당했다.

— zakzak(www.zakzak.co.jp/soc/news/180215/soc1802150008-n1.html)

그러니까 장성택이 중국 후진타오 주석을 만났을 때 김정남을 후계자로 밀어달라는 뜻을 전달했다는 것이다. 정확한 내막은 밝혀지진 않았지만 2013년 장성택이 국가반역죄로 잔인하게 처형된 것이 바로 이 때문이란 주장이 있는 것이다. 이 기사에 등장하는 또한 사람, 김정은에게 장성택과 후진타오 주석의 면담내용을 밀고했다고 알려진 중국 정치가 저우융캉은 중국에서 기밀누설 등의 혐의로 무기징역을 받고 복역 중이다.

정적 제거설을 주장하는 이들은 김정남 피살 이틀 전 우리나라에서 보도된 또 다른 기사에도 주목한다. 기사의 제목은 '박근혜 유럽코리아 재단 대북비선은 김정남이었다'. 2005년 당시 박근혜 전 대통령은 유럽코리아 재단이라는 곳에 이사로 재임하고 있었다. 이 재단은 북한 관련 사업을 하는 곳이었는데, 재단을 통해서 박근혜 당시 이사가 북한 지도자였던 김정일과 서신으로 접촉한 적이 있다는 논란이 불거졌다. 통일부에서는 그런 바 없다고 공식적으로 발표했지만 나중에 실제 서신이 증거로 제시되었다. 서신 일부 내용은 다음과 같다.

위원장님께 드립니다. 벌써 뜨거운 한낮의 열기가 무더위를 느끼게 하는 계절이 돌아왔습니다. (…) 그동안 유럽-코리아재단을 통해서 실천되었던 많은 사업들을 정리해서 문서로 만들었습니다. 위원장님께서 살펴보시고 부족한 부분이나 추가로 필요하신 사항들이 있으시면 말씀해주시기 바랍니다. 아울러 재단과 북측의 관계기관들이 잘 협력해서 사업을 추진할 수 있도록 관련 기관에 위원장님의 지시를 부탁드립니다.

2005년 7월 13일
박근혜 국회의원

— <주간경향> 2016.12.27. 참고

김정남과 유럽코리아재단이 1년여간 주고받은 것으로 추정되는 메일이 공개된 시점이 김정남 피살 이틀 전이었다. 그 내용은 이러하다.

보낸 사람: 김정남

안녕하십니까? 잘 계신지요?

미안한 부탁 한 가지 드리고자 합니다.

명년 2월 23일 고모부 회갑입니다. 한복 한 벌을 지어드리고 싶은데 가격이 어느 정도 걸리는지? 한복을 만드는 데 필수 사항으로 무엇이 필요한지(몸치수 예: 신장, 흉위…) 알려주시면 감사하겠습니다. 미안한 부탁드려 죄송합니다. 건강하십시오.

2005. 12. 1.


메일 속 고모부란 장성택으로 추정된다. (공교롭게도 2006년은 장성택이 예순한 살로 회갑을 맞는 해였다.) 이런 기사를 접한 북한에서는, 김정남이 남한의 고위급 인사들과 내통했다고 해석할 수도 있지 않을까? 물론, 10년도 더 지난 일을 이유로 삼아 갑자기 그를 암살했을지는 의문이다.


· · ·


## 가설3 망명 정부: 북한의 이름을 내건 두 번째 정부

김정남 암살과 관련해 가장 중요하게 거론되는 이유가 바로 망명 정부설이다. 이 가설을 이해하려면 북한을 탈출한 망명자들이 세운 반북단체 '자유조선'에 대해 알아둘 필요가 있다. 2017년 '천리마 민방위'라는 이름으로 출발한 이들은 2019년 자유조선으로 그 이름을 바꿨다. 그런데 다음 두 사진을 비교해보자.

김한솔이 김정남 피살 후 입장문을 공개한 반북단체 채널의 영상에 같은 로고가 보인다. 김정남 피살 후 그의 아들, 김한솔의 망명을 도운 조직이 바로 이들이었다. '자유조선'과 김정남, 그리고 김한솔은 어떤 관계였을까.

자유조선이 공식적으로 만들어지기 전, 김정남에게 은밀한 제안을 했다고 한다. 북한 망명정부의 수장이 되어달라는 내용이었다. 제안한 사람으로 알려진 이는 에이드리언 홍 창. 미국에서 활동한 북한 인권운동가이자, 훗날 자유조선의 리더가 된 인물이다. 하지만 김정남은 이 제안을 거절했다. 결국 자유조선은 김정남 없이 결성되었고 2019년부터 본격적으로 활동을 시작했다. 당시 서울 종로

구에 있는 탑골공원에서 이들은 다음과 같은 선언문을 낭독해 이를 동영상으로 찍어 유튜브에 올렸다. '자유조선을 위한 선언문'의 내용을 일부 살펴보자.

오늘까지도 수천만 동지들은 타락한 체제의 힘없는 노예로 남아있다. 우리의 영혼은 더 이상 기다려서는 안 된다고 단언한다. 자유 조선의 건립을 선언한다. 압제자에게 저항하라. 새 조선을 위한 길을 준비할 것이다. 자유 조선을 위하여.

처음에는 작은 반북 단체로 보였지만, 그들의 활동은 점점 심상치 않았다. 공식 홈페이지에 '김정은 정권을 뿌리째 흔들겠다'거나 '김씨 일가 세습을 끊어버리겠다' 등의 글을 지속적으로 올리는가 하면, 알 수 없는 암호를 적어놓기도 했다.

White 045968 105989 436702 396777 535196
Red 904667 229475 986789 364578 009090

이 문자들은 마치 '난수 방송'을 떠올리게 한다. 난수란 숫자나 문자, 단어 등의 나열을 조합한 암호인데, 이를 방송에 내보내 특정한 상대에게 메시지를 전달하기 위한 목적으로 비공식적으로 운영

되는 출처 불명의 방송을 뜻한다. 그러던 중 자유조선이 자신의 존재감을 만천하에 알리는 결정적 사건이 벌어졌다. 2019년, 자유조선 일당 10명이 스페인 마드리드에 위치한 북한 대사관을 습격한 것이다. 주재원들을 포박하고 대사관에 있는 컴퓨터와 휴대폰을 탈취해서 도망쳤다. 그들은 북한에서는 신성시되는 물건인 김정일 초상화를 던져 액자 유리를 깨뜨렸으며 이 장면을 촬영해 전 세계에 내보냈다.

이 사건으로 자유조선 리더 에이드리언 홍 창은 아직도 미국 내에서 수배 중이다. 어떻게 이토록 과감한 행동을 할 수 있었을까. 그리고 이런 행동을 한 이유는 무엇일까. 제작진이 직접 '자유조선'과 접촉해보기 위해 탈북한 고위층 출신 관계자까지 백방으로 알아봤으나 결국 연락까진 닿진 힘들었다. 스페인 북한 대사관 습격 후 자유조선이 발표한 공식 입장문에는 이런 이야기가 있다.

> "자유조선은 미 FBI와 상호 비밀유지에 합의하고, 막대한 잠재적 가치가 있는 특정 정보(certain information)를 공유했다."

북한 대사관에서 탈취한 자료를 FBI에 넘겼다는 것이다. 이때 넘겨진 정보 때문에 북미 하노이 2차 회담이 결렬됐다는 소문도 있다. 미국이 자유조선의 뒤를 봐주고 있는 것일까? 에이드리언 홍 창이

2년째 수배 중이라는 사실은 이런 의심에 힘을 실어준다. 세계 최강의 정보력을 지닌 CIA가 2년째 미국 국적자인 민간인을 잡지 못했을 리 없다는 것이다. 미국이 자유조선을 북미 관계에 이용하기 위해 에이드리언 홍 창을 관리하고 있을 것이란 의심이 전혀 허무맹랑하게 들리지는 않는다.

반(反) 김정은 체제를 외치며 존재감을 드러내는 자유조선. 그리고 이와 연루된 것으로 추정되는 초강대국 미국. 그런 자유조선의 수장으로 꾸준히 물망에 올랐던 김정남. 이 모습을 지켜보는 북한은 어떤 심정이었을까? 이들이 '또 다른 북한'을 세울 가능성에 대해 생각하고 염려했던 것이 아닐까?

어쩌면 김정남의 죽음은 단순히 혈통 콤플렉스나 정적 제거보다 더 큰 메시지를 보내고 있는 것인지도 모른다. "우리를 건드리면 어떤 최후를 맞이하는지 보여주겠다"는 일종의 경고 말이다. 그래서 김정남은 보란 듯이 국제공항에서 최후를 맞이한 것일 수도 있다. 그런 차원에서 김정남의 죽음은 그의 아들 김한솔의 실종과도 연결되어 있다. 김정남이 암살된 직후 김한솔을 데려간 이들이 자유조선이란 사실도 주목할 필요가 있다. 여기서 제기되는 또 하나의 가능성, 그것은 어쩌면 지금 김정남의 아들 김한솔을 수장으로 하는 새로운 자유조선이 준비되고 있을지 모른다는 가설이다.

・ ・ ・

## 김한솔이 망명정부의 수장이 될 가능성

2살 때부터 쭉 해외에 살았던 김한솔은 SNS를 통해 공개된 사진만 보더라도 여느 북한 사람들과는 겉모습부터가 다르다. 노랗게 탈색한 머리에 귀걸이까지, 자유분방한 서구의 물이 많이 든 모습이다. 그가 세계 언론의 주목을 받기 시작한 것은 SNS에 올린 글 때문이었다. 자신의 페이스북 계정에서 이런 설문 조사를 한 것이다.

'당신은 공산주의인가? 민주주의인가?'

김한솔 본인은 어디에 투표했을까? 바로 민주주의였다. 북한의 국호 역시 조선 민주주의 인민공화국이다. 민주주의의 의미를 넓게 생각할 수 있다면 북한의 체제도 민주주의라 주장할 수 있다. 그러나 김한솔은 글을 쓰며 두 가지 선택지를 공산주의와 민주주의로 제시했다. 공산주의와 민주주의는 다르다고 본 것이다. 북한 내부에서 보기에는 분명 도발적이면서도 위협적인 행동으로 비춰졌을 것이다.

김한솔로 추정되는 아이디로 남긴 유투브 댓글도 화제가 되었다. 누군가 "돼지 같은 지도자를 가진 북한 사람들이 불쌍하다"는 댓글을 남기자 김한솔로 추정되는 인물인 'kimhs616'이 이런 답변을 달았다.

> "조선민주주의인민공화국 만세(LONG LIVE DPRK). 우선 분명히 해둘 것은 나는 마카오에 있는 북한 사람이다. 나도 북한 주민이 굶주리는 것을 안다. 그들을 돕기 위해 무엇이든 할 것이다. 사실 난 평범한 사람처럼 먹고 있다. 좋은 음식이 있다고 해도 먹지 못한다. 왜냐하면 우리 인민들에게 미안하기 때문이다(cuz like i feel sorry for my ppl)."

2012년에 김한솔은 핀란드의 한 공영방송과 이런 인터뷰를 하기도 했다.

> "나는 단 한 번도 김정일과 김정은을 만나본 적이 없기 때문에, 삼촌(김정은)이 어떻게 독재자가 됐는지 알지 못한다. 언젠가 북한에 돌아간다면 주민들이 잘 살 수 있는 더 나은 상황을 만들고 싶다."

그는 삼촌 김정은을 독재자라라고 표현했다. 이것은 김정은에 대한 도전이었을까? 아버지를 잃은 김한솔이 망명정부의 수장이 될 가능성이 있을까? 그러나 아버지 사망 후 4년이 훌쩍 넘은 지금까지 그의 행방은 알려지지 않고 있다. 그리고 2021년 초 잠적 중인 김한솔을 봤다는 목격담이 나왔다. 장소는 미국이었다. 맥린 지역에 위치한 모 유명 햄버거 가게에 건장한 경호원 4명이 둘러싸인 채 김한솔이 등장했다는 주장이다. 이를 목격한 한 교민은 사진을 찍으려 했지만, 경호원들의 강력한 제지로 찍지 못했다고 주장했다. 물론 닮은 사람과 착각했을 가능성도 있다. 그런데 공교롭게도 워싱턴 근교에 위치한 버지니아주 맥린은 CIA 본부가 있는 지역이기도 하다.

김한솔은 지금 어디에 있을까. 정말 미국의 보호 아래 지내고 있는 것일까. 그는 언제 어떤 모습으로 또다시 세상에 나타날까. 이 이야기의 끝이 어떻게 맺어질지는 아직 알 수 없다.

"암살자 중 한 명을 인터뷰 해보자." 이 말을 들었을 때의 막막함은 잊을 수가 없다. 우리나라도 아닌 국제적 범죄 사건에 연루된 용의자들의 행방을 짧은 시간 안에 찾아내는 게 가능할지도 의문이었고, 설사 찾는다 한들 우리의 인터뷰 제안에 응할 리 없다는 생각 때문이었다. 다시는 떠올리고 싶지 않을 기억일 테고 무엇보다 그들의 눈에는 '한국 방송국'이라며 접근하는 우리가 깜짝 카메라 촬영을 제안했던 미스터 Y와 크게 달라 보일 것 같지 않았다. 밑져야 본전이라는 생각으로 몇 명의 코디를 통해 수소문했고 며칠 만에 극적으로 도안 티 흐엉과 연락이 닿았다. 그리고 뜻밖에도 그녀의 대답은 "yes"였다.

이때만 해도 그녀의 진짜 정체에 대해선 반신반의하는 마음이었다. 공항 CCTV에 찍힌 그녀는 너무나도 완벽하게 설계된 암살조의 모습이었기 때문이다. 북한에 포섭된 공작원일 수 있다는 가능성도 아예 배제할 수는 없었다. 우리와의 인터뷰를 수락한 이유도 '혹시 다른 의도가 있는 것은 아닐까' 하는 생각마저 들었다. 하지만 두 시간 동안 진행된 흐엉의 인터뷰 이후 의심은 그만 접기로 했다. 그녀는 배우의 꿈을 오랫동안 키워온 연예인 지망생이었다. 그런 엄청난 일을 계획한 공작원이라 보기에 너무 순진했고 뜻밖에 전 세계적 유명인이 되었지만 여전히 그녀의 삶은 팍팍하다.

2017년 2월 13일, 그날 단 하루를 위해 그들은 흐엉과 두 달 전부터 만남을 이어왔다. 흐엉은 미스터 Y를 북이 아닌 남에서 온 사람으로 믿고 있었다. 네 번의 가짜 깜짝 카메라 촬영을 했으며 그때마다 그들로부터 돈과 선물을 받았다. 만약 나라면 이 것이 무시무시한 암살 작전의 일환임을 알아챘을까? 그들이 북한 공작원이란 사실 을 눈치챌 수 있었을까? 자신이 무슨 일을 저지르는지도 모르는 어린 연예 지망생 을 국제적인 범죄에 끌어들인 북한의 치밀함이 무서울 정도로 잔혹했다. 우리와의 인터뷰에서 흐엉이 알리고 싶은 건 오로지 결백함, 하나뿐이었다.

그 잔혹함을 알고 나니 자유조선을 취재하며 겪은 막막함도 어느 정도 이해가 됐다. 우리는 자유조선의 정체를 조금이라도 알고 있는 사람을 수소문하기 위해 꽤 공을 들였다. 일반 탈북민부터 탈북고위층 관계자, 북한 전문가들까지 연락을 해보지 않 은 곳이 없을 정도다. 하지만 돌아오는 대답은 하나였다. "잘 모릅니다. 들어본 적도 없습니다." 모른다는 대답을 거듭되면서 이 말속에는 다른 뜻이 있을 수 있겠다는 생각이 문득 들었다. 알려고 하지 말아 달라는 것이다. 그저 한 번의 취재에 응하는 일이라도 그들에게는 목숨을 내걸어야 하는 일이었을 테다. 혹시라도 자유조선의 정체가 알려지게 됐을 때 감당해야 할 잔혹한 현실을 누구보다도 잘 알고 있을 것이 기에 모른 척 할 수밖에 없었을 것이다. 이제야 그 마음을 조금이나마 이해할 수 있 을 것 같다. 앞으로 더 이상의 잔혹사는 존재하지 않기를 간절히 바란다.

연출 **도상윤** 작가 **이다영**

# 미국이 금지한 장소
# AREA 51

51구역의 봉쇄된 입구 | 사진 David Henry

## 외계인 음모론의 성지, 51구역

때는 2019년 9월 20일. 미국 라스베가스 네바다 주의 외딴 사막에 세계 각국 사람들이 모였다. "Storm area 51, They can't stop all of us." 이른바 '51구역 습격 사건'으로 불리는 그날, 현장에 모인 사람들의 목표는 하나였다. 바로 51구역에 갇혀있는 외계인을 구하자는 것. 다소 황당한 이유지만 꽤 뜨거웠던 현장. 대체 이들을 집결하게 한 건 무엇이었을까. 51구역은 대체 어떤 곳일까.

51구역의 공식 명칭은 넬리스 공군기지. 하지만 그저 군사 시설이라고 하기엔 51구역을 설명하는 말들은 은밀하고 비밀스럽다. 미국에서 가장 출입이 까다로운 곳, 대통령도 마음대로 방문할 수 없는 1급 기밀 연구시설, 허가되지 않은 사람의 출입과 접근이 철저히 금지되고 무단 접근 시 발포한다는 경고가 나 붙은 곳. 언제부턴가 여기서 음모가 하나 피어오른다. '51구역에 외계인이 살고 있다.'

51구역 습격 사건은 바로 이 음모론에서 시작됐다. 매티 로버츠라는 남자가 SNS에 장난으로 51구역을 습격하자는 이벤트를 제안하자 전 세계 200만여 명이 관심을 보인 것이다. '다 큰 어른들이 웬 장난이냐' 생각할지 모르지만 워낙 많은 수가 몰려온다고 하니 미군에서도 사태를 파악하고 작전 회의를 해야 했을 정도다. 다행히 현장에 모인 사람들은 외계인 복장을 한 채 춤추고 노래하며 평화롭게 이벤트를 마무리했다. 하지만 음모가 사그라든 것은 아니다.

인터넷에는 호기심에 일부러 51구역을 찾아갔다는 사람들의 후기가 이어지고, 우리나라 사람들 역시 51구역에 어떻게 가냐는 문의를 종종 남긴다. 특히 2014년엔 미국 네바다주에 살던 47세 남성 케니비치가 51구역 근처에서 실종되는 사건이 발생해 의혹을 증폭시켰다. 대체 사람들은 왜 51구역으로 향하는 것일까? 그에 앞서 가장 큰 궁금증이 있다. 미군의 군사 시설이 왜 하필 외계인의 성지가 되었을까? 누가 그곳에서 외계인을 보기라도 했다는 말인가?

## 51구역의 폭로자

'51구역에 가려는 건 잘못된 생각이다. 외계인 기술이 연구되던 것은 51구역 내에서 오직 4지구뿐이며 그것은 무려 30년 전이라 이제 옮겨졌거나 더 이상 사용되지 않을 수도 있다.'

'51구역 습격 사건' 즈음 SNS에 글이 하나 올라온다. 51구역에 대해 무언가 알고 있는 듯한 메시지를 남긴 사람. 바로 음모에 불을 지핀 남성의 이름은 밥 라자르(Bob Lazar). 한때 그는 데니스라는 가명으로 활동했다.

> 데니스 그곳에는 9대의 비행접시가 보관되어 있어요. 외계의 것들이죠. 그 비행접시를 시험하고 연구하는 일을 했습니다.
>
> 진행자 정부가 어떻게 그걸 손에 넣었죠?
>
> 데니스 그건 저도 모르겠어요. 저는 그저 그걸 연구하는 것만 허가됐어요.
>
> ― 1989년 <FOX 뉴스> 인터뷰 중

이 충격적인 폭로는 30년 전으로 거슬러 올라간다. 1989년, 신원을 감추기 위해 데니스라는 가명으로 등장한 남자는 뉴스 인터뷰를 통해 자기가 UFO를 연구했다고 이야기한다. 넬리스 공군기지로 알려진 곳이 사실은 51구역이라 불리며 자신은 그중 4지구에서 일했던 물리학자라고 밝혔다. 그리고 그곳에서 외계인까지 목격했다고 했다. 세간의 관심이 쏠리자 그는 놀라운 발언들을 이어간다.

"인간의 기술로는 절대 그걸 만들 수 없어요."
"내부에는 아주 작은 의자들이 있었죠. 왜 그랬을까요?"
"저는 진실을 말하고 있고요, 이건 역사상 아주 큰 사건일 겁니다."

인터뷰는 5주에 걸쳐 방송됐다. 신원을 공개한 밥 라자르는 자신이 MIT에서 물리학과 전자공학을 전공했고, 이후 핵폭탄을 처음 개발한 유명 연구소에서 근무했다고 주장했다. 그러던 중 51구역에 스카우트되어 최고 등급의 통행권을 발급받고 일급 기밀 연구에 참여했다는 것이다. 최초 그의 발언을 보도한 기자의 생생한 취재기는 밥 라자르의 발언에 힘을 실어주었다. 지금도 기자로서 활발한 활동을 하고 있는 그는 자신도 처음엔 밥 라자르의 말을 믿기 힘들었다고 말한다. 보도가 매우 큰 파장을 불러올 것을 누구보다 잘 알고 있었기에 무려 8개월에 거친 검증을 시도했고 그 결과 그의 말을 신뢰할 수 있다는 판단에 이르렀다고 했다. 현장에서 일하지 않고는 알 수 없는 구체적인 정보를 알고 있었고, 거짓말 탐지기 테스트도 네 번이나 통과했다고 한다. 물론 '혹'할 수밖에 없는 주장들도 있었다.

. . .

## 논점1 미지의 115번 원소

밥 라자르의 첫 번째 주장은 51구역에서 115번 원소를 보았다는 것이었다. 자체적으로 중력장을 생성하는 성질을 갖고 있는 모스코비움(Mc) 이라는 화학기호의 115번 원소. UFO가 이 원소를 추진력에 사용하고 있다고 주장했다. 1989년 당시는 원소 주기율표상 109번 원소까지만 발견된 상태였기에 이 물질은 당시 지구상에 존재하지 않던 물질이었다. 그런데 놀랍게도 14년이 지난 2003년, 115번 원소의 존재가 실제로 밝혀진다. 실제로 본 것이 아니라면 밥 라자르는 어떻게 시대를 앞선 이야기를 할 수 있었을까.

밥 라자르가 주장한 UFO 추진력의 핵심은 '중력 생성'이었다. 원자로가 중력 증폭기에 중력을 제공하면 중력이 증폭돼서 증폭기 아래층에 있는 중력 방사체로 가고, 그곳에서 중력 빔 혹은 항중력

파가 나오는데 이것을 어디든 장착할 수 있다는 것이다.

하지만 전문가의 의견은 다르다. 115번 원소라는 것이 UFO를 움직일 만한 엄청난 성질을 가진 것이 아니며 물리학적으로 따졌을 때 그의 주장엔 허점이 많다고 한다. 무엇보다 중력을 제어한다는 것은 현재로선 불가능한 일이라는 게 과학계의 입장이다.

• • •

## 논점2 신원 조작

라자르의 말이 진실인지 가려보기 위해 가장 먼저 확인해야 할 것은 학력이나 경력과 같은 그의 신원이었다. 그는 자신이 MIT를 나왔다고 말했다. 하지만 이와 관련한 어떤 증거도 내놓지 않았다.

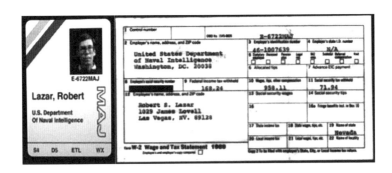

되려 미국 정부와 외계인과의 기밀 프로젝트를 알고 연구소를 뛰쳐나왔는데, 이후 자신의 신분 관련 기록들이 사라지거나 조작되는 것을 알게 되었고 이 때문에 방송 출연을 결심했다고 주장했다. 자신이 유명해지면 정부도 더 이상 자신을 위협할 수 없을 것이라 생각했다는 이야기다. 그러면서 라자르는 51구역 근무 당시 받았다는 출입 카드와 급여 명세서를 공개했다.

지급액은 958달러, 우리 돈으로 약 100만 원 정도를 받은 셈이다. 1980년대 후반이라는 시대적 배경을 감안하더라도 국가 최고의 기밀을 연구하는데 월 100만 원이면 조금 적은 금액이 아닐까. 그가 제시한 출입 카드도 최고의 보안시설에서 발급한 것이라고 보기엔 허술해 보이는 게 사실이다. 이에 대해 라자르는 "카드는 지급용일 뿐이고 실제 4지구로 들어갈 때 신원확인은 첨단 핸드 스캐너를 사용했다"고 해명했다. 그런데 놀랍게도 1급 비밀 군사 개발 프로그램 사이트에서 실제로 80년대에 그런 핸드 스캐너를 출입통제 장치로 사용했다는 사실이 밝혀졌다. 그렇다면 라자르의 얘기는 모두 사실일까? 그러나 1970년대부터 이런 장치가 있다는 건 이미 여러 경로로 알려진 사실이었다. 내부자만 아는 비밀이 아니었다는 뜻이다. (1977년 영화인 〈미지와의 조우〉에도 이미 이런 장치가 나온다.)

그렇다면 누군가 의도적으로 한 사람의 신원을 모두 지운다는 것은 가능한 일일까. 수소문 결과 해당 연도 MIT 졸업생 중 밥 라자르라는 이름은 없었다. 박사학위를 받았다면 논문이 있어야 하는데 그 기록도 없다. 오히려 그가 로스앤젤레스의 2년제 전문대학교 출신이었으며 고등학교 시절 성적은 하위권이었다는 사실이 확인됐다. 게다가 그는 불법 성매매 비즈니스를 해온 혐의로 보호관찰 및 심리치료를 선고받았다. 밥 라자르가 성매수자들을 촬영하고 그들의 차량 번호판을 기록해 이른바 고객 관리 프로그램을 운영한 사실이 드러난 것이다. 그는 정말 최고 보안등급의 기밀을 연구하던 과학자일까? 누군가는 이렇게 말한다. "51구역에서 UFO 연구가 이루어질 가능성보다도 밥 라자르가 물리학자일 가능성이 훨씬 낮습니다."

· · ·

## 돌아온 폭로자

밥 라자르가 처음 대중 앞에 등장한 것은 1989년, 그의 나이 30세 때였다. 그리고 30여 년이 지난 2018년, 중년이 된 그는 다시 한 번 대중 앞에 섰다. 자신의 이름을 건 넷플릭스 다큐멘터리 〈BOB LAZAR-Area 51 & Flying Saucers〉를 통해서다.

질문   어째서 사람들이 사소한 것까지 물고 늘어진다고 생각하세요?

라자르  티끌만큼이라도 안 맞는 걸 찾는다면 전부 거짓말인 걸로 할 수 있
       을 테니까요. 지난번엔 이렇게 말했는데 이번엔 이렇게 말했으니
       까. 사람들이 뭐라고 하든 상관없이 진짜 있었던 일이에요. 불쾌하
       다면 그건 유감이고요.

질문   30년간 진실만을 말했다고요?

라자르  그럼요.

질문   실제 있었던 일이죠?

라자르  맞아요. 제 말이 불가능한 이유를 설명해보세요. 전 있는 그대로의
       사실을 말하고 있어요.


화학 물질을 판매하는 작은 회사를 운영 중이라는 밥 라자르는
여전히 자신은 UFO를 연구했고 외계에서 온 UFO를 목격했다고
주장한다. 유명세를 얻은 그는 여러 매체와 인터뷰를 하고 책을 출
판하기도 했다. 그런 가운데 그가 엄청난 출연료를 요구했다는 말
이 퍼지자 라자르는 추가적인 인터뷰를 할 생각이 없으며, 이후에
얻는 '방송 인터뷰 등의 수익은 모두 기부하겠다'고 밝혔다. 하지만
그는 이번 다큐멘터리 이전에도 UFO 관련 행사나 관련 콘텐츠에
꾸준히 출연해왔다. 크게 주목받지 못했을 뿐이다. 51구역에 대한
음모론을 처음으로 제기한 인물로서 밥 라자르는 여전히 대중의 큰

주목을 받고 있고, 외계인과 UFO에 대한 음모론의 상징적 인물로 여겨진다. 과연 그는 희대의 사기꾼일까, 은폐된 진실을 이야기하는 폭로자일까.

. . .

# 51구역의 진실

진짜 혹하는 이야기는 지금부터다. 밥 라자르의 폭로 후 51구역 근처에서 UFO를 봤다는 목격담이 쏟아지기 시작한 것이다. 존 리어(John Lear)도 그중 하나다. 1987년 기준, 160개 종류 이상의 비행기로 50개국 이상의 나라로 비행한 경력을 가진 유능한 파일럿이자 미국 연방항공국이 발행하는 모든 항공 자격증을 보유한 엄청난 스펙의 소유자. 밥 라자르와도 친분이 있다는 존 리어는 51구역 근처에서 돔 형태의 원반(UFO)을 목격한 적이 있다고 주장했다. 그리고 1987년 12월 29일 의미심장한 내용의 성명서를 하나 발표한다. 그 내용을 요약하면 다음과 같다.

'정부는 지난 40년 동안 끔찍한 진실을 우리에게 숨겨왔다. 민주주의를 지키기 위해서, 우리 정부는 우리를 외계인들에게 팔았다. 미국은 외계인의 과학기술을 전수받는 대신 외계인이 지구인을 납치하거나 생체 실험하는 것을 묵인하겠다는 협약을 맺었다.'

즉, 정부가 외계인의 진보된 과학기술을 전수받는 대가로 외계인의 민간인 실험을 방조하는 일종의 거래를 했다는 것이다. 그 외계인들이 머무는 곳이 바로 51구역일 것이다. UFO와 외계인에 대한 믿기 힘든 음모론은 무서운 속도로 확산됐고 51구역에 대한 진실을 요구하는 목소리는 나날이 커져갔다. 그리고 마침내 2013년, CIA가 기밀문서 하나를 공개한다. 정부가 내놓은 답변, 그 안에는 엄청난 진실이 있었다.

보고서 <CIA와 정찰기: U-2와 옥스카트(OXCART) 프로그램, 1954~1974>
그곳은 1950년대 냉전 시대 첩보기로 유명한 U-2기 등의 비밀 훈련 기지로 쓰였고 다른 전투기와 폭격기 등의 시험비행도 여기서 이뤄졌다.
U-2기는 소련을 감시하기 위해 냉전 시대 개발된 경비행기로 초고해상도 카메라를 장착하고 소련의 주요 기지를 염탐해서 사진을 미국에 보내왔다.

51구역은 신형 군용기를 비밀리에 개발하는 기지였다는 것이다. 그러니까 개발 중인 군용 항공기의 시험비행을 UFO로 오인했을 가능성이 있다는 얘기다. 이런 군사적 중요성을 감안하면 51구역의 출입이 엄격하게 통제되는 것도 당연한 일이다. 어쨌든 미국 정부는 355페이지짜리 기밀문서를 통해 그동안 음모론에 싸여 있던 네바다 51구역에 대해 최초로 언급했다. 그러나 CIA는 UFO나 외계인에 대해선 전혀 언급하지 않았다. 그간 알려지지 않았던 군사 기밀을 공개하는 동시에 UFO나 외계인에 대한 음모론은 일축한 셈이다. 정부의 답변을 얻었지만 대중이 기대했던 답은 아니었다. 그러자 "우리가 질문한 것은 이게 아닌데 왜 다른 소리를 하지?"라며 의혹을 제기하는 사람들이 또다시 생겼다. 정부가 UFO의 존재를 숨기려고 시선을 돌린다고 여긴 것이다.

그런데 이런 논란은 왜 유독 미국에서 더 커지는 걸까? 미국에서 UFO는 오랫동안 중요한 관심사가 되어왔다. 한국인은 가위에 눌릴 때 귀신을 보지만 미국인은 가위에 눌리면 외계인을 본다는 말이 있을 정도다. 미국 대통령 후보들은 통과의례처럼 으레 이런 질문을 받기도 한다.


지미　예전에 남편인 클린턴 대통령이 쇼에 나오셨을 때 제가 51구역과 UFO에 대해 여쭤봤었는데요. 아무것도 찾지 못하셨대요.

힐러리　전 다시 해보려고요.

지미　제가 대통령이라면 51구역과 UFO 파일이 있는 곳으로 달려갈 거예요.

오바마　외계인들이 그렇게 되게 두지 않을 걸요. 우리를 아주 엄격하게 통

　　　　제할 거예요. 저는 아무것도 발설하면 안 돼요.

지미　　클린턴 대통령은 확인하셨다는데 아무것도 없었대요.

오바마　그렇게 말하라는 지침이 있어요.

— &lt;지미 키멜 쇼(Jimmy Kimmel Live!)&gt; 중

누가 보나 위트 있는 농담이지만, 이를 진지하게 받아들이는 사람들도 존재한다. UFO를 믿든, 믿지 않든 미국에서 UFO 담론은 안보 문제나 정보공개와 관련한 상징적인 의미를 갖는다. 그리고 'UFO 미스터리의 기원'이라 할 만한 사건 역시 미국에서 벌어졌다.

· · ·

## 1947년에 일어난 세 가지 사건

혹시 '산틸리 필름'에 대해 들어본 적이 있는가. 영상을 공개한 산틸리의 이름을 딴 이 영상은 외계인을 해부하는 충격적인 장면을 담고 있다. 1995년 미국 폭스TV에 '외계인 해부, 진실일까?'라는 제목으로 이 영상이 공개된 이후 〈외계인 해부의 진실〉은 지금까지도

미국뿐 아니라 전 세계적으로 많은 관심을 받아왔다. 물론 한국도 예외는 아니었다. 산틸리 필름은 TV 방영 전에 영국 UFO 연구협회에서 시사를 마쳤고, 스티븐 스필버그 감독을 포함한 전문가들이 '조작된 영상이 아니다'라는 입장을 밝히기도 했다. 산틸리는 이 영상이 촬영된 시기가 1947년이라고 주장했다. 1947년은 미국 로스웰에 UFO가 불시착한 것으로 알려진 바로 그 해다. 그러니까 영상 속 외계인이 바로 로스웰에 불시착한 UFO의 탑승객이라는 것이다.

그렇다면 UFO 역사에서 가장 중요하게 일컬어지는 '로스웰 사건'은 어떤 사건일까? 1947년, 미국 뉴멕시코 주의 한 시골마을인 로스웰의 한 목장에서 이상한 잔해가 발견됐다. 신고를 받고 미군이 현장에서 물체를 수거했고, 신문엔 이것이 비행접시의 잔해라는 대대적인 보도가 이어졌다. 그런데 바로 다음 날, 미군은 정정 보도를 한다. 수거된 건 비행접시 잔해가 아니라 기상 관측용 기구였다는 해명이었다. 이후, 단순 오보라는 군의 입장과 군이 무언가 은폐하려는 것 아니냐는 의심이 맞서던 가운데 충격적인 목격담이 등장한다. 처음 현장에 갔던 군인들이 "내가 그때 본 것은 UFO가 확실하고 현장에는 외계인도 있었다"고 주장한 것이다. 월터 하우트 중위는 먼 훗날 이 사실을 유언 파일에 남기기도 했다.

로스웰 사건이 벌어진 1947년은 공교롭게도 CIA가 창설된 해이기도 하다. 대통령 직속 기관으로 설립된 미국의 국가 정보기관 CIA

가 하필이면 UFO 사건으로 술렁이던 1947년에 창설됐다는 사실에 음모론을 믿는 이들은 '정부가 감출 것이 있으니 그런 기관을 만든 게 아니냐'고 의심했다. 미국 정부가 UFO와 외계인을 감추고 있다는 음모론은 이렇게 시작됐다.

의문이 커지자 1994년 미국 정부는 〈로스웰 보고서〉를 발간한다. 이 보고서에 따르면 1947년 로스웰에서 발견된 잔해는 '모굴 프로젝트'라는 군사 기밀 계획에 따라 만들어졌던 기구의 일부라고 한다. 즉, 소련 핵 실험을 감지하기 위해 기구를 띄웠는데 이 기구가 땅에 떨어진 것이 UFO 소동을 일으켰다는 해명이다. 군 기밀이기에 세부적인 내용을 밝힐 수 없는 건 당연한 일이었다.

또 다른 충격적인 고백도 있었다. 실력 있는 특수 효과 조각 담당자 존 험프리스는 오래 전, 아무도 모르게 외계인 모형을 만들어 산틸리에게 준 적이 있다고 했다. 즉, 로스웰에 추락한 외계인 해부 영상으로 알려진 산틸리 필름 속 외계인은 자신이 만든 모형이라고 말한 것이다. 대체 어떻게 된 일일까. 이 영상의 제작자인 산틸리는 이에 대해 '1947년 로스웰에 떨어졌던 외계인 부검 필름 원본을 사서 본 것은 맞다. 그런데 그 필름이 훼손되는 바람에 생각나는 대로 급히 다시 만들게 됐다'고 해명했다. '진짜'가 있기는 있었지만 영상 속 외계인은 '가짜'라는 말인데, 영상 속 외계인이 가짜라는 사실을 실토한 이상 이 말도 곧이곧대로 믿기는 어려워 보인다.

그렇다면 로스웰 사건은 '조작된 신화'일까? UFO를 이야기할 때면 단골로 등장하는 로스웰 사건의 진실을 한마디로 정리하기는 어렵다. 다만 로스웰이라는 마을이 외계인 덕분에 엄청난 경제적 이득을 얻은 것은 분명하다. 특히 외계인을 봤다는 유언을 남긴 월터 하우트 중위가 큰 역할을 했다. 그는 로스웰에 UFO 박물관을 지었으며 죽기 전 딸에게 박물관을 기증했다. 이 박물관이 관광 명소가 되었음은 말할 것도 없다.

· · ·

## "나는 UFO를 본 적 있다"

우리나라에서도 UFO가 발견된 적이 있다. 한국판 로스웰 사건이라고 불리는 이야기다. 1995년 한 기자가 가평의 가을 풍경을 사진으로 찍었는데 나중에 필름을 인화해보니 연속해서 찍은 여러 장의 사진 중 한 장에만 UFO로 추정되는 물체가 찍혔다. 프랑스 국립항공우주국에서 사진을 정밀 분석한 결과, 지구상의 비행체가 아니라는 결론이 내려졌다. 특히 이날을 전후해서 UFO 협회에 여러 제보가 도착하기도 했다. 계룡산 상공을 비행 중이던 공군의 어느 소령이 UFO 한 대를 목격했고, 그 전날에는 화악산 상공에 떠 있는 UFO를 강원도의 한 기자가 촬영했다는 것이다. 비행 속도를 계산해보면 현재의 기술로는 불가능한 수준이었다.

2020년 미국 국방부는 미확인 비행 물체와 관련한 입장을 냈다. 사람들 사이에서 UFO가 아니냐는 오랜 논란에 쌓여 있던 영상 중 3개의 영상에 대해 '해당 영상은 미 해군이 찍은 게 맞으며, 이 항공 현상은 현재까지 미확인 상태'라고 밝힌 것이다. 엄청난 속도의 바람을 역행하는 비행체, 파일럿이 잡을 수 없을 만큼 빠른 속도로 움직이는 비행체. 대체 이 비행체를 어떻게 설명할 수 있을까. 그리고 이 비행체를 조종하는 것은 누구란 말인가.

물리학자이자 공학도이면서 한국 UFO 연구협회 회장을 지낸 맹성렬 교수는 UFO를 믿냐는 질문에 이렇게 답했다. "우리의 과학 수준으로 명확하게 설명할 수 없는 영역이 존재할 수 있다." 미국 드라마 〈X-파일〉의 포스터에는 'I WANT TO BELIEVE'라는 슬로건이 적혀 있다. '나는 믿는다'가 아니라 '나는 믿고 싶다'. 즉, "UFO가 있다고 생각하세요?"와 "UFO가 있을 수 있다고 생각하세요?"라는 질문은 다르다는 뜻이다. 가볍게 "난 믿어" 혹은 "안 믿어"라고 말하고 대화를 끝낼 수도 있지만 "있을 수도 있지 않을까?"라며 의심하고 탐색하는 것은 새로운 생각을 던지고 또 다른 세계를 열 수도 있다. 신념을 묻는 것인지, 가능성에 대한 관용을 이야기하는 것인지에 따라 결과는 달라진다. 로스웰 사건의 경우 '감춰 게 있는 정부에 의한 불투명한 정보공개'와 '지역사회가 관광명소가 되길 원하는 지역 주민들의 염원'이 합쳐져 만들어진 일종의 '해프닝'일 가능성이 크다. 하지만 "과학적으로 설명되지 않는 비행물체들이 존재할 미지의 가능성"마저 닫아버리지는 말자는 것이 UFO를 연구하는 과학자 맹성렬 교수의 생각이다.

무수한 SF 작품은 이 사건들에서 영감을 받았다. 지구인 외의 존재. 그야말로 외계에 누군가 살고 있을지도 모른다는 신화에 우리의 믿음과 욕망이 덧붙여진 것이다. 인류가 살아 있는 한 UFO에 대한 논쟁은 계속될 것 같다. 독점된 정보, 투명하게 공개되지 않은 정보들로 인해 사실과 거짓을 제대로 가르지 못한 채, 오늘도 우리는 불신의 굴레에 갇혀 있다.

## UFO를 믿느냐고 묻는다면 '그럼에도'라고 답하겠다

넷플릭스에서 화제가 된 다큐멘터리 밥 라자르의 내용은 가히 충격적이었다. 그의 말이 모두 사실이라면 미국은 지금 어마어마한 일을 준비하는 것이며 전 세계인을 속이고 있는 것이다. 얼핏 보기에는 그의 말이 꽤 그럴싸해 보였다.

처음에는 밥 라자르란 사람이 거짓말쟁이냐 아니냐, 외계인이 정말 있을까, 없을까라는 가벼운 호기심으로 자료 조사를 시작했다. 그런데 웬걸. 외계인의 존재가 음모론의 고전으로 꼽히는 데엔 그만한 이유들이 있었다. 의혹에 불을 지핀 수많은 사건과 폭로자들의 주장을 검증하는 것은 결코 쉬운 과정이 아니었다. 게다가 녹화는 생각보다 힘들게 흘러갔다. <당혹사> 멤버들이 지나치게 이성적인 탓인지 밥 라자르를 옹호하는 입장에서 이야기를 이어간 봉태규 씨는 여러모로 수세에 몰렸다. 믿는 사람은 무조건 믿고, 믿지 않는 사람은 어떤 얘길 해도 믿지 않는 이야기. 대개의 음모론이 그렇지만 UFO 이야기는 그 경계가 더더욱 뚜렷하다.

그런데 녹화가 끝나고 며칠 후, 봉태규 씨가 제작진에게 메시지 한 통을 보내왔다. 코로나 팬데믹으로 인한 UFO 목격 횟수가 늘었다는 내용의 기사였다. UFO에 대한 방송을 하고 나니, 이런 기사가 유난히 눈에 띄더라고 했다. 코로나 팬데믹 이후 UFO목격담이 늘어난 것도 비슷한 이유가 아닐까 싶다. 활동에 제약을 받게 된 사람들이 그만큼 더 자주 하늘을 보고 더 자주 상상의 나래를 펼치면서 UFO로 의심되는 물체들이 더 자주 눈에 띄었던 게 아닐까?

녹화 중 윤종신 씨가 던진 질문이 기억에 남는다. "왜 유독 UFO는 미국에서만 많이 관찰될까?" 설마 외계인들이 일부러 미국만 찾아가는 건 아닐 텐데 이상하게도 UFO는 미국에서만 자주 출몰한다. 아마도 그건 미국인들이 다른 나라 사람들보다 유난히 UFO에 더 많은 관심을 가지고 있기 때문일 것이다. UFO에 관심을 가진 이들에겐 하늘의 구름 하나 반짝이는 별 하나도 예사로이 보이지 않을 것이다.

이 아이템을 준비하면서 전보다 더 자주 하늘을 올려다보았고 수없이 많은 자료를 찾아보았지만 개인적으로는 UFO가 실제 존재한다거나 51구역이 UFO를 연구하는 비밀기지라는 확신을 얻지는 못했다. 오히려 사람들의 꿈과 상상력을 이용해 자신의 이익을 취하려는 이들의 얄팍한 상술과 사기가 얼마나 많았는지는 확인할 수 있었다. 그럼에도 나는 UFO가 있을지도 모른다고 믿고 싶다. 외계인이 존재하든 아니든 바쁜 우리 일상과는 큰 관련이 없겠지만 그 작은 가능성을 열어놓고 더 먼 세상을 바라보고 한 번쯤 낯선 영역에 대해 생각하는 것, 그렇게 사고를 확장하는 일이 분명 의미 있다고 생각하기 때문이다.

다만 상상하고 미지의 영역을 탐구하는 일과 어설픈 거짓말, 교묘하게 뒤틀린 가짜 뉴스에 속는 건 분명 다른 문제일 것이다. 많은 이들이 가십으로 떠들고 마는 이야기일지라도 정확한 팩트를 체크하고 진실과 거짓을 가려내는 진정한 탐구자들이 있어 '혹하는 이야기'에 중심을 잡을 수 있었다. 미스터리 팩트체커 '이상한 옴니버스'님과 UFO의 존재 가능성을 믿는 과학자 맹성렬 교수님께 이 자리를 빌려 다시 한번 감사드린다.


연출 **오서호** 작가 **최윤정**

# 대학로 공사 현장에서
# 발견된 유골더미

## 서울 한복판에 숨겨져 있던 28구의 백골 사체

젊음과 예술의 거리 대학로. 2008년 대학로의 마로니에 공원 맞은편에서는 한국국제협력단 건물 철거 공사가 한창이었다. 수십 년 전 유명 건축가가 지은 건물이었지만 한국국제협력단이 성남시로 이전하면서 결국 철거 작업에 들어간 것이었다. 처음엔 특별할 것 하나 없이, 순조롭게 공사가 진행되고 있었다. 그런데 굴삭기 끝에 무언가 '탁' 하고 걸리는가 싶더니 얼마 뒤 흙 아래 수십 년간 묻혀 있던 비밀이 드러나기 시작했다. 흙을 좀 더 파보니 땅속에 알 수 없는 구덩이가 숨겨져 있었던 것이었다. 사람이 겨우 두 명 정도 들어갈 수 있는 크기에, 안쪽이 새까맣게 그을려 있는 이 구덩이는 누가 봐도 누군가 의도적으로 만든 것처럼 보였다. 심상치 않음을 느낀 인부들은 구덩이 안쪽을 덮고 있던 흙을 살짝 걷어냈다. 그리고 구덩이 안에 묻혀 있던 것을 확인한 순간 아연실색하고 말았다. 그 안에서 사람 뼛조각이 무려 170개 이상이나 발견된 것이다.

한 사람의 몸에는 총 206개의 뼈가 있다. 그러니 170개라면 한 사람의 온전한 유골이 아니다. 처음에는 한 사람의 뼈 중 일부가 소실된 것이라고 생각하는 사람도 있었다. 의견이 분분한 가운데, 국과수에서 170여 개의 뼛조각에 대한 정밀 감식에 나섰다. 사람들은 과학적인 분석이 나오면 이 유골에 대한 실체도 밝혀지리라 기대했다. 그러나 이 사건을 둘러싼 음모론은 바로 여기서부터 피어오르기 시작했다. 170개의 뼈 중, 발견된 허벅지 뼈만 해도 18개 이상이었다. 170개의 뼈는 한 사람의 뼈가 아니라 무려 28명의 뼈라는 게 밝혀진 것이다.

· · ·

## 시나리오1 유영철의 숨겨진 범행?

170개의 뼈 중 발견된 두개골에는 무언가 예리한 도구에 의해 절단된 자국이 있었다. 그렇기에 경찰이 가장 먼저 의심한 것은 강력범죄의 가능성이었다. 실제로 대학로가 위치한 혜화동에서는 2003년, 한국 사회를 경악하게 한 사건이 발생한 적이 있었다. 당시 서울 일대에서 부유층 노인을 대상으로 한 증오범죄가 연달아서 일어났는데 그 네 번째 범죄가 바로 혜화동에서 벌어진 것이다. 2003년 11월 25일자 〈한겨레〉 기사를 읽어보자.

> 지난(2003년) 9월부터 잇따라 발생한 4건의 서울지역 부유층 노인 살해사건이 동일범의 소행일 가능성이 높은 것으로 드러났다. (…) 70대 노교수 부부가 서울 강남구 신사동 집에서 피살됐다. 삼성동과 혜화동에서 일어난 사건의 피해자 역시 60대 노인과 80대 노인이었다. (…) 경찰은 삼성동과 혜화동·구기동 세 곳의 피해자 집에서 발견된 용의자의 신발 발자국이 똑같다는 점에 주목하고 있다.

한국 사람이라면 누구나 들어본 적이 있는 이 사건의 범인은, 바로 연쇄살인범 유영철이었다. 그는 연쇄 살인 초기에 부유한 노인들을 대상으로 침입범죄를 저질렀다. 유영철은 2003년, 혜화동의 어느 단독주택에 들어가 80대 노인과 그 집 가사도우미를 살해했다.

그런데 이 혜화동 사건 이후로 유영철의 살해 수법에 변화가 생겼다. 혜화동 사건에서 그는 강도로 위장하기 위해 금고를 따다가 손을 다쳤다. 당연히 현장에 그의 피와 흔적들이 남게 되었는데, 그 일이 마음에 걸렸던 탓인지 이후 그는 증거를 없애기 위해 방화를 저지르는 패턴을 보인다. (이 사건 이후에 월미도에서 좌판 상인을 납치 살해한 다음에도 불을 질렀다.) 그런데 마로니에 공원 맞은편에서 발견된 구덩이 안쪽에도 불에 그을린 흔적 있었다. 방화의 흔적이었다.

하지만 연쇄살인범이 같은 장소에 시신을 묻는 일은 극히 드물다. 게다가 유영철의 범행은 잡혔을 때 전부 자백한 것으로 알려져 있다. 그렇기에 이 구덩이를 만든 사람이 유영철이라는 의심은 그 야말로 음모론에 불과해 보인다. 〈당신이 혹하는 사이〉 제작진도 이 가설은 일찌감치 마음속에서 접었다. 그럼에도 '혹시…' 하는 의심을 떨칠 수 없었던 이유는 유영철이 제작진에게 직접 한 이야기 때문이다. 그가 제작진에게 한 말은 그동안 알려진 것과는 다르고, 그동안 그 어떤 방송이나 언론에서도 공개하지 않았던 이야기다.

제작진  인사는 처음 드리는 거구요.

유영철  네, 나는 솔직히 왜 왔을까를 생각하고 나왔는데 내 느낌으로 그것 때문에 오신 거 같은데. 우발적인 사건이 아닌 계획된 사건 같은 경우엔 10건에 1건 정도가, 1~2건 정도가 이렇게 밝혀지는 게 되거든요. 8~9건은 다 묻혀 있기 마련이에요. 1을 원하더라고요. 중

양지검 고위층이. 간단한 거라도 얘길 하면 널 서울로 복귀시켜주겠다는 공문을 받았어요. 빨간 딱지 받았는데도 지금이라도 해라. 있어요, 물론. 느끼시겠지만….

제작진　뭐가 있다는 말씀이세요?

유영철　여죄도 있고 비하인드 스토리도 있어요. 그러니까 살인 사건도 차원이 다른 살인 사건이 좀 있었어요.


원래 사이코패스는 남을 통제하는 데서 희열을 느낀다고 알려져 있다. 유영철은 분명 원하는 바가 있어 보였다. 그것이 자신의 수감 생활의 편의인지, 유명세인지 정확하지 않지만 그는 거짓말에 능수능란한 인물이고 자신의 목적을 위해 제작진을 이용할 수도 있다. 이 때문에 경계심도 늦추어선 안 되지만 이 이야기를 거짓말이라 단정할 이유도 없다. 이미 유영철은 이런 얘기를 여러 차례 반복해왔다. 다음 내용을 피해자의 숫자에 특별히 주목해서 읽어보자.


여성 상대 살해사건은, 망치, 피 묻은 신체운반용 가방, 토막시체 담은 비닐봉투, 발찌, 여자용 시계, 피해자의 핸드폰 등 직접증거를 확보하였고, 피의자가 지목한 장소에서 시체 11구를 발견하였습니다.

— <수사백서> 종합수사결과발표(239~240쪽)

전 제 오피스텔에서 16명을 그렇게 할 마다 용기를 내기 위해 음악을 틀어 놓고 범행을 했었을 정도로 저 또한 용기가 필요했던 사람입니다.

— 유영철이 이은영 기자에게 쓴 자필 편지(2004년)

경찰이 찾아낸 토막살해 시신은 11구인데 유영철이 밝힌 토막 살해 피해자는 16명이었다. 5명이 비는 셈이다. 당시 경찰은 발견되지 않는 시신을 찾기 위해서 첫째로 유영철의 오피스텔 안에서 모든 DNA를 채취하고 대조했다. 그러자 지금 발견된 11구와 딱 맞았다. 또한 본인이 매장했다고 주장하는 곳을 전부 팠다. 그런데 시신은 한 구도 찾지를 못했다. 그렇다면 혹시 대학로에서 발견된 유골이, 유영철의 범죄에서 찾지 못한 5명의 피해자는 아니었을까?

하지만 결론부터 말하자면 대학로 백골은 유영철과는 아무런 관련이 없다. 대학로에서 발견된 유골 정도로 백골화가 진행되려면 최소 7년 이상의 시간이 필요하다. 그런데 이 백골은 2008년에 발견되었고 유영철의 범행은 2003년에 시작됐다. 유영철은 2003년까지 미성년자 강간 혐의로 교도소에서 복역했으며, 복역 중 아내와 이혼 소송을 한 후 살인을 시작했다. 그러니 범행의 타임라인이 맞지 않는다. 또한 유영철은 수사망을 피하기 위해서 굉장히 치밀하게 준비하는 편이었다. 그런데 바로 근처에 있는 낙산이나 인적 드문 곳을 두고 대학로 한복판에 시신을 여러 구 매장했다? 이것은 앞뒤가 맞지 않는다. 이것은 가장 먼저 의심했던 시나리오였지만, 가장 먼저 소거된 가설이기도 했다.

. . .

## 시나리오2 민간인 학살의 흔적

그렇다면 구덩이는 누가 만들었고 뼛조각은 어디에서 왔을까? 다른 각도로 접근하기 위해 이 건축물의 관리대장을 발급받아봤다. 철거 공사 중 뼈가 발견된 만큼 유골의 주인들은 이 건물을 짓기 전에 묻혔을 가능성이 높다. 그런데 어느 유명 건축가가 지었다는 이 건물은 1975년에 등재되었다. 그렇다면, 유골은 그 자리에 묻힌 지 40년이 넘었다는 이야기가 된다. 대체 수십 년 전 이 땅에서 무슨 일이 있었길래, 28명의 사람들이 한 곳에 묻혀 있었던 것일까?

최소 40년 전이라는 시간, 엄청난 뼈의 개수. 이럴 때 일단 제일 먼저 떠올릴 수 있는 것은 전쟁이나 학살일 것이다. 실제로 대학로 위쪽인 미아리에서 회기동까지의 지역은 6·25 전쟁 때 서울의 마지막 방어선이었다. 북한군이 서울대병원에 쳐들어가서 국군 부상병을 1,000명이나 학살했던 사건이 있었는데, 이 사건도 근방에서 벌어진 일이었다. 이 사실이 알려지자마자 가장 먼저 국방부에서 진상조사를 시작했다. 하지만, 국방부의 결론은 이들은 군 전사자가 아니라는 것이었다. 군 전사자 유해 발굴 현장에는 어떤 특징이 있다. 군 전사자의 시신 주변에 군용화나 군번줄, 탄피 같은 것이 항상 같이 발견되기 마련이지만, 대학로의 유골에선 그런 것들이 발견되지 않았다.

국방부의 진상조사 이후, 대학로 백골들은 보도연맹 사건 같은 민간인 집단학살 피해가 아니겠냐는 가설이 등장했다. 하지만 이 가능성도 곧 소거돼야만 했다. 민간인들을 학살한 현장이라면 옷이나 단추 같은 유류품도 같이 발견되어야 하기 때문이다. 하지만 대학로의 구덩이에서는 천 조각 하나, 단추 하나 나오지 않았다. 즉, 28명이나 사람들이 아무것도 걸치지 않고 수의도 입지 않은 채 여기 묻혔다는 뜻이다. 살인 사건도, 전사자나 민간인 학살도 아니고, 오래전 묘에 묻혔던 이들도 아니라면 170개가 넘는 이 뼈들의 정체는 대체 뭘까?

유골 감식을 맡은 국립과학수사연구원에서는 40명이 넘는 전문가들이 3개월 동안 밤낮없이 이 유골에 매달렸다. 그런데, 감식결과 뜻밖의 사실이 드러났다. 발견된 턱뼈를 CT 찍으니 영구치도 나지 않은 유치 상태의 턱뼈가 보인 것이다. 감시보고서에 따르면 유골의 연령대는 성인 16명, 청소년 1명, 소아 10명, 유아 1명으로 드러났다. 170개 뼈 중에 돌도 지나지 않은 갓난아기의 뼈도 있었던 것이다.

<br>

. . .

## 시나리오3 731부대의 생체실험

정밀 분석 결과, 두개골에서 발견된 '예리한 도구에 의해 잘린 흔적'은 두개골에서 뇌를 분리하기 위한 흔적일 가능성이 있다는 결론이 나왔다. 이 두개골을 살펴본 법의학자들은 하나같이 이 정도의 정밀하고 정교한 절단은 '전문가'가 아닌 이상 힘들다며 입을 모아 말했다. 이후 이 사건을 아는 사람들 사이에선 범인이 '의사'일 것이라는 이야기가 돌기 시작했다.

그러자 가까운 곳에 위치한 서울대병원이 관련된 것 아니냐는 추론이 나왔다. 수술 중 사망한 무연고자나 해부학 실습용 시신을 묻은 것 아닌가 하는 것이다. 당시 서울대학교 병원도 의혹을 해소하기 위해 이 유골에 대해 철저한 조사를 진행했다. 하지만 오랜 조사 끝에 서울대병원과는 아무런 관계가 없다는 결론이 나왔다. 해부학 실습에 사용된 시신은 예를 갖춰서 화장 처리를 하므로, 해부학 실습에 사용된 시신이든 무연고사망자든, 이런 식으로 처리하는 경우는 없다는 것이다. 게다가 해부학실습용으로 어린이의 시신을 사용하는 경우는 흔치 않다. 조직이 덜 자라서 실습용으로는 적당하지 않기 때문이다.

여러모로 살펴봐도 납득할 만한 결론은 나오지 않았다. 전혀 다른 시나리오로 접근해야 할 때였다. 그러던 중 1989년에도 대학로 유골과 비슷한 형태의 무더기 유골이 발견된 일이 있었다는 놀라운 사실을 확인할 수 있었다. 당시 자료를 보니 1989년 사건에는 대학로 유골과 다섯 가지의 공통점이 있었다.

① 공사 현장에서 발굴됐다.

② 60구가 넘는 두개골이 무더기로 나왔다.

③ 두개골을 자른 흔적이 확인됐다.

④ 절단 도구는 톱이었다.

⑤ 유골이 있던 자리에 학교가 있었다.

1989년 이 유골들이 발견된 곳은 바로 일본이었고 유골들이 발견된 자리에 있던 학교는 일본 군의학교였다. 그리고 이 연결고리로 인해 가장 새롭고, 흡입력 있는 가설이 떠오르게 된다. 바로 '731부대'였다. 제2차 세계대전 당시 군의학교에서 근무하던 간호사가 증언하기를, 전쟁 때 731부대에서 생체실험한 표본들을 군의학교로 가져왔고, 패망 후에 들킬까봐 학교 뒷마당에 다 묻었다는 것이었다. 바로 이 유골이 731부대와 관련이 있을지 모른다는 음모론이 등장한 것이다.

731부대는 무려 일본 천황의 칙령으로 만들어진 살인부대다. 당시 일본군들은 만주나 동남아 지역에서 항일운동한 사람들이나 범죄자들을 매년 400명, 600명씩 잡아다 '특이이송'이라고 딱지를 붙이고 731부대에 암암리에 보냈다고 한다. 러시아에서 열렸던 731부대 관계자들의 전범재판 기록을 살펴보자. (우리나라에 딱 두 권 있는 귀한 자료로 북한에서 온 책이다.)

〈전범재판 속기록〉

례를 들면 령하 20도가량 될 때면 사람들을 이 부대 감옥에서 밖으로 내어몰아 그들의 팔을 들어놓게 하고는 인공적 바람으로 손을 얼구었답니다. 그러한 다음에는 나무가지로 두드리면서 그 언 손에서 널판 두드리는 소리가 날 때까지 계속했드랍니다.

일본이 당시 소련과의 전쟁에서 제일 걱정한 것이 추위와 동상이었다. 그래서 일본군은 동상 연구에 엄청난 공을 들였다. 게다가 일본은 전쟁하기에 물적 자원도, 인적 자원도 부족한 나라니까 세

균무기만큼 가성비가 좋은 무기가 없다고 생각했다. 이들에게 생체실험은 전쟁을 이기기 위한 나름의 무기였다.

한국 사람들에게 생체실험 피해자로 가장 잘 알려진 사람은 바로 윤동주 시인일 것이다. 오래 전부터 윤동주 시인도 생체실험을 당했다는 의혹이 있었다. 윤동주 시인은 독립운동을 한 죄로 후쿠오카 형무소에 들어간 지 수개월 만에 사망했다. 그의 사망 이후 가족들이 시신을 수습하러 형무소에 갔는데, 같은 형무소에 있던 사촌 송몽규가 이상한 이야기를 전했다. '형무소에서 이상한 주사를 자꾸 놓는다'는 것이었다. 그 뒤로 송몽규도 한 달 만에 죽었다. 이 때문에 윤동주 시인도 송몽규도 바닷물 주입 실험을 당한 게 아니냐는 의혹이 꾸준히 제기되었다.

일본군은 2차대전 때 부상병에게 공급할 혈액이 부족해 난항을 겪고 있었다. 이를 위해 일본군은 혈액을 대신할 것들을 찾느라 혈안이 되어 있었다. 그래서 731부대에서 비밀리에 인체에 동물의 피나 바닷물을 주입한 실험을 진행했다는 것이다. 실제로 그때 규슈 제국 대학이 후쿠오카 형무소 수감자들한테 바닷물 주입 실험을 했다는 증언도 있다.

이뿐만 아니라 일본 본토에 있는 제국대학이나 군의학교 이런 학교에서는 의사들을 양성해 731부대에 파견을 보내기도 했다. 한마디로 중앙정부 차원에서 굉장히 조직적으로 살인공장을 만들어낸 것이다. 《731부대와 의사들》에는 1941년 일본 병리학회에서 보고된 내용이 담겨 있다. 일부 찾아보자.

"1937년 7월 11일부터 1940년 7월 10일에 이르는 동안 전 군의 해부 수는 보고된 수가 1886구이며, 특수연구반이 실시한 218구를 더하면 대략 2,000여 구에 달한다. 이중 200구는 군의학교에 송부했으며 공개되지 않은 연구보고에 사용된 부검체는 약 200구에 달한다."

3년 동안 공식적으로 기록된 것만 무려 2,000구. 이 책에는 생체실험한 시신을 일본 군의학교에 보냈단 내용도 나오는데 이는 식민지에서 실험한 인체를 일본으로 보내기도 했다는 뜻이었다. 이들에게 생체실험한 시신은 한때 살아있던 인간이 아닌 단순한 실험체일 뿐이었다. 더 끔찍한 것은 731부대의 특수연구반이었다. 이 특수연구반의 정체는 아직도 밝혀진 게 없다. 731부대가 관련된 증거를 다 없앴기 때문이다.

그래도 어딘가에는 기록이 있을 것이라 생각하는 사람도 있을 것이다. 현대사에서 독재자나 전범국이 저지른 만행들은 그들이 감추려 노력해도 어디서든 그 실마리가 잡히기 마련이었다. 하지만 731부대만은 달랐다. 어처구니없게도 도쿄 전범 재판에서는 이 부분을 전쟁범죄로 다루지 않았다. 독일 나치에서 생체실험한 의사들은 전부 전범으로 처벌을 받았는데 일본 731부대 가해자들은 한 명도 처벌받지 않았다. 왜일까? 연합군 총사령부와 거래가 있었기 때문이다. 일본이 미국에 731부대 연구 데이터를 넘겼기 때문이란 설이 유력하다.

대학로 유골들과 일본 군의학교에서 발견된 유골들이 유사하다는 이유만으로 대학로 유골들과 731부대를 연결 짓는 것에 의문을 던지는 사람도 있을 것이다. 하지만 여기서 주목해야 할 인물이 있다. 731부대 간부 중 한 명인 모노에 토시오라는 인물이다. 이 사람은 생체실험했던 군부대나 주요 기관들을 돌면서 일한 사람이었다. 모노에 토시오는 731부대에서 생체실험하면서 모은 자료들로 박사 학위를 받게 된다. 모노에 토시오에게 박사 학위를 준 곳은 바로, 경성제국대학이었다. 28명의 유골이 수십년 동안 묻혀 있어야 했던 바로 그 자리에 경성제국대학이 있었다.

· · ·

## 시나리오4 어느 일본인 수집가의 조선인 유골 컬렉션

하지만 맞아 떨어지지 않는 사실이 딱 한 가지 있다. 국과수 감식결과 대학로 백골들에는 '병변'이 없었다. 세균에 감염되거나 병을 앓은 흔적이 아무 데서도 보이지 않았다. 물론 모든 병변이 뼈에도 흔적을 남기는 것은 아니며, 많은 시간이 흐른 만큼 자연스럽게 사라졌을 수도 있다. 하지만 병변이 전혀 없다는 것은 이 유골들이 생체실험의 피해자가 아니라는 의미가 될 수도 있다. 그렇다면 731부대의 만행도 이 사건과 관련이 없는 것일까? 그런데 731부대와 경성제국대학을 추적하던 제작진은 뜻밖의 연결고리가 될 인물을 찾을 수 있었다. 바로, 경성의전 해부학 교실 교수 구보 다케시다. 이 사람이 유난히 집착한 분야가 다름 아닌 '조선인의 인종적 특징'이었다.

> "조선인의 교근이 발달한 것은 야만의 특징이다. 조선인의 소화기와 비뇨생식기는 일본인보다 크다. 그러나 인체의 가장 고등기관인 신경중추가 작은 것은 특히 주의를 요한다."
> ― 구보 다케시, <해부학적으로 본 일본인의 비교연구>, 1918년

제2차 세계대전을 즈음해 전 세계적으로 우생학이 유행했다. 구보 다케시도 그런 사람 중 하나였다. 그 당시 한국에 온 일본인 교수들은 너나없이 조선인 인골을 모았다. 일종의 인골 컬렉션이 유행한 것이다.

1995년, 일본 홋카이도 대학 창고에서 오래된 상자가 발견되는데 그 안에서 무수히 많은 두개골이 나왔다. 어떤 유골에는 〈한국 동학당 유골〉이라는 글씨가 적혀 있기도 했다. 동학농민의 지도자의 유골이 한 일본인 학자의 컬렉션으로 낯선 땅, 낯선 나라의 대학 창고에 방치돼 온 것이다. 원광대 박맹수 교수가 일본에 직접 가서 확인한 우리나라 사람들의 유골 숫자만 600구가 넘는다고 한다. 숫자로 확인되지 않은 것까지 포함하면 일제강점기의 7개 제국대학에 보관된 한국인 두개골이 무려 1,000구가 넘는다고 한다.

1906~1907년 〈경성신문〉에 따르면 '일본인들이 조선인 묘를 불법으로 도굴하고 있다'는 내용을 확인할 수 있다. 그러니까 정리하자면, 당시 경성제국대학에서 우생학을 연구하던 일본인 교수들이 조선인들의 뼈를 닥치는 대로 모았고, 패망 이후 전 경성제국대학 어딘가에 처치 곤란한 뼈들을 묻어놓고 간 것일지 모른다는 가설이 성립하는 것이다. 만약 정말 그 백골들이 우생학 연구하던 교수들이 버리고 간 것이라면 남성, 여성의 뼈가 섞여 나온 것도, 어린아이 뼈가 나온 것도, 뼈의 일부분만 발견된 것도 전부 맞아떨어진다. 우생학 연구하던 교수들은 성별, 연령 상관없이 다양한 뼈를 모아 표본을 수집했기 때문이다. 우생학 연구 과정에서 뇌를 보려 했다면 두개골이 예리한 수술 도구에 의해 절단된 것도 합리적으로 설명이 가능하다.

대체 우생학이 뭐길래, 인간이 위대해진다는 게 어떤 것이기에 학문의 이름을 내걸고 이런 만행을 저지를 수 있었을까. 어떻게 그러한 일들이 용납되었을까? 아마도 독일의 나치가 그러했듯 제국주의의 일본은 아마도 자신들이 조선인보다 과학적으로 우월하다는 것을 보여주고 싶었을 것이다. 과학적으로 자신들의 우월성을 증명해 이를 통치의 명분으로 삼고 싶었기 때문일 것이다. 과학마저 야만적이었던 시대, 그 끔찍한 비극의 흔적들이 여전히 우리가 먹고 숨 쉬고 살아가는 이 땅 아래 잠들어 있었다.

· · ·

## 아직 밝혀지지 않은 미스테리

지금까지 여러 시나리오를 추적해봤다. 제작진은 가장 가능성이 높은 시나리오에 접근했지만, 여전히 이 사건은 아직 결론이 나지 않은 상태다. 끔찍한 역사의 만행을 담고 있을지도 모를, 이 28구의 시신들은 올해 보존 기한이 지나 화장할 예정이라고 한다. 사인은 커녕 이름조차 제대로 밝혀지지 않은 28구의 유골들을 이렇게 잊어도, 태워버려도 되는 걸까?

그런 와중에 일본은 군의학교에서 발견된 뼈들을 모두 영구보존하기로 결정했다는 소식을 접했다. 피해자인 우리는 잊고 태우고 지우는 이 사건과 관련해 가해자인 일본은 기록하고 연구하고 남기기로 결정했다는 것이다. 종종 우리 주변엔, 과거에 얽매이지 말고 이제 그만 나쁜 기억들은 청산하자고, 다 잊고 함께 미래를 향해 나아가자고 외치는 이들이 있다. 그러나 우리가 나아갈 미래에 이러한 비극을 되풀이하지 않기 위해, 야만의 시대가 반복되는 걸 막기 위해, 우리는 끝까지 알아내고 기록하고 기억해야 한다. 지난 시간들을 올바르게 기억하고 되새기는 일이 우리가 나아갈 미래의 주춧돌이 되어줄 것이다.

흔히 역사는 강자와 승자의 기록이라는 말을 한다. 하지만, 어쩌면 역사는 누군가 알아주지 않아도 끊임없이 입을 벌려 말하고, 문제를 제기하고, 승자들이 덮어놓은 만행들을 잊지 않고 파헤치는 데서부터 만들어지는 게 아닐까? 이 사건이 역사에 어떻게 기록될지는 결국 남아있는 자들의 몫이 아닐까 하는 생각이 든다.

사실 대학로 백골 사건은 전문가들이나 관련 기관들 사이에서는 가장 유력한 '답'이 나와 있는 상태였다. 범인이나 피해자를 특정할 수 없어 표면상으로는 미제로 남았지만, 전문가들 사이에서 사실 이 사건은 '경성제국대학의 인체 표본'이 아닐까 하는 암묵적인 결론이 내려진 상태였다. 모두가 심증은 있지만 작은 빈칸들이 명확히 채워지지 않아 어쩔 수 없이 미제가 된 사건이었다.

처음 이 사건의 취재를 시작했을 때 가장 흥미를 끌었던 것은 그 작은 빈칸들에서 피어나는 강렬한 의혹들과 역사적 상상력이었다. 이 사건을 들여다볼수록 답만 찾아내면 끝나는, 그런 간단한 미제 사건이 아니라는 생각이 들었다. 대학로 백골들의 많은 시나리오는 그냥 '그럴 수도 있지 않을까?' 하는 가능성에서 끝나지 않았다. 각각의 시나리오들은 한국 근현대사의 비극을 강렬하게 꿰뚫고 지나온 사건들에서 시작되었다. 대학로의 28구의 시신들은 땅속에 묻혀 그런 사건들과의 연결고리를 고스란히 담아내고 있었던 것이다.

자문을 구하기 위해 취재를 했던 전문가들은 그런 시나리오들이 오히려 이 사건의 진실을 왜곡하거나 부풀릴까봐 우려했다. 이들을 설득하면서 자문을 구하고 자료를 구하느라 진땀을 빼야 했다. 사실과 근거에 기반해 학문적 연구를 하는 전문가 입장에서는 당연한 시선이었다.

하지만 이 사건에 얽혀 있는 시나리오들의 무게감이, 정답이 아니라고 해서 그저 소거하고 지나갈 수만은 없는 내용들이었다. 분량상 방송에는 담지 못했지만 이 사건의 또 다른 시나리오에는 한국전쟁 때 서울대병원에서 북한군이 민간인을 1,000여 명 이상 학살한 사건이나 731부대와 관련해 한국의 소록도에서 생체실험이 있지 않았을까 하는 의혹을 제기한 부분은 충분히 소개해야 할 의미가 있다고 판단했다. 그래서 제작진은 결론만 던지는 게 아니라, 이 유해와 관련해 연구해온 이들과 제작 진이 거쳐 간 의문과 추론의 과정도 하나하나 방송에 적절하게 녹여내고자 했다. 비록 우리가 찾아가는 결론은 아닐지라도 그 과정에도 여전히 '대학로 백골'의 주인들처럼 자신들의 이름을 찾지 못한 많은 무명의 피해자들이 있었기 때문이다.

이 사건을 취재할 때, 평생을 바쳐 모아온 731부대 관련 역사적 사료를 선뜻 제공해 주신 731부대 진상규명위원회 김창권 회장님께 감사하다는 말씀을 전한다. 한국인들은 대부분 731부대의 만행을 굉장히 자극적이고 선정적인 가짜뉴스 위주로 알고 있지만(사람을 원심분리기에 넣고 돌리는 실험이라든지, 성전환 실험 같은 것은 잘못 알려진 가짜뉴스다. 731부대의 실험은 알려진 내용이 극히 적다.) 실제 한국에서 731부대에 관련된 제대로 된 연구는 거의 진행되지 않았다. 이런 부분들을 명확히 짚어주고 자문해주신 전문가 분들께도 감사의 인사를 드린다. 그리고 끝내 자신의 이름을 찾지 못한 채 다시 땅속에 묻히게 될 대학로의 28명의 희생자에게도 명복을 빈다.

연출 **정재원** 작가 **박정은**

# 지상낙원
# 존스타운으로 오세요

시위를 벌이는 인민사원 신도들 | 사진 Nancy Wong

· · ·

# 900명의 동시 자살

같은 날 사망한 두 남자가 있다. 아무 연결고리가 없던 둘은 평생 딱 한 번 만나게 되는데 하필 바로 다음 날 같은 곳에서 죽음을 맞이하게 된다. 이들에게 대체 무슨 일이 벌어진 것일까? 사건은 한 통의 편지에서 시작되었다. 어느 날, L 국회의원에게 "마을에 문제가 생겼으니 조사를 해주세요"라고 쓰인 편지가 도착했다. 그런데 이 편지는 한 번 오고 끝나지 않았다. 다른 이름으로 온 비슷한 내용의 편지가 의원실에 쌓여만 갔다. 고심 끝에 조사를 위해 문제의 마을로 떠난 L 의원. 이틀 뒤 그는 뜻밖에 시신으로 발견됐다. 더 놀라운 사실은 몇 시간 뒤 그 마을에서 900여 구의 시신이 쏟아져 나왔다는 것이다.

이 이야기는 1978년 미국에서 실제로 벌어졌던 일이다. 국회의원의 이름은 레오 라이언으로, 일명 '존스타운 집단자살 사건'으로 불린다. 9·11 테러 이전까지 '가장 많은 사람이 동시에 사망한 사건'으로, 미국인들의 기억 속엔 여전히 충격으로 남아있다. 무려 900여 명이 '집단 자살'했다고 알려진 이 사건. 그런데 '집단 자살'이라는 키워드에 수많은 물음표가 붙는다. 어떻게 같은 시간에 같은 자세로 그 많은 사람이 목숨을 끊었다는 것일까? 이 사건 뒤에 누가 숨어 있는 것은 아닐까?

· · ·

## 흑인들의 천사, 짐 존스

이 모든 이야기는 존스타운이라는 마을과 그 마을 사람들로부터 시작된다. 마을에는 지도자가 한 명 있었다. 이름은 짐 존스. 그가 꿈꾸는 세상은 모든 사람이 행복한 곳, 그 누구도 차별받지 않는 곳이었다. 그가 설교와 언론 인터뷰에서 한 발언을 살펴보자.

"사람들이 모든 것을 공유하는 사회, 완전히 평등한 사회, 부자와 가난한 자도 없고 인종도 없습니다. 정의를 위해 싸우는 사람들이 있는 그곳에 제가 있습니다! 저도 같이 싸웁니다!"

"세상은 가족과도 같습니다. 어린아이가 돈을 벌어오지 않아도 아버지는 아이들을 책임지고 보호합니다. 노인들이 더 이상 일할 수 없을지라도 그 자식들은 부모의 생계를 책임져주죠."

짐 존스는 가난하고 어려운 처지에 놓인 사람들을 도왔다. 부랑자들을 위한 무료급식소, 중독자 재활 치료 센터를 운영했고, 반전 운동을 벌였다. 특히, 흑인들의 차별철폐를 위한 '흑인 민권운동'에 가장 큰 힘을 쏟았다. "흑인을 사랑하지 않는 자는 영원히 지옥에서 불탈 것이다." 짐 존스의 이 말 한마디에 많은 흑인이 감동했다. 짐 존스는 약자를 따뜻하게 살핀다고 하여 캘리포니아의 천사라고 불리기도 했다. 백인 남성이 흑인을 위해 이렇게까지 소리 내는 것은 이례적인 일이었고, 그만큼 파급력도 컸다. 추종자는 50명으로 시작해서 몇 년 사이 2만 명까지 불어났다. 수많은 사람을 결속시킨 것은 종교였다. 짐 존스는 목사였기 때문이다. 그가 이끄는 종교는 '인민사원 순복음 그리스도교회'로 줄여서 인민사원(Peoples Temple)이라고 한다.

그러던 어느 날, 그는 베네수엘라와 국경을 접하고 있는 나라 가이아나로 신도 1,000명을 데리고 떠났다. 바다 건너 정글로 둘러싸인 땅에 진짜 지상낙원을 만들 계획이었다. 그들이 자신들만의 공동체를 꿈꾼 데는 이유가 있었다. 짐 존스는 늘 "적으로부터 우리를 지켜야 한다. 그들이 언제 쳐들어올지 모른다"고 말했다. 그가 말한 적이란 바로 CIA와 FBI였다. 그래서일까? 인민사원 앞에는 항상 총을 든 무장경비원들이 서 있었다.

신도들이 짐 존스의 말에 수긍할 수밖에 없는 이유가 있었다. 인민사원 신도의 약 80퍼센트가 흑인이었기 때문이다. 흑인들이 노예에서 해방된 건 이미 오래전 일이었고, 그 무렵에는 흑인도 투표권을 가질 수 있는 법이 통과됐다. 하지만 혐오와 차별은 여전했다. 짐존스는 가이아나로 떠나기 전, 여러 차례 교회를 옮겨야 했다. 흑인민권에 대한 설교를 하다가 야유를 받는 것은 기본이고 "흑인들과같이 교회를 다닐 순 없다"며 "흑인을 내보내라"는 항의가 빗발쳤기때문이다. 교회로 돌을 던지는 일은 부지기수, 쉴새 없이 협박 전화가 왔다.

짐 존스는 신도들에게 "미국에 더 있다가는 흑인들이 수용소에갇혀 처형당할 것이다. 흑인을 탄압하지 않는 낙원으로 가자"는 말을 자주 했다. 신도들은 이런 상황에서 가이아나로 떠나는 것이 행복을 위한 길이라 여겼을지도 모른다. 그렇다면 가이아나에서 이들은 행복했을까?

## 하루 20시간씩 노동하는 지상낙원의 주민들

훗날 밝혀진 바에 따르면 존스타운은 결코 낙원이 아니었다. 도 망쳐 나온 사람들의 증언에 따르면 존스타운에선 하루 평균 20시 간의 노동이 요구됐다. 고된 노동에 지친 사람들이 조금이라도 쉬 기 위해 망치로 자신의 손을 내리쳐달라는 부탁을 할 정도였다고 한다. 때는 1978년, 휴대폰이나 인터넷은 없었다. 게다가 존스타운 은 정글로 둘러싸여 있었고 무장한 경비원이 감시하는, 외부로부터 완벽하게 차단된 세상이었다. 그곳에서 무슨 일이 벌어지는지 바깥 에서는 누구도 알 길이 없었다. 그런 상황에서도 몇몇 사람들은 탈 출을 감행했다. 그리고 극적으로 탈출에 성공한 이들이 조심스럽게 짐 존스의 만행과 존스타운의 실체를 알리기 위해 나섰다. 라이언 의원에게 편지가 도착한 것도 그 무렵의 일이다.

존스타운의 실체를 폭로한 편지를 읽은 라이언 의원은 탈출자를 만나 면담을 가졌다. 상황은 짐작보다 훨씬 더 심각해 보였다. 라이 언 의원은 존스타운에 공식 조사를 통보한 뒤 남미에 위치한 가이 아나로 직접 찾아갔다. 보좌관은 물론 기자와 촬영 감독까지 대동 한 덕분에 당시의 모든 과정이 영상으로 남아있다. 라이언 의원의 보좌관인 재키 스파이어는 그 당시 상황에 대해 이렇게 말했다.

"정말 두려웠어요. 의원님의 유언장 복사본을 제 책상 서랍에 넣어뒀었죠. 만약을 위해서요"

가이아나에 도착해 잔뜩 긴장한 상태로 비행기에서 내린 라이언 의원 일행은 두려움을 뚫고 정글을 헤치며 존스타운으로 다가갔다. 그런데 도착한 첫날, 그들의 눈에 비친 존스타운은 예상과는 너무도 달랐다. 마을은 평화로웠고 사람들은 행복에 겨운 표정이었다. 기자가 인터뷰를 위해 신도를 붙잡고 대화를 시도했다.

기자 여기서 행복하세요?

신도 물론이죠. 평생 이렇게 행복한 적은 없었어요.

기자 나갈 수는 있나요?

신도 그럼요, 원한다면 저도 언제든지 나갈 수 있어요. 나갈 수 있죠. 전 몇 주 후 나갈 건데 가족도 같이 갈 수 있지만 안 가겠다던데요.

라이언 의원은 하루 종일 신도들을 지켜봤지만 아무런 문제가 없어 보였다. 의심을 품고 관찰해봐도 강제 노역이나 폭력에 시달리는 사람들처럼 보이지는 않더라는 것이다. 결국 라이언 일행은 조사를 접기로 했다. 그런데 그날 밤, 누군가 기자의 팔에 슬쩍 쪽지 하나를 올려놓았다. 꼬깃한 쪽지를 열어보니 거기에는 이런 말이 적혀있었다.

'존스타운을 떠나고 싶어요. 도와주세요.'

순간 당황한 기자가 쪽지를 떨어뜨렸고 그러자마자 강당 안에서 한 아이가 소리쳤다. "저 아저씨가 몰래 쪽지를 건넸어요!" 순식간에 강당이 술렁였다. 누군가 기자에게 쪽지를 건넸다는 사실만으로 존스타운은 발칵 뒤집어졌다. 아직 드러나지 않은 무언가가 분명히 있다고 판단한 의원은 떠나려던 계획을 바꾸어 다음 날 아침 다시 주민 면담을 시작했다. 그리고 짐 존스와 대면했다.

의원  어젯밤 누군가 이 쪽지를 저한테 주던데요.
존스  (쪽지를 받아서 보더니) 장난하는 겁니다. 거짓말쟁이를 어쩌라는 거죠? 그냥 놔두세요. 부탁인데 그냥 내버려둬요. 우린 누구도 괴롭히지 않고 떠나려는 사람도 없어요. 아무 문제 없이 항상 나가고 들어오고 합니다.

평화롭던 존스타운의 공기는 순식간에 바뀌었다. 일부 신도들이 탈출 의사를 밝히자 숨 막힐 듯한 신경전이 벌어졌고 급기야 누군가 라이언 의원을 칼로 습격했다. 이런 일까지 벌어지자 라이언 의원은 탈출 의사를 밝힌 신도들과 기자들을 데리고 비행기로 몸을 피하기로 했다. 그런데 비행기에 타려는 순간 갑자기 활주로로 어떤 남자들이 다가왔다. 짐 존스가 보낸 사람들이었다. 그리고 얼마 후 총소리가 울려 퍼졌다. 피할 겨를도 없이 순식간에 벌어진 일이었다. 라이언 의원과 기자, 탈출하려던 신도 몇 명이 그들의 총에 맞아 쓰러졌다.

그 장면을 끝으로 카메라가 넘어지고, 촬영은 중단됐다. 그리고 몇 시간 뒤, 짐 존스와 신도들 전원이 시신으로 발견되었다. 라이언 의원 사망 후 대체 무슨 일이 벌어진 것일까. 그런데 사건 조사팀은 존스타운 내부에서 녹음 테이프 하나를 발견한다. 무려 44분 분량의 이 테이프엔 라이언 의원이 마을을 떠난 직후의 상황이 고스란히 담겨 있었다. 일명 '죽음의 테이프'라 불리는 이 테이프에 담긴 내용을 직접 확인해보자.

남성 신도   국회의원이 살해당했어요. (소음이 들린다.)

짐 존스   다 끝났습니다, 끝났어요. 그들은 우리의 사유지를 침범하고 우리 집에 들어왔습니다. 6,000마일이나 쫓아와서 말이죠. 약을 가져오세요. 아주 간단합니다, 간단해요. (약을 먹고 난 뒤) 발작도 없을 겁니다. 너무 늦기 전에 이를 먹읍시다. (사람들 말소리가 시끄럽게 들린다.)

짐 존스는 때가 왔다면서 빨간색 음료수에 청산가리를 섞어 마시라고 한다. 그 음료수 상표가 '쿨에이드'였는데 이 사건 때문에 미국에서는 'drink kool-aid'라는 표현을 '뭔가에 단단히 빠져있다', '맹목적으로 믿는다'는 뜻으로 사용한다.

짐 존스　어서 움직여야 해요. 여기서 약을 얻을 건가요? 움직여요.

여성 신도　여기 서 계시거나 울고 있는 사람들에게 말하고 싶어요. 이건 울 일이 아닙니다. 오히려 기뻐해야 할 일이에요. (사람들의 박수와 환호가 들린다.)

신도　그는 어리잖아요. 그 애들은 너무 어려요. (아이 우는 소리가 들린다.)

짐 존스　어머니, 아이 어머니, 제발, 제발, 제발 이러지 마세요. 아이와 함께 삶을 내려놓으세요. 이러지 마세요. 그들은 그냥 음료수를 마시는 것뿐입니다. 잠들게 하는 음료수요. 잠드는 것, 그게 바로 죽음입니다. 녹색 C가 든 통을 여기 가져오세요. 어른들도 시작하게요. 여기로 가져오세요. 우리는 자살을 행한 게 아닙니다. 우리는 이 잔혹한 세상이라는 조건 아래 대항하는 혁명적 자살이라는 행동을 취한 겁니다.

아이들은 살리자고, 빌고 또 비는 사람들도 있었지만 결국 청산가리가 든 음료를 차례로 마시고 서서히 의식을 잃었다. 짐 존스를 포함해 그때 숨진 인민사원 신도가 총 909명. 이들 중 어린아이는 276명. 그리고 활주로에서 라이언 의원을 포함한 시신이 5구, 도망치다가 다른 곳에 쓰러져있던 시신이 4구 더 발견됐다. 자, 여기까지가 '인민사원 집단 자살' 사건에 대해 세상에 알려진 이야기다.


· · ·


## 사이비 종교에서는 왜 집단 자살이 일어나는가

비슷한 사건이 한국에도 있었다. 일명 '오대양 사건'이다. 1987년, 공장 천장에서 시신 무더기가 발견되었다. 무려 32구의 시신이 마치 이불을 쌓아놓은 것처럼 서로 포개져 있었다. 조사 결과 멀미약과 신경안정제를 먹고 몽롱한 상태에서 서로서로 목 졸라 죽였다고 했다. 정확히 하면 자의에 의한 타살이라고 말해야 할까? 오대양은 종교단체이면서 동시에 기업이었는데, 교주가 사업에 실패한 후 사채를 끌어 쓰다가 빚이 눈덩이처럼 불어났다. 감당이 되지 않을 수준에 이르러 경찰 조사를 받고 모든 것이 폭로될 지경이 되었다. 그러자 교주가 신도들을 이끌고 죽어버린 것이다.

짐 존스도 정치인에 의해 존스타운의 실체를 들킬 위기에 처하니 집단 자살을 시도한 것이었을까? 그런데 어떻게 900명이나 되는 사람이 단체로 자살할 수 있었을까?

그런데 이른바 사이비 종교에선 집단 사망 사건이 종종 벌어져 왔다. 대표적인 사건은 다음과 같다.

- 2000년 우간다 신의 십계회복 → 235명 사망
- 1998년 국내 영생교회 집단 분신 → 7명 사망
- 1997년 미국 천국의 문 → 39명 사망
- 1995년 프랑스 태양사원 → 16명 사망
- 1994년 프랑스 태양사원 → 53명 사망
- 1993년 미국 다윗파 사교집단 → 86명 사망

이와 같이 사회적 물의를 일으킨 종교집단의 경우, 대개 운영 상의 몇 가지 특징을 갖고 있다. 말하자면 사람의 심리를 조정하기 위해 필요한 조건들이다. 첫째, 신도들을 외부로부터 완전히 차단시키고 터널 속에 갇힌 것처럼 정면에 보이는 하나의 목표에만 집중하게 한다. 그 목표는 바로 종교다. 둘 째, 지도자를 특별한 존재로 인식시킨다. 즉, 지도자가 곧 신이며, 신도들은 그 지도자가 법이라고 생각하게 된다. 셋 째, 순수함을 요구한다. "나는 선이다. 내 말을 거스르면 전부 적이다"라고 것을 강조하는 것이다. 이러한 조건에 오랫동안 노출되면 인간의 의지는 생각보다 쉽게 조종될 수 있다. 이 외에도 전문가들이 분석하는 심리조작의 주요 요선들은 나음과 같다.

① 환경을 조절한다. (외부로부터 차단, 통제)

② 신비성을 조작한다. (지도자를 특별한 존재로 인식)

③ 순수성을 요구한다. (절대적인 선이 아니면 전부 악)

④ 자아비판을 하게 한다.

⑤ 이념을 성스러운 과학으로 자리 잡게 한다.

⑥ 교조주의적이고 상투적인 표현을 사용한다.

⑦ 이념이 개인보다 높은 위치에 놓이게 한다. (종교적 이념을 위해서는 내 몸 하나 희생 가능)

⑧ 생존 불허라는 사고방식을 심는다.


존스타운 내부에도 신도들을 통제하는 아주 강력한 수단이 있었다. 짐 존스가 가이아나로 떠난 바로 다음 날 폭로된 기사를 보자.

"인민사원 신도들은 16살밖에 되지 않은 아이를 무참히 때렸어요." 어린아이를 커다란 나무 주걱으로 때리는 것은 물론이고, 짐 존스가 신도들을 지명하면 신도들은 둘 중 한 명이 기절할 때까지 권투 시합을 벌여야 했다. 그러고 나면 짐 존스는 사람들에게 다가와 따스한 미소를 지으며 말했다. "많은 일을 겪으셨군요, 다 이유가 있었던 겁니다. 아버지는 당신을 사랑하시고 지금 당신은 더 강해졌어요. 이런 훈육을 받고 받아들였으니 이제 당신을 더 신뢰할 수 있어요." 처벌을 받은 아이들과 어른들은 "감사합니다, 아버지"라고 말하고는 했다.

— &lt;NEWS WEST&gt; 1977년 8월 1일자 기사

과연 존스타운에서만 볼 수 있는 특수한 상황일까? 비슷한 예로 한국의 교회 중 남태평양 피지로 집단 이주한 E 교회가 있다. 이 교회 역시 신도들에게 고된 노역을 시켰고, 폭행을 일삼았다. 특히 인민사원과 비슷한 점은 신도들끼리 서로가 서로를 때리도록 해왔다는 점이다. E 교회에서는 이를 '타작마당'이라 일컬었다. 타작마당에선 자식이 부모를 때리는 일도 있었고 폭행 중 사망자가 나왔다는 의혹도 있다. 그렇게 신도들은 자신의 의지와 판단력을 잃어갔고, 교주에 의해 마음마저 조종당하는 상태에 이르렀다. 설령 그곳이 '천국'이 아닌 '지옥'임을 깨닫는다고 해도, 이주 과정에 대부분 전 재산을 쏟아부었고, 기존의 생활을 모두 정리했기에 쉽게 빠져

나올 엄두를 내지 못한다.

　실제로 존스타운에 있던 사람들도 가이아나에 낙원을 건립한다는 말에 전 재산을 헌납했다고 한다. 부동산은 물론이고 집에 있는 옷가지며 보석까지 전부 팔아서 돈을 냈다. 거기다 신도들의 여권은 전부 압수되었다. 그러니 믿음이 사라진 사람들도 탈출하기가 어려웠을 테고 외부와 차단된 채 살다 보니 집단 세뇌는 아주 쉽게 이루어졌다.

　게다가 짐 존스는 달변과 극적인 연출력으로 사람들을 마음을 사로잡았다. 그가 신앙으로 치유의 기적을 보인다는 영상이 남아있다.


짐 존스　둘째 줄에 있는 자매님. 척추가 좋지 않군요.

신도　　네.

짐 존스　그리고 고관절에 부상을 입었군요.

신도　　네.

짐 존스　휠체어에서 일어나 보세요. 휠체어에서 일어나 보세요. (…) 우리가 만병통치약은 아니지만, 다른 어느 곳보다 이곳에서 사람들이 치유되는 것을 가장 많이 보았습니다. 저는 당신을 사랑합니다. 예수님도 당신을 사랑합니다. 모든 선과 세상에서 가장 위대한 종교. 예수님의 이름, 자비 그리고 선량함으로. 내가 서 있는 이곳. 앞으로 나오세요, 자매님. 일어나 보세요. 걸음을 떼보세요. 신의 은총

이 있길. 걸음을 떼보세요.

(여성이 천천히 일어서니 신도들이 소리를 지른다.)

짐 존스　　앞으로 걸으세요. 앞으로 걸으세요. 자유롭게. 자유롭게. 자유롭게.
　　　　　이제 고관절을 움직여 보세요. 관절을 움직여 보세요.

(여성이 천천히 짐 존스 앞으로 걸어나온다.)

짐 존스　　저는 당신을 사랑합니다. 예수님도 당신을 사랑합니다. 사람들도
　　　　　당신을 사랑합니다. 자, 이제 자매님 걸으세요. 걸으세요. 걸으세
　　　　　요.

(여성이 걸어다니다가 온몸 흔들고 신도들은 다 같이 일어서서 비
명과 같은 소리를 지른다. 곧 여성 신도가 눈물을 흘리자 모두 함
께 눈물을 흘리면서 춤춘다.)


어떻게 짐 존스의 말 한마디에 평생 일어나지 못하던 사람이 벌
떡 일어선 것일까? 그렇다. 기적을 빙자한 사기, 그것도 아주 기초
적 수법의 사기다. 사실 이 여성은 짐 존스의 최측근 비서로, 잘 짜
인 판의 연기자 노릇을 한 것이다. 이런 쇼는 한 번이 아니었다. 그
는 손으로 사람 몸속의 암 덩어리를 꺼내는 기적도 종종 보여주었
다. 그러나, 기적처럼 보이던 짐 존스의 치료 비결은 사실, 남보다
빠른 손기술에 있었다. 한 손으로 닭이나 돼지의 내장을 쥐고 있다
가 몰래 손을 바꿔서 "이게 암덩어리입니다!"라고 외치는 식이다.

짐 존스는 이런 방식으로 사람들을 속였고, 도와달라고 소리쳐도 아무도 구해줄 사람 없는 남미의 정글 속으로 신도들을 이끌고 왔다. 그리고 900명이 넘는 사람을 죽음으로 몰아넣었다.

. . .

## 자살이 아니라 타살이라는 주장

여기까지는 모두 확인된 사실이다. 그런데 존스타운 사건에는 아직 확인되지 않은 의혹과 음모론도 함께 제기된다. 이들의 죽음이 집단 자살이 아닐지도 모른다는 의혹이다. 그리고 그 뒤에 미국 CIA가 있다는 의혹이 모락모락 피어났다. 대체 이런 소문은 왜, 어떤 근거로 확산돼 왔을까?

사건이 벌어지고 나서 가장 먼저 존스타운에 도착한 것은 가이아나의 군대였다. 당시 보고 내용은 다음과 같다. '400명 정도가 사망해 있었고 500명 정도가 정글 속으로 도망친 것 같음' 그런데 며칠 뒤 FBI가 도착해서 확인해보니 시신이 400명이 아니라 900명이었다는 것이다. 가이아나 군대가 대충 세본 것이었을까? 아니면 500명가량의 신도가 죽음을 피해 필사적으로 도망쳤는데 FBI가 도착하기 전 누군가 살해한 걸까?

처음 사망 소식을 접하고 달려온 가이아나의 검시관은 대부분이 타살당한 것 같다고 말했다. 그렇게 생각한 결정적 이유는 시신의 팔뚝 뒷면, 그러니까 삼두근에 똑같이 주삿바늘 자국이 있었기 때문이다. 만약 스스로 주사를 놨다면 불편한 자세를 취해가며 팔뚝 뒷면에 바늘을 꽂을 이유가 없지 않은가.

게다가 존스타운의 창고에선 엄청난 양의 마약이 발견되었다. 통상적으로 이런 상황이라면 부검을 진행해 사인을 규명한다. 그런데 대부분 부검을 하지 못했다. 미국 정부는 사인이 명확하므로 추가 조사가 필요하지 않다고 주장했고, 그 과정에서 시신 인도가 늦어지면서 몇몇이 불법으로 화장됐다. 나중에서야 부검을 위해 시신을 미국으로 보냈지만 그 사이 부패가 진행돼서 정확한 사망 경위와 원인은 알 수 없게 됐다.

가족도 아닌 정부가 왜 부검을 반대했을까? 이를 이상하게 여긴 이들은 음모론을 제기했고 일각에서는 배후에 미국 정부가 있는 것 아니냐고 의심했다. 짐 존스가 실제로 수많은 정치인들과 끈끈한 관계를 유지했기 때문이다. 시장이나 주지사는 물론이고 미국 39대 대통령인 지미 카터가 대통령 후보 시절 유세현장에도 사람들을 동원해줬다고 한다. 인권 운동에 많은 관심이 있었던 지미 카터는 훗날 대통령이 된 후 자신의 취임식 때 비행기를 보내 짐 존스 일행을 초대하기도 했다.

물론 사건이 벌어진 곳은 미국이 아닌 남미의 가이아나 땅이다. 과연 미국이 타국까지 영향력을 미칠 수 있었겠느냐는 의문을 제기할 수 있지만, 음모론에 힘을 실어주는 증언이 있다. 바로 '가이아나 주재 미국 대사관 부국장과 짐 존스의 관계가 아주 특별했다'는 주장이다. 부국장의 이름은 리처드 드와이어. 존스타운에서 발견된 일명 '죽음의 테이프'에 그의 이름도 등장한다.

> "드와이어를 동쪽 집으로 데려가세요, 드와이어를… 무슨 일이 생기기 전
> 에 드와이어를 여기서 내보내세요."
>
> ― 짐 존스

짐 존스가 말한 드와이어가 미 대사관 부국장 리처드 드와이어와 정말 동일 인물일까? 죽음 직전, 짐 존스는 왜 드와이어를 마을에서 내보내라고 했을까? 집단 자살이 벌어지기 직전까지 미국 대사관 부국장이 정말 그 마을에 있었던 걸까? 만약 리처드 드와이어가 마을에 있었다면, 존스타운의 끔찍한 인권 유린을 전부 알고도 묵인했다는 이야기가 된다. 왜 그랬을까? 단순히 부패한 정치인이 사이비 종교의 교주와 특별한 관계를 유지하며 뇌물을 받았다고 가정할 수도 있다. 하지만 이보다 훨씬 복잡한 가설도 존재한다. 이를

ATTACHMENT 3

WHO'S WHO IN CIA

[Published by Julius Mader, 1066 Berlin W. 66, Mauerstrasse 69]

A biographical reference work on 3,000 officers of the civil and military branches of the secret services of the USA in 120 countries.
Dwyer, Richard Alan ; b. : 3, 5, 1933 ; L. : French ; from 1957 in Department of State ; from 1959 work for CIA ; OpA : Damascus, Cairo (2nd Secretary), Washington.

존스타운 진상조사 미국 의회회의록 발췌본

테면 CIA가 관련되어 있을 가능성 말이다.

한 언론인이 CIA 요원 명부를 폭로한 사건이 있었다. 그 명부엔 리차드 드와이어라는 이름이 들어 있다. 그러니까 가이아나의 미국 대사관 부국장이 CIA 소속이었다는 것이다. 물론 정보기관 요원이 각국 대사관에서 암약하는 일은 드문 일이 아니다. 특히 냉전 시대 에는 미국 CIA 요원이 해외 대사관에 비밀리에 파견된 일이 더더욱 비일비재했다.

그런데 짐 존스는 CIA와 FBI를 '우리의 적'이라고 규정하지 않 았는가. 음모론자들은 '존스타운과 CIA의 특수한 관계를 감추려는 연막이었을 것'이라고 의심한다. 그렇다면 그렇게까지 해야 할 이 유는 무엇이었을까? 비밀 작전이라도 벌였던 것일까? 이러한 의심 은 존스타운 사람들의 80퍼센트가 흑인이었다는 점에서 더 거대한 음모론으로 이어진다. 미국의 역사 속에서 흑인을 대상으로 한 비밀작전이 처음이 아니었기 때문이다. 미국 정부는 흑인들을 상대로 무려 40년 동안이나 매독 생체실험을 비밀리에 진행해 왔다. 그 유명한 터스키기 사건 말이다. 혹시 존스타운에서도 어떤 실험이 벌어졌던 것일까?

존스타운에서는 24시간 마을 스피커를 통해 짐 존스의 설교가 흘러나왔다. 그러다 스피커에서 독약이 든 음료를 마시라는 지시가 흘러나오면, 사람들은 그걸 마셔야 했다. "이제 곧 죽겠구나"하는 생각으로 떨고 있는 사람들에게 누군가 다가온다. 그리고 이런 말을 건넨다. "이건 사실 자살을 연습하는 테스트였습니다. 독약은 들어 있지 않았어요. 당신은 테스트를 통과했습니다." 이것이 존스타운에선 정기적으로 진행한 '하얀 밤'이라는 자살 연습 프로젝트다.

존스타운 안에선 1978년 한해에만 이러한 자살 연습을 43번이나 했다고 한다. 이 연습의 목적은 바로 세뇌. 공교롭게도 CIA에서는 사람을 세뇌해 마음대로 조종하는 연구를 진행한 바 있다. 일명 MK울트라 프로젝트. 냉전 시대, 여러 전략 연구 중 하나로 시작된 이 실험에는 마약류를 사용해 인간 의식을 지배하고 심리를 조종하는 프로젝트도 포함돼 있었다. 존스타운에서 발견된 다량의 마약과 이 실험은 무관한 것일까.

MK 울트라 프로젝트와 존스타운의 묘한 교집합은 이뿐만이 아니다. 존스타운의 현지 조사에 나섰다 사망한 라이언 의원은 그 이 전부터 MK울트라 프로젝트에 대한 조사를 하고 있었다. 존스타운을 조사하기 위해 가이아나로 떠나기 한 달쯤 전에는 CIA 국장에게 관련 내용에 대한 편지도 썼다. 그리고 공교롭게도 CIA의 비밀 세뇌 실험을 파헤치던 라이언의원은 존스타운에서 살해됐다.

· · ·

## 흑인을 감옥에 넣기 위한 정책

여러 가지 의심스러운 점이 있지만 결론적으로 CIA와 인민사원이 정말 관련 있는지는 밝혀지지 않았다. 그런데 왜 이런 이야기들이 나왔을까? 누군가가 부풀리고 왜곡한 지점도 있지만, 미국 정부의 태도에 이해하기 힘든 지점이 많았던 것만은 분명하다. 대사관 인물이 사건 전날 현장에 있었는데 왜 이러한 참사를 막지 못했는지, 설령 미국 정부가 일을 꾸미지는 않았을지라도 '방임의 책임'은 면하기 어렵다. 900명이 넘는 사람들이 사망했지만 그들 중 대다수는 흑인이었다. 어쩌면 바로 그 점이 이 비극의 가장 핵심인지도 모른다.

미국의 37대 대통령인 리처드 닉슨은 1970년대에 범죄와의 전쟁을 선포하고 닥치는 대로 범죄자들을 잡아들였다. 놀랍게도 범죄자는 대부분 흑인 아니면 반전주의자였다. 그런데 훗날 닉슨의 최측근인 전 백악관의 법률고문 존 에를리크만의 폭로에 따르면 범죄와의 전쟁을 선포한 진짜 의도는 '반전주의자들과 흑인들을 감옥에 넣기 위한 흑막'이었다.

> "1968년 닉슨 선거운동이 있고, 그 후 닉슨의 백악관에는 반전(비전쟁주의) 좌파와 흑인이라는 두 적이 있었어요. 이해하셨어요? 우리는 전쟁이나 흑인에 반대하는 것을 불법화할 수 없다는 것을 알고 있었지만, 대중들이 히피족들을 마리화나에 연관시킬 수 있도록 하고 흑인을 헤로인에 연관시키도록 한 후 두 가지를 모두 불법화함으로써 우리는 그 공동체를 붕괴시킬 수 있습니다. 우리는 그들의 지도자들을 체포하고 집을 습격했으며 모임을 해산시키고 매일 저녁 뉴스에서는 그들을 비난하는 기사가 나왔죠. 우리 자신이 마약에 대해 거짓말을 하는 것을 알고 있었냐고요? 당연히 알았죠."
>
> ― <하퍼스 바자> 존 에를리크만 인터뷰

실제 데이터를 살펴보면 1970년대 중반부터 흑인 수감률만 기하급수적으로 늘어나는 것을 알 수 있다. 유독 흑인만 '거리를 배회했다'거나 '쓰레기를 버렸다'는 납득하기 어려운 이유로 체포당했다. 왜 이런 일을 벌였을까? 이유는 간단하다. 미국에서는 1865년

수정헌법 13조가 공표되며 노예제도가 폐지됐지만 이 법에는 한 가지 예외조항이 있었다. '범죄자는 예외로 할 것'. 즉 수감된 흑인들의 경우 노예제도에 종속된다는 뜻이다. 법적으론 1865년 미국에서 노예제도가 사라졌지만 그 후로도 오랫동안 현실은 바뀌지 않았던 것이다. 만약 존스타운에 모인 사람들이 대부분 미국인 백인이었다고 상상해보자. 하루아침에 900여 명이 사망한 사건을 이렇게 간단히 처리할 수 있었을까? 그리고 이렇게 오랫동안 존스타운이라는 마을의 실상이 비밀로 묻힐 수 있었을까? 존스타운 사건이 CIA의 공작인지 아닌지는 확인할 수 없지만, 최소한 국가가 알면서도 방치했다는 것만은 음모론이라 치부할 수 없다.

존스타운에서 숨을 거둔 이들 중 이렇게 생을 마감하고 싶었던 사람은 없었을 것이다. 존스타운 사건은 사이비에 빠진 신도들의 자살 사건이라고 불리지만, 사실은 차별과 혐오에서 자유로울 수 없던 이들이 마지막 낙원을 찾아 떠났다가 끝내 그 낙원을 찾지 못한 슬픈 이야기라고 해두고 싶다. 마지막으로 존스타운의 시신들 사이에서 발견된 편지로 이야기를 마무리하겠다.


이 글을 발견한 사람에게. 모든 테이프와 글과 사연들을 모으세요. 이 사회운동 이야기는 계속 검토돼야 합니다. 우린 이런 식의 결말을 원치 않았습니다. 우린 살아서 빛을 비추고 싶었습니다. 사랑 한 줌을 갈망하는 세상에 빛을 주고 싶었습니다.

세상을 떠나는 지금, 주위는 조용하고 하늘은 회색이군요. 사람들이 줄지어서 천천히 쓴 잔을 마십니다. 마셔야 할 사람이 아직 많군요. 작은 고양이가 옆에서 저를 보고 있고, 개가 짖습니다. 새들이 전화선 위로 몰려듭니다. 인민사원의 이야기들이 알려지도록 해주세요.

— 1978년 11월 18일

"우린 살아서 빛을 비추고 싶었습니다"

존스타운 사건은 유독 시청각자료와 기록이 풍부한 사건이다. 라이언 의원 일행의 마지막 순간은 물론, 비극적인 총기 난사 현장, 시신 수습 과정, 인민사원 신도들의 죽음 직전 비명 가득한 음성, 갓난아이를 껴안고 엎드려있는 수많은 가족의 시신 사진 등 모자이크 처리나 음성 변조 하나 되어있지 않은 날것 그대로의 기록이 남아 있었다. 덕분에 시간이 흐른 지금도 우리는 당시의 분위기를 생생히 전달받을 수 있다.

너무나 충격적이었기 때문일까. 20년이 넘은 일임에도 이 사건을 기억하거나 관심가지는 사람이 여전히 많다. 그 덕분에 이 사건을 재평가하고 진실에 다가서기 위한 움직임이 지속되고 있다. 그 일환으로 매년 존스타운 유가족과 생존자들의 모임이 열리며, 생존자들의 다양한 증언이 최근까지 추가되기도 했다. 존스타운 생존자 중엔 또다시 자신들만의 커뮤니티를 만들어 집단생활을 하며 새로운 종교에 깊게 빠져든 이들도 있다.

사실 우리나라에서 벌어진 오대양 사건의 생존자 중에도 또다시 자신들의 커뮤니티를 만들어 집단생활을 하는 이들이 있었다. 팍팍한 현실에 위안이 되어준 곳, 한 형제라 믿었던 이들과의 공동체 생활, 이 현실을 버틴 뒤엔 낙원이 올 거라는 희망에 찬 믿음… 그런 것들 없이 다시 현실에 내던져지는 일은 고통스럽고 힘든 일일 것이다.

더욱이 존스타운에 들어간 신도들은 대개 사회에서 냉대받고 차별받던 흑인들이다.

사이비 집단의 광기에서 가까스로 벗어난 이들이 돌아갈 곳은 아직 현실에 마련되어 있지 않았던 것이다. 그렇다면 지금은 과연 얼마나 달라졌을까?

존스타운 방송 녹화를 준비하던 무렵에도 증오범죄가 우리의 일상을 파고들고 있었다. 'Black Lives Matter(흑인의 목숨도 소중하다)' 운동의 시발점이 된 조지 플로이드 사건 말이다. 이 사건은 비무장 상태의 흑인 남성인 조지 플로이드의 목을 경찰이 짓눌러 과잉진압했고 조지 플로이드가 그날 밤 사망한 것을 이른다. 존스타운 녹화 다음날, 조지 플로이드 사망 사건의 재판이 열렸고 조지 플로이드의 목을 짓눌러 숨을 거두게 한 경찰관은 모든 혐의에서 유죄 평결을 받았다.

하지만 이 판결로 지긋지긋한 차별의 역사가 끝날까? 존스타운의 신도들이 꿈꿨던 낙원이 비로소 탄생하는 것일까? 하지만 여전히 사회에서는 제도의 빈틈 사이로 소수자와 약자를 찔러 절벽으로 몰아넣고는 한다. 증오의 대상은 흑인에서 아시아인으로, 무슬림이나 성소수자까지 심지어는 노인이나 여성으로 점점 넓어지고 있다. 그러니까 누구든 증오범죄의 대상이 될 수 있다는 이야기다.

더 큰 문제는 유사한 사건이 발생할 때마다 피해자의 이름이 수없이 인용되지만 정작 그들의 죽음에서 배우고 반성해야 할 것들은 논의 밖으로 밀려난다는 것이다. 소수자와 약자를 위로하는 척하며 가십거리로 소비한다. 존스타운 사건의 경우, 국내에서는 끔찍하고 충격적인 사건, 공포스러운 이야기 정도로 회자되며 고인을 모독하는 댓글도 자주 목격된다.

존스타운 사건뿐만이 아니다. 대부분의 범죄 사건이 비슷한 패턴으로 소비된다. 이것은 다양한 형태의 차별에 대한 논의의 진전을 계속해서 제자리에 머물게 한 수법이다. 그럴 때마다 존스타운 피해자가 남긴 말이 떠오른다.


'우린 살아서 빛을 비추고 싶었습니다. 사랑 한 줌을 갈망하는 세상에 빛을 주고 싶

었습니다. 인민사원의 이야기들이 알려지도록 해주세요.'

여전히 우리는 왜 그들이 낙원을 찾을 수밖에 없었는가. 존스타운 추모제가 매년 열리듯 우리도 끊임없이 고민해야 한다. 뿌리 깊은 차별을 뽑으려면 말이다.

연출 **오서호** 작가 **최윤화**

# 귀신헬리콥터를
# 아시나요?

장기매매 알선 스티커 | 사진 <당신이 혹하는 사이> 제작팀

## 인터넷을 뜨겁게 달군 '라조육이사이'

**Q** **라조육이사이** 해보신 분 어디서 만드셨나요??     △ 180
qor**** 질문 1건 질문마감률 0% 2012.06.29 18:46    답변 1   조회 55,925

여자친구 생주이라서.. 이사이를 준비중인데요
라조육이사이를 해볼까 합니다.
워낙에 라조육도 즐겨듣는 친구고.. 제 차에서도
bgm으로 항상 틀어놓고 데이트를 하거든요.
근데.. 라조육이사이를 해주는 곳이 여러곳이 있더라구요~
저는 솔직히 말하면.. 들어도 잘 모르겠어요.
비슷한 거 같구.. 좀 잘 아시는분이 계시다면
혹은 해보신 분이 계시다면 추천좀 부탁드립니다.
이왕이면 잘하는 곳에서 하고 싶어서요. ^^

    한때 SNS상에서 화제가 되었던 글이 있다. 얼핏 보면 여자친구에게 이벤트를 해주려는 사람이 쓴 글로 보인다. 그러나, 알아들을 수 없는 단어들 때문에 글의 해석에 어려움이 있다. 이 난해한 글을 두고 누리꾼들은 각종 추측을 내놓으며 갑론을박을 펼쳤다. 그러던 중 한 누리꾼이 소름 끼치는 가설 하나를 제기했다. 그의 말에 따르면 '라조육'은 '인육', '이사이'는 '거래'를 뜻하고, 'BGM'의 'B'는 '다리', 'G'는 '엉덩이', 'M'은 '장기'를 지칭한다는 것이다. 이 해석에 따르면 이 글은 여자친구의 신체 부위를 거래하려는 사람이 쓴 글이 된다.

충격적인 해석을 두고 온라인에서는 한바탕 난리가 났다. 이후, 또 다른 이는 라디오로 사연을 소개해주는 업체에서 홍보를 위해 광고 매크로를 돌리던 중 키워드 입력에 오작동이 있어서 발생한 해프닝일 것이라는 합리적인 가설을 내세우며 여론이 이쪽으로 기우는 듯했다. 그럼에도 이 글이 인육 거래를 위해 쓴 글이라는 루머는 쉽게 사그러들지 않았다.

그도 그럴 것이 이맘때쯤 전국을 떠들썩하게 한 사건이 있었기 때문이다. 이 글이 처음 올라온 것은 2012년 6월 29일이다. 그로부터 두 달 전인 2012년 4월, '인육 거래' 의혹으로 대한민국을 술렁이게 했던 '오원춘 사건'이 있었다. 경기도 수원에서 중국동포 오원춘이 자신의 집 앞을 지나던 여성을 강제로 집으로 끌고 가 성폭행을 시도하다 살해 후 시신을 토막 낸 이 사건은 범행 수법이 워낙 엽기적이고 잔혹했기 때문에 시신 훼손의 목적을 두고 논란이 뜨거웠다.

당시 1심 재판부는 오원춘이 인육 제공을 목적으로 살인했을 가능성을 인정하고 사형을 선고했다. 그러나 오원춘은 살인은 인정하지만 인육을 제공할 목적은 없었다고 항소했고, 이 주장이 받아들여지면서 사형이 아닌 무기징역으로 감형되었다. 오원춘이 인육 거래에 관여됐다는 정황이나 증거를 찾지 못했기 때문이었다. 당시 수사기관은 오원춘이 갖고 있던 모든 통신수단의 기록을 살펴봤지만 인육 거래 시도가 의심되는 어떠한 흔적도 확인하지 못했다. 한국에서 오원춘은 고된 노동을 한 뒤 성매매를 하는 것을 일상적으로 반복했고 그 외에는 어떤 인간관계를 맺지 않았던 것으로 판단됐다.

그러나 이 사건은 사람들에게 인육 거래에 대한 큰 불안감과 공포심을 가지게 하는 계기가 되었다. 이후 인육 거래, 장기 매매와 관련한 괴담들은 점점 더 몸집을 키워갔다. 특히 '오원춘 사건'을 계기로 중국과 관련된 루머가 유난히 많이 생겼다. 그중에는 '쌍십절'이라 불리는 10월 10일에 중국인들이 인육을 구하기 위해 한국으로 '인육관광'을 온다는 괴담도 있었다. (사실 10월 10일은 중국이 아닌 대만의 국경기념일이다. 중국도 10월 1일부터 7일까지를 국경절 연휴 기간으로 지정해두었지만, 10월 10일은 포함되지 않는다. 고로 앞뒤가 맞지 않는 괴담일 뿐이다.)

누군가는 터무니없는 소리라고 하고, 누군가는 은밀한 현실이라고 주장하는 장기 매매 괴담. 과연 진실은 무엇일까? 먼저 유명한 스토리를 몇 개 살펴보자.

. . .

## #1 신혼부부

2006년 부산에 사는 김 씨 부부가 중국으로 여행을 떠났다. 여행을 즐기던 중 한 택시에 탔는데 갑자기 잘 가던 택시가 길에 멈춰 섰다. 택시기사가 난감해하며 김 씨에게 잠깐 차를 밀어달라고 부탁했다. 김 씨가 알겠다고 하고 차에서 내리는 순간, 택시는 그대로 출발해버렸다. 차에 김 씨의 아내를 태운 채로 말이다. 김 씨는 열심히 쫓아갔지만 택시를 놓쳤고 결국 아내를 찾지 못한 채 혼자 한국으로 들어와야만 했다. 그로부터 몇 주 후, 김 씨는 충격적인 전화 한 통을 받았다. 김 씨의 아내가 시궁창에서 변사체로 발견됐다는 것이다. 그리고 아내의 몸에는 간, 신장 등 장기가 모두 적출되어 있었다.

이는 장기 매매와 관련해 가장 널리 퍼진 이야기 중 하나다. 그만큼 실화라고 믿는 사람들도 많을 것이다. 그러나 지금까지 어떤 매체에서도 이 이야기 이상의 구체적인 정보를 밝힌 적이 없다. 확인해보니 2006년 8월 우리나라 한 매체에서 작성한 기사가 있었다. 기사의 제목은 '변사체로 발견된 내 아내, 간 콩팥 사라져'. 결론부터 말하면 이 기사는 사실이 아니다. 기자가 누군가에게 제보를 받아서 결국 기사로 썼는데 그 뒤에 아무리 수소문을 해도 피해자를 찾을 수 없었다고 한다. 끝내 사실 확인이 되지 않은 가짜뉴스인 것이다.

· · ·

## #2 에틸에테르바토

한 여성이 재래시장의 건어물 판매대를 지나고 있는데 낯선 아주머니가 말을 걸어왔다, "새댁, 이 건어물 좀 맛봐요." 낯선 아주머니가 건넨 건어물의 냄새를 무심결에 맡은 이 여성은 갑자기 정신이 혼미해지면서 바로 그 자리에서 쓰러졌다. 건어물을 권했던 아주머니와 그 일행은 쓰러진 여성을 차에 태우고 어디론가 떠났다. 얼마 후, 여성의 돈과 소지품은 물론 장기까지 없어졌다.

괴담에도 유행이 있는 걸까? 이와 비슷한 이야기는 꽤나 다양한 버전으로 시중에 유포돼 있다. 아파트에서 잡상인이 비누를 건네면서 냄새 맡아보라고 했다가 기절하게 만든다는 이야기가 있는가 하면, 택시 탈 때 택시 손잡이에 마취제가 발라져 있어서 기절한다는 '기절택시' 괴담도 흔히 접할 수 있다. 그중에서도 특히 건어물 괴담은 SNS상에서 경고문까지 떠돌았을 정도로 널리 알려진 이야기다.

'모르는 사람이 길거리에서 당신에게 접근해 마른 해산물을 추천하며 한번 맛보라든지 냄새를 맡아보라한다면 주의하셔야 합니다. 그건 해산물이 아니라 '에틸에테르바토'라는 마취약의 일종입니다. 냄새를 맡으면 정신을 잃고 최악의 경우 사망까지 갈 수 있습니다.'

그런데 이 경고문에 나오는 '에틸에테르바토'는 현실에 존재하지 않는 약품이다. 유사한 이름으로 '에틸에테르'라는 마취제의 일종이 있긴 하지만, 실험실에서 개구리나 쥐를 실험할 때 사용되는 동물용 마취제라서 사람이 냄새를 맡고 기절할 정도가 되려면 엄청난 양을 들이마셔야 한다. 그러니 이 이야기 또한 실체가 없는 괴담에 불과했던 것이다.

# #3 "방 있나요?"

캠퍼스 생활의 부푼 꿈을 안고 한 새내기 대학생이 자취방을 구하러 학교 근처를 배회하고 있었다. 그때 한 아주머니가 나타나 말을 걸어왔다. 싼값에 좋은 방이 나왔으니까 따라오라는 것이었다. 아주머니를 따라가니 검은 승합차에는 또래 학생들이 여럿 타고 있었다. 차에 올라탄 새내기 대학생에게 아주머니는 목 좀 축이라며 음료를 건넸다. 그런데 정말 이상하게도 바로 잠이 들어버렸고 잠에서 깨보니 낡은 병원 침대 위에 손발이 묶여 있었다. 주위에는 온갖 수술 도구까지 놓인 상태였다. 학생은 겨우 발버둥 치고 들키지 않게 한참을 숨어 있다가 겨우 탈출할 수 있었다.

이 이야기는 특히 대학가를 중심으로 구전설화처럼 퍼져 있다. 그중에서도 ○○ 대학교 이야기는 가장 널리 퍼져 있고 구체적이다. 제작진은 소문의 중심에 있는 그 학교에 직접 찾아가보았다. 그리고 이 학교에서 9년 전 실제로 재학생들에게 주의를 요하는 단체 문자를 보냈었다는 사실을 확인할 수 있었다. 내용은 다음과 같다.

수상한 아주머니, 아저씨가 신축 원룸을 소개하겠다며 봉고차에 태운 후,

수면제가 들어있는 음료를 권하고 난 뒤에 납치하는 사건이 있습니다. ○○대 학우여러분들께서는 항상 조심하시기 바라며, 수상한 자가 다가오면 즉시 112나 총학생회로 연락주세요.

　대학 측에서 학생들에게 이런 문자를 전송했다면 실제 이런 사건이 있었던 게 아닐까? 오랜 수소문 끝에 제작진은 9년 전 이 문자를 보냈다는 한 교수와 만날 수 있었다. 그러나 해당 교수는 9년 전 학교 안팎에 떠도는 소문을 듣고 마침 방학 기간이라 자취방을 구하러 다니는 학생들이 많았기 때문에 혹시나 하는 마음으로 예방 차원에서 문자를 보낸 것이라 해명했다. 그 뒤로도 한참 동안 인근 경찰서에서 순찰도 하고 학교에서 조사도 했지만 피해 사실은 확인되지 않았다고 한다. 그러나 한 번 퍼진 소문은 쉽사리 가라앉지 않았다. 괴담은 계속해서 재생산됐고, 지역을 돌면서 이 대학 저 대학에 비슷한 소문을 만들어냈다.

# #4 귀신헬리콥터

'귀신헬리콥터'라는 말을 들어봤는가? 오래된 공중 화장실에는 종종 광고 목적의 스티커가 붙어 있는데, 거기에 등장하는 문구라고 한다. 귀신헬리콥터를 사겠다는 이 기이한 문구엔 어떤 뜻이 담겨 있을까? 떠도는 말에 따르면 그 해석은 이러하다.

귀　귀하의

신　신장

He　심장(heart의 he)

Li　간(liver의 li)

Co　각막(cornea의 co)

P　췌장(pancreas)

TE　힘줄(tendon)

R　망막(retina)

다시 말해 '귀신헬리콥터'란 장기를 지칭하는 장기 매매 은어라는 것이다. 그렇다면 실제로 이런 전단지를 통해 장기 매매가 이루어진다는 것일까? 과거에는 공용 화장실에서 '신장 상담'이나 '장기 고가 매입' 같은 스티커를 심심치 않게 볼 수 있었다. 인생의 벼랑 끝에 몰린 사람들에게 가장 빠르게 목돈을 마련할 수 있는 길이라며 장기 매매를 권하는 검은 유혹들이 도처에 널려 있었다. 장기 매매는 판매자와 구매자의 조직검사 자료를 대조해 적합률이 60퍼센트 이상일 때 성사된다. 그 후에 판매자가 구매자가 있는 병원으로 가서 수술을 진행하는 것인데 이때, 병원에 제출할 서류를 위조하여 판매자가 구매자의 친인척인 것처럼 위장하는 것이 일반적인 수법이었다.

그러나 장기 매매 알선 브로커들이 장기를 팔고자 하는 사람들에게 접근해 검사비 명목으로 돈만 갈취하는 사기 범죄도 많다. 만약 사기가 아니더라도 법망을 피해 수많은 절차를 넘기란 쉽지 않을 것이다. 더욱이 요즘엔 장기기증에 대한 절차가 훨씬 더 까다로워져서 국내에선 과거의 방식으로 장기 매매를 시도하는 건 불가능에 가까운 실정이다. 그래서인지 장기 매매 전단을 찾는 일조차 어려워졌다.

하지만 장기 매매 전단지가 사라졌다고 해서 우리 사회에서 장기 매매가 뿌리 뽑혔다고 보기는 아직 이르다. 대개 장기를 파는 이들은 주로 젊고 건강한 사람들인데, 이런 사람들과 접촉하려면 이제 전단지보다 SNS를 이용하는 게 훨씬 더 효과적이지 않을까. 인터넷에 '귀신헬리콥터'를 검색해보면 관련 글이 엄청나게 쏟아져 나온다. 판다는 사람도 많고, 산다는 사람도 많다. 위험한 유혹은 아직 도처에 입을 벌리고 숨어있다.

. . .

## 두 가족의 장기를 팔아넘기려던 남자

온라인상에서 해시태그 '#귀신헬리콥터'로 장기 매매를 하고자 했던 한 남자가 있다. 중국동포인 이 남자의 성은 김씨. 그는 2018년 9월부터 2019년 2월까지 거의 매일 한 차례씩 무려 120차례에 걸쳐 자신의 SNS에 해시태그 '#귀신헬리콥터'를 달고 장기 매수자를 찾는 게시 글을 올렸다. 그러던 중 장기 매매 브로커를 가장한 경찰에게 체포돼 재판에 넘겨졌다. 죄목은 '장기 적출 인신매매 예비'였다. 그는 결국 실형을 선고받았다. 다음은 판결문의 일부다.

피고인은 2018년 9월 1일경부터 "신장 심장 콩팥 등 종류별로 전부 다 팝니다. 2세부터 30대 중반까지 다양하게 있습니다. 사실 분만 연락주세요"라는 내용의 글을 게시하였는데, 초기에는 해당 글에 '장기 매매, 귀신헬리

콥터' 등 2~3개의 해시태그만을 달았다가, '귀신헬리콥터, 장기 매매, 장기
밀매, 장기 이식, 장기 적출, 인신매매, 불법장기 이식, 암시장, 국제암시장'
등 8~9개의 해시태그를 달기에 이르렀다.

더 충격적인 것은 이 사람이 자신의 장기를 팔려고 했던 것이 아
니란 점이다. 놀랍게도 김 씨는 자기 돈을 갖고 도망친 채무자 두
명에게 앙심을 품고 남자 두 명과 그들의 아내 둘, 그리고 2세와
4세 자녀까지 납치해 장기를 적출해 판매할 계획을 세웠던 것이다.
아래는 김 씨가 장기를 사겠다는 사람과 통화한 내용이다.

"나는 사람을 통째로 데려다가 뜯어 팔려는 것이기 때문에, 사람을 통째로
사는 브로커나, 장기만 따로 팔 수 있도록 작업장을 알고 있는 사람을 찾고
있어요."

"장기 뗄 사람은 두 가족인데 (…) 제가 생각하는 금액은 인당 15~20억입
니다."

그의 계획은 구체적이었다. 한 명당 15~20억 원이라는 가격도
제시했다. 무엇보다 충격적인 사실은 그가 피해자 가족의 사진과
함께 브로커들에게 보낸 메시지의 내용이다

"4살 여자애가 있어요."

"인당 15~20억 원씩 총 100억 원입니다."

"데려다 줄 테니 매수인 측에서 알아서 작업하세요."

마치 물건을 거래하는 듯한 그의 말에선 일말의 죄책감도 보이지 않는다. 이후 그는 다수의 장기매수자와 브로커들을 여러 차례에 걸쳐 만났다. 소개비와 검사비 명목으로 실제 돈도 오갔다. SNS에 '#귀신헬리콥터'만 올렸을 뿐인데, 장기를 사겠다는 사람과 브로커까지 줄줄이 나타났던 것이다. 하지만 다행히도 거래는 성사되지 않았고 김 씨는 수사기관에 덜미를 잡혔다. 그렇다면 당신은 김 씨에게 과연 어느 정도의 처벌이 내려지는 게 적당하다고 생각하는가. 결론부터 말하자면 이 재판에서 김 씨는 1년 6개월의 징역형을 선고받았다. 피해자 가족들을 한 달 넘게 감금했고, 중국에서 장기매매 전문 조직폭력배 다섯 명을 구해 돈을 주고 한국에 데려온 사실도 확인됐지만 실제 장기 적출이나 인신매매는 이루어지지 않았다는 게 겨우 1년 6개월의 징역형이 선고된 이유다. 그렇다면, 만약 경찰이 김 씨를 빨리 찾지 않았다면? 이 사건이 과연 미수로 끝났을까?

사실 우리나라에서 장기 매매를 시도한 사건들은 있었지만 아직까지 실제 현장이 적발된 사례는 없다. 일단 가장 큰 이유는 장기 적출은 첨단 의료시설과 우수한 의료진이 있는 현장에서만 가능하기 때문이다. 영화에서처럼 사람을 납치해 지하실이나 배에 가둬놓고 적출하는 것은 사실상 불가능하기 때문에 불법 장기 매매를 저지르려면 병원의 수많은 인력들이 함께 공모할 경우에만 가능하다는 얘기가 된다. 과연 우리나라에서 그런 일들이 벌어질 수 있을까?

· · ·

## 수면 위로 떠오른 장기 매매의 실체

2015년, 장기 불법 밀거래의 실체가 수면 위로 떠오른 사건이 있었다. 우연히 한 조직폭력배가 경찰 조사를 받던 중, 불법 위조된 신분증을 13개나 소지한 사실이 들통나 덜미를 잡힌 것이다. 알고 보니 장기를 매매하기 위해 위조된 신분증들이었다.

수사에 착수해보니 덜미를 잡힌 조직폭력배 외에도 총 12명의 인원이 이 일에 가담되어 있었다. 총책, 알선책, 모집책 등 역할까지 분리되어있는, 말 그대로 장기 밀매 조직이었다. 이들은 실제로 지하철 화장실 같은 곳에 '신장 삽니다'라는 스티커를 붙이고 다녔다고 한다. 스티커를 보고 연락해온 이들은 4개월간 무려 22명. 대부분이 신용불량자나 노숙자처럼 벼랑 끝에 내몰린 사람들이었다. 다음은 장기 밀매조직원과 장기를 팔겠다며 연락해온 사람이 나눈 실제 대화 내용이다.

문의자 　무조건 1억인가요?

조직원 　양쪽 콩팥 크기에 따라 가격 차이 조금 생겨요. 이천 정도 차이 나거든요.

문의자 　다른 장기도 하시나요?

조직원 　아뇨. 콩팥만 하고 있어요.

문의자 　저도 일하고 싶은데 가능해요?

조직원 　주변에 하는 분들이 많아야 돼요.

문의자 　장기 팔 사람이요?

모집된 22명 중 16명은 전국 각지 병원에서 건강검진까지 받았다. 그리고 수술 날짜까지 정해놓고 기다리던 중 경찰에 발각된 것이다. 그렇다면 장기 매매에 가담한 의사나 병원이 있다는 걸까? 혹은 병원도 알아채지 못한 사각지대를 이용해 수술을 몰래 받으려 했던 걸까? 경찰은 이 부분을 밝히기 위해 수술이 어디서, 어떻게 이루어질 예정이었는지 집요하게 추궁했지만, 검거된 총책은 이에 대해 끝까지 입을 열지 않았다고 한다. 당시 수술을 앞둔 사람 중에는 놀랍게도 미성년자가 3명이나 포함돼 있었다. 이 소년들은 경찰이 찾아올 때까지 자신이 장기 매매 조직에 걸려든 줄도 몰랐다고 한다. "마약을 배달해주면 한 건에 1,000만 원씩 주겠다"는 말에 혹해 조직원들을 만났다. 만약 경찰이 빨리 움직이지 않았다면, 이 소년들은 어떻게 되었을까? 이들은 모두 부모가 없는 고아였다. 어느 날 갑자기 사라져도 실종신고나 가출 신고가 될 가능성이 낮은 아이들이었다.

· · ·

## 장기 매매, 괴담과 현실 사이

사실 강제로 누군가의 장기를 적출해 판매한다는 것은 실현 가능성이 몹시 낮을 수밖에 없다. 만약 당신이 장기 이식을 기다리는 환자라면, 어떤 병을 앓고 있는지도 모르는 사람의 장기를 이식받고 싶겠는가? 장기는 우리 몸에서 떨어지는 순간부터 손상되기 시작한다. 심장이나 폐는 길어야 6~8시간, 그나마 신장은 다른 장기에 비해 보존 기간이 긴데, 그래도 하루에서 이틀 정도가 한계다. 그러니 장기 이식을 완벽히 받으려면 '아무개'의 장기를 적출한 그 순간 나도 바로 이식받을 수 있도록 수술실부터 의사까지 준비되어 있어야 한다. 게다가 체질적으로 맞는 장기를 찾는 일도 쉬운 일은 아닌 만큼. 어렵게 납치에 성공하더라도, 납치된 사람의 장기가, 장기를 필요로 하는 사람에게 적합하지 않을 가능성도 크다. 이토록 실패확률이 높은 범죄를 무모하게 저지를 이들이 과연 얼마나 될까?

국내에서 장기 매매가 어려워지면서 괴담의 무대는 중국으로 옮겨졌다. 중국발 장기 매매 괴담에 힘을 실어준 배경에는 과거 중국 정부가 사형수들의 장기를 적출하는 일을 허용했던 것과 무관하지 않다. 정상적인 기증자가 아닌 장기가 이식되는 일이 행해지다 보니, 일선 병원에서 인신매매나 강제 적출에 의한 케이스를 걸러내는 일도 그만큼 어려울 수밖에 없었다. 결국 사형수의 장기 적출이 불법 장기 매매가 이루어지기 더 좋은 환경을 구축한 셈이다. 하지만 2015년 이후, 중국 정부도 사형수 장기 적출을 법적으로 금지했다. 이제 중국에서도 괴담 속 이야기가 현실이 되는 건 쉽지 않은 일이다.

# 반복되는 이야기

그런데도 장기 적출 괴담은 나날이 더 늘어가고 있다. 2013년, 우리나라에 보도된 한 기사를 읽어보자.

제목: 만취 여대생, 일어나 보니 콩팥 도난 당하고…

중국 한 여학생이 파티에서 만난 남성과 술에 취한 채 호텔에 갔다가 자신도 모르게 콩팥을 도난당하고 숨졌다는 사건이 인터넷을 통해 퍼지고 있다. 여학생이 정신을 차렸을 때 그녀는 얼음이 가득 담긴 욕조 안에 누워있는 자신을 발견했다. 욕조 근처에 붉은 글씨로 쓴 메모가 붙어 있었다. '(응급의료전화인) 120으로 연락해라. 안 그러면 너는 죽게 된다!' 여학생은 곧장 응급 전화를 걸어 자신의 상태를 설명했다. 의사들은 여학생에게 등 쪽을 살펴볼 것을 권했다. 그녀는 허리 뒤 춤에 9인치가량의 째진 상처를 발견했다. 의사들은 그녀에게 "그대로 누운 채 움직이지 말라"고 지시하고 곧 응급의료팀을 보냈다. 호텔에 함께 들었던 남성이 그녀의 콩팥 2개를 감쪽같이 꺼내 간 것이었다.

실제 언론 매체를 통해 보도된 이 기사의 내용은 어디까지 사실일까? 다음 내용은 스탠퍼드 대학교 칩 히스 교수와 하버드 대학교 경영대학원 출신의 댄 히스가 2009년 출간한 한 마케팅 서적의 도입부 내용이다.

그녀가 건넨 술잔을 받아든 게 데이브의 이날 마지막 기억이었다. 깨어났을 때 그는 얼음으로 가득 찬 욕조에 누워있었다. 무슨 일인지 두리번거리는 그에게 메모가 눈에 들어온다. "움직이지 말고 911에 전화해."
전화를 걸어 상태를 설명하자 안내원이 묻는다. "혹시 허리 쪽에 튜브가 튀어나온 게 있나요?" 허리를 만져보니 정말 있다. 그렇다고 말했더니 안내원이 말한다. "당신은 콩팥 하나가 사라졌을 겁니다. 요즘 돌아다니는 장기 적출단 소행 같습니다. 의료진을 보낼 테니 도착할 때까지 그대로 계세요."

미국과 중국에서 똑같은 사건이 벌어진 걸까? 그보다는 이 책에 소개된 도시 전설을 누군가 중국 버전으로 탈바꿈해 퍼트렸다고 보는 것이 합리적이다. 그리고 국내 언론은 이러한 괴담을 확인 절차 없이 보도했다. 한마디로 가짜뉴스였던 셈이다.

## 전 세계에서 발견되는 유사한 괴담

문제는 무분별하게 퍼지는 괴담들이 우리를 과도한 불안으로 몰아넣을 뿐 아니라 혐오의 진원지가 된다는 점에 있다. 그리고 혐오는 언제나 그렇듯 가장 약한 곳을 향해 이동한다. 언제부턴가 중국인과 중국동포들의 이미지에 꼬리표처럼 따라붙던 장기 매매 괴담은, 최근 들어 공포의 무대를 다른 곳으로 옮겨가고 있다. 아래는 실제 인터넷상에 떠도는 댓글들이다.

필리핀은 무서워서 가지 못한다.

베트남에서도 장기 매매를 위한 납치가 벌어진다고 한다.

인도네시아 현지인에게 장기 적출을 위해 아동을 유괴한 사건을 들었다.

동남아시아 여행 중 절대 건어물 냄새를 맡으면 안 된다.

무대만 동남아시아로 바꿨을 뿐 내용은 한국판이나 중국판과 크게 다르지 않다. 미국에선 주로 이런 괴담의 진원지를 남미나 아시아계로 설정한다. 유럽의 괴담은 대개 동유럽 출신들을 주인공으로 삼는다. 중국 괴담에 등장하는 나라들은 말레이시아나 베트남이다.

결국 괴담은 껍데기일 뿐, 그 내면에는 혐오와 차별이 숨어 있는 것이다. 특히 SNS와 인터넷으로 소통하는 요즘 같은 세상에서는 자신을 드러내지 않고도 더 쉽게 더 빨리, 더 멀리까지 가짜뉴스를 퍼뜨릴 수 있다.

하지만 정말 씁쓸한 사실은 이러한 괴담들에도 어느 정도의 사실과 현실이 깔려있다는 점이다. 대개 음모론은 약간의 사실에, 과장과 왜곡이 더해져 만들어진다는 점에서 괴담의 토양을 만든 이들에게도 책임은 있다. 만약 중국 정부가 사형수의 장기 적출을 방임하지 않았더라면, 중국이 그토록 오랫동안 괴담의 주 무대가 되었을까?

최근 미얀마의 상황도 마찬가지다. 군부 쿠데타에 맞서다 사망한 시민들의 시신을 군경이 인질로 잡은 채 유가족에게 돈을 요구했다는 증언이 나오면서 군인들이 시민들의 시신을 이용한 장기 밀매에 나섰다는 소문이 퍼지고 있다. 이 소문의 실체는 아직 확인할 수 없다. 다만 수많은 이들의 목숨이 파리처럼 죽어 나가는 현실, 시민들의 시신을 짐짝처럼 처리하는 군인들 이런 끔찍한 현실이 더 끔찍한 이야기를 만들어내는 이유 중에 하나라는 것만은 분명해 보인다. 과연 이러한 무시무시한 이야기는 언제까지 계속될까.

한 소방관의 사진이 화제가 된 적 있다. 그는 자신의 몸에 이런 문신을 새겼다. '나는 장기/조직 기증을 희망합니다.' 불의의 사고로 사망했을 경우 곧바로 장기를 기증하겠다는 문구다. 장기기증은 한 인간이 할 수 있는 가장 아름답고 고귀한 헌신이다. 그 가치를 돈으로 쉽게 사고 힘으로 빼앗겠다는 욕심과 오만이 우리의 일상을 괴담으로 만드는 것은 아니었을까.

장기 매매를 주제로 방송을 준비하면서 주어진 제작 기간 동안 그 실체에 닿기 위해 다양한 접근을 했다. 먼저, 불법 장기 매매 신고센터를 통해 상습적으로 불법 전단이 발견됐었다는 지역을 파악해 지하철역 화장실 등을 돌며 탐문에 나섰다. 며칠 간의 취재 끝에 내린 결론은 우리나라 화장실은 이제 어딜 가든 내 집 안방처럼 깨끗하다는 것이었다. 몇 년 전까지만 해도 화장실 곳곳에서 눈에 띄던 장기 매매 스티커는 더 이상 찾아보기 어려웠다.

그러나 트위터나 텔레그램과 같은 SNS의 상황은 전혀 달랐다. 자신의 친구가 '통나무 장사', 즉 장기 매매 브로커로 활동했다는 사람과 연락이 닿기도 했고, SNS를 통해 브로커와 직접 만난 적이 있다는 사람의 얘기도 들을 수 있었다. 그러나 이들을 설득하긴 어려웠고, 그들의 이야기가 어디까지 사실인지 검증하기도 어려웠던 탓에 끝내 방송에 소개할 수 없었다.

우리가 만난 경찰들은 국내에서 장기 매매가 이뤄지는 건 힘든 일이라고 하나같이 입을 모아 말했다. 사실 장기 이식의 시스템과 조건을 조금만 따져 보더라도 영화나 드라마에서 나오는 '인신매매 장기 적출'은 애당초 불가능한 상황이란 걸 알 수 있다. 그러나 지금도 일상에서는 장기 매매를 소재로 한 영화나 드라마가 수없이 생산되고, 그에 따라 괴담이 끊임없이 자가발전을 해나가고 있다.

위험에 대해 대비하고 조심하는 것이 나쁠 이유는 없다. 하지만 이것이 특정 집단에 대한 혐오나 두려움을 키우는 근거 없는 소문이라면 이야기는 달라진다. 오원춘 사건 이후 우리나라에서 만들어진 장기 매매를 소재로 한 콘텐츠에서 빌런(악당)은 대부분 중국동포들에게 주어졌다. 괴담은 혐오와 차별의 싹을 틔웠고 각종 문화컨텐츠와 기사들은 이를 기정사실로 만들어갔다.

몇 해 전 중국동포들이 우리나라 모 영화를 상대로 손해배상을 청구하는 소송을 제기했다. 무려 560만 관객을 동원한 이 영화의 배경이 된 동네는 실제 중국동포들이 많이 사는 서울시 대림동이었는데 해당 영화에선 대림동을 '불법체류자가 많아 경찰도 포기한 우범지역'으로 묘사했다. 동네 이름을 바꾸는 최소한의 배려조차 하지 않은 채 말이다. 영화 속 중국동포들은 흉기를 들고 밤거리를 다니며 지나는 여성을 납치해 강제로 난자를 적출하는 잔인하고 끔찍한 범죄자들로 그려졌다. 영화가 개봉된지 3년 후인 2020년 4월, 재판부는 이례적인 판결을 내렸다. 중국동포들이 겪었을 불편함과 소외감에 대해 영화 제작사가 책임을 지고 사과하라는 권고를 내린 것이다.

과연 지금 우리 주변에 떠도는 이야기, 당신이 누군가에게 전한 그 이야기는 사실일까? 아니면 누군가를 모함하기 위해 덧대어지고 만들어진 이야기일까? 수많은 이야기가 빛의 속도로 퍼져나가는 이 세상에서 이러한 질문을 멈추지 않는 것. 어쩌면 그것이 우리를 야만의 세상에서 구원할 첫 번째 조건인지도 모른다.

연출 **김동민** 작가 **박유리·이다영**

# 음모론 아니라 진실로 밝혀진
# CIA 세뇌 프로젝트

FBI가 재현한 유나바머의 폭탄 | 사진 Queerbubbles

## 의문의 택배 상자

지금부터 하려는 이야기는 국가에 희생당한 평범한 사람들의 이야기다. 1978년 5월 25일 미국의 한 대학교수는 소포 하나를 받고 고민에 빠진다. 자신이 보낸 적도 없는 물건이 반송되어 왔기 때문이다. 아무래도 찜찜한 기분에 교수는 학교에 신고한다. 보안 요원이 대신해서 상자를 여는 그 순간 아무도 예상하지 못한 폭발음과 함께 터져버린 상자. 소포의 정체는 바로 폭탄이었다. 다행히 보안 요원의 부상은 경미했고, 폭탄도 조잡한 수준이었던 탓에 당시 경찰은 심각하게 생각하지 않았다. 그때는 아무도 몰랐던 것이다. 이 소포 속에 감춰진 어마어마한 의미를….

그로부터 1년 6개월 뒤인 1979년 11월 15일, 시카고에서 워싱턴 D.C.로 향하던 아메리칸 항공사의 보잉 444기가 비상 착륙하는 사건이 발생했다. 비행기 화물칸에서 엄청난 양의 연기가 난 것이다. FBI가 출동해서 조사해보니 수화물로 위장한 여러 개의 폭탄이 나왔다. 천만다행으로 폭탄에 결함이 생기는 바람에 터지지 않고 발견된 것이었다. 그런데 이 폭탄, 낯설지가 않다. 1년 반 전, 대학교수에게 반송된 그 폭탄과 제조방식이 같았던 것이다. 두 사건이 동일범의 소행일까? 그렇다면, 범인은 대체 누구이며 왜, 이런 짓을 저지른 것일까?

미수에 그치긴 했지만, 불특정 다수를 노린 비행기 폭탄 테러 사건으로 인해, 많은 미국인이 극도의 공포심을 겪었다. 이런 테러는 범인들이 주로 자신의 주장을 알리거나 경고의 의미로 저지르는 경우가 많다. 지난 2018년, 미국 정치인들을 대상으로 한 우편물 폭탄 테러 사건이 대표적인 예다. 당시 부통령이었던 미국의 조 바이든, 오바마 전 대통령, 힐러리 클린턴 전 장관까지, 모두 민주당 인사들에게만 폭탄물 소포가 배달됐다. 다행히 인명피해는 없었지만, 미국이 발칵 뒤집혔다. 이 경우는 비교적 그림이 선명하게 그려진다. 정치적으로 반대편에 있는 사람의 소행일 것이란 예상대로 붙잡힌 범인은 50대 공화당원 남성이었다. 그는 과거 불법 사제 폭탄을 만들거나 마약을 소지한 전과가 있었다. (현재 징역 20년형을 받고 복역 중이다.)

　지난 2013년 발생한 보스턴 마라톤 폭탄 테러는 역대 최악의 테러 사건 중 하나다. 전 세계로 생중계 중인 대회 당일, 결승선 부근에서 폭탄이 두 번이나 터졌다. 총 세 명이 사망하고, 수백 명이 다친 아비규환의 현장에서 발견된 폭탄은 압력솥이었다. 범인이 압력솥 안에 못과 각종 파편을 넣어 만든 바람에 피해가 더욱 컸다. 전 세계를 충격에 빠트린 이 사건의 범인은 놀랍게도 미국에 거주 중인 이민자 형제였다. 이들이 이슬람 급진 무장세력과 관련이 있었다는 사실이 알려지면서 큰 공분을 샀다.

· · ·

## 현상금 100만 달러 테러리스트의 정체

　위에 열거한 사건들의 경우 범인의 윤곽이 비교적 빨리 드러났다. 하지만 1978년에 벌어진 테러 사건은 그야말로 오리무중, 온갖 추측과 소문이 쏟아졌지만, 범인의 목적과 성향 무엇하나 그려지는 게 없었다. 아이러니하게도 FBI가 수사를 맡은 이후 테러가 더 자주 발생했다.

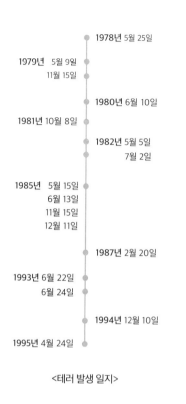

1978년 5월 25일
1979년 5월 9일
　　　11월 15일
1980년 6월 10일
1981년 10월 8일
1982년 5월 5일
　　　7월 2일
1985년 5월 15일
　　　6월 13일
　　　11월 15일
　　　12월 11일
1987년 2월 20일
1993년 6월 22일
　　　6월 24일
1994년 12월 10일
1995년 4월 24일

<테러 발생 일지>

미궁에 빠졌던 수사, 그런데 또 한 번의 폭탄 테러가 발생하자, FBI도 마침내 실마리를 잡는다. 폭탄을 배달받은 피해자가 유나이티드 항공사의 사장이었는데, 그 무렵 직원 수천 명을 해고했다는 사실을 확인한 것이다. FBI는 '해고에 대한 복수'를 하려고 테러를 한 것이 아닌가 의심했다. 확인해보니 아귀가 딱딱 맞았다. 그동안 테러의 희생자들이 모두 대학교나 항공사에서 일했던 사람들이었기 때문이다. 이때부터 이 테러범에게 별명이 하나 붙는다. 사람들은 '대학(University)'과 '항공사(Airline)'의 첫 글자, 그리고 '폭탄 사용자(Bomber)'를 합쳐 '유나바머(UnABomber)'라고 불렀다.

FBI는 유나바머를 블루칼라, 육체노동을 하는 직군의 저학력자로 예측했다. 하지만 딱 거기까지, 그 이상의 진척은 없었다. 보스턴 마라톤 테러 사건이나 정치인 테러 사건의 경우, FBI가 범인을 검거

<범인의 몽타주>

하기까지 소요된 시간은 겨우 나흘이었지만 유나바머의 경우 무려 18년 동안 뚜렷한 성과를 거두지 못했다. 그도 그럴 것이 목격자는 단 한 명, 단서도 몽타주 한 장이 유일했다.

FBI가 헤매는 사이, 유나바머의 폭탄 제조 실력은 일취월장했다. 피해자들의 부상은 점점 더 커졌고 급기야 사망자까지 발생했다. 18년 동안 유나바머의 테러로 23명이 다쳤고, 3명이 목숨을 잃었다. 폭탄의 위력 자체는 엄청난 수준이 아니었지만, 제작자의 의도대로 소포 안에서 정확한 타이밍에 제대로 폭발하는 기폭장치를 만들었다는 점에서 유나바머의 폭탄 제조 실력은 상당했다고 볼 수 있다. 또한, 폐품이나 쓰레기를 재활용해서 폭탄을 만드는 바람에 구입처를 통한 역추적도 불가능했다. 이런 용의주도한 그를 잡기 위해 FBI도 고군분투했다.

유나바머에 걸린 현상금은 무려 100만 달러로 그때까지 미국 역사상 가장 높은 액수였다. 용의선상에 오른 2,000여 명도 모두 조사했다. 18년 동안 막대한 자금과 인력을 쏟았지만, 애석하게도 결론은 헛수고였다. 유나마버는 모든 수사망을 유유히 피해 1990년대 중반까지 끊임없이 폭탄 테러를 저질렀다. 이제 유나바머는 미국인에게 공포를 넘어 노이로제의 대상이었다.

## 테러범의 논문

그런데 아무도 예상하지 못한 곳에서 갑자기 단서가 튀어나왔다. 1995년 9월 19일, 〈워싱턴 포스트〉와 〈뉴욕 타임스〉에 유나바머가 직접 쓴 논문이 게재된 것이다. 테러범이 무슨 논문이냐 싶겠지만 문장력도 좋고 꽤 잘 쓴 논문이었다고 한다. 현대 산업과 기술의 발전을 비판하는 내용으로, 훗날 〈유나바머 선언문〉이라 불렸다. 논문이 공개되자, 유나바머 추종자들이 생길 만큼 큰 반향을 일으켰다. 그런데, 이 글을 보고 큰 고민에 빠진 사람이 있었다. 그의 이름은 데이비드 카진스키. 그는 이 글을 쓴 사람이 누군지 알고 있었다.

"저와 제 아내 린다는 유나바머 선언문을 읽었을 때 큰 충격을 받았고 누가 쓴 것인지 의심하기 시작했습니다. 19년 동안 3명을 죽이고, 16개의 폭탄을 보낸 범죄자, 당시 미국의 1순위 지명수배자인 유나바머가 바로 나의 친형 테드였어요."

몇 달을 괴로워하던 데이비드 카진스키는 마침내 FBI에 전화를 걸어 이렇게 말했다. "유나바머가 제 형인 것 같습니다." 그는 유나바머의 동생이었다. 그런데 왜 이제야 형을 신고했을까? 사실, 그역시 유나바머의 정체에 대해 까맣게 몰랐다. 그런데 논문에서 '냉철한 논리학자' '두 마리 토끼를 다 잡을 수 없다' 같은 평소 형이 자주 썼던 표현과 익숙한 문체를 보고 확신한 것이다. 결국 18년 만에 친동생의 양심고백으로 잡힌 유나바머. 그런데 그의 정체가 드러나면서 세상은 또 한 번 발칵 뒤집혔다. FBI가 블루칼라 직종의 저학력자일 것이라고 예상한 유나바머의 정체는 바로 IQ 167의 수학 천재 테드 카진스키였다.

. . .

## 하버드 수학 천재가 당한 의문의 실험

테드 카진스키. 그는 16살에 장학금을 받고 하버드에 입학해 4년 만에 수학 박사 학위를 취득했다. 또한, 24살에 UC버클리 대학교 최연소 교수가 된 천재 중의 천재였다. 1990년대 이후 나온 영화와 드라마의 천재 테러리스트는 대개 유나바머에게서 모티브를 가져온 것이라 해도 과언이 아니다. 그만큼 그의 정체는 놀라움을 넘어 충격적이었다.

범인의 정체는 밝혀졌지만, 여전히 의문이 든다. 유나바머, 아니 테드 카진스키는 희생자들과 개인적인 원한이 전혀 없었다. 그는 오로지 신념으로만 움직이는 테러리스트였다. 하버드 수학 천재가 대체 무엇 때문에 테러리스트가 된 것일까? 테드 카진스키의 정체가 밝혀지자, 주변인들은 하버드에서 벌어진 한 가지 일을 떠올렸다.

"만약 제가 그 실험들이 얼마나 사악했는지 알았다면 (저는) 틀림없이 어떤 조치를 취했을 겁니다."

— 로이 라이트(하버드 대학교 친구)

"형은 속은 겁니다. 그 (실험의) 목적은 형에게 굴욕감을 안기고 트라우마를 심어주려는 것이었습니다."

— 데이비드 카진스키(친동생)

그들이 말한 실험은 무엇일까? 하버드에 다니면서 테드는 언제부턴가 이상해졌다. 사람들과 점점 거리를 두고 급기야 학교를 그만뒀다. 이후 혼자 숲속에서 자급자족하며 살았다. 사람이 하루아침에 변할 때는 이유가 있지 않을까? 시간을 거슬러 1960년, 테드가 대학교 2학년 때로 돌아가보자. 그는 하버드 심리치료 연구소에서 진행하는 한 토론 수업에 참여했다. 이 프로젝트의 이름은 '다이애드'로 부담스러운 토론이라는 뜻이었다. 당시 토론이 어떤 식으로 진행됐는지 기록이 남아있다.

상대 일단, 나는 그다지 좋은 인상을 받지 못했다는 것을 꼭 말해주고 싶어. 우선, 네가 설명한 주관적 현실은 본질적으로 터무니없는 소리로 들려. 너는 개인이 사회에 뭔가를 갚아야 할 필요가 없다고 했지만, 내가 볼 때 넌 '사회'의 의미를 제대로 이해하지 못하는 것 같아. 너의 주장은 무의미하다고 생각해.

테드 나한테 그 부분에 대해 반박할 기회를 줘.

상대 제발 내 얘기를 좀 끊지 말아줘. 사회로부터 도피하는 것은 나쁜 짓이야. 그러려고 수염을 기르니?

테드 아니….

상대 혹시 너, 불순분자들이랑 어울려?

테드 아니, 나는 불순분자들이랑 어울리지 않는데? 그리고 좀 자란 거지, 이게 무슨 턱수염이야?

상대 그러시겠죠. 어련하시겠어요. 그건 턱수염이 아니겠지.

테드 너는 내 의견에 대해 말꼬리만 잡았지 제대로 비판한 게 아냐. 내 의견을 분석하지도 않았고 논리적으로 반박하지도 않았잖아.

상대 뭐 별로 분석할 것이 없던데요, 카진스키 씨. 온통 쓰레기 같은 내용뿐이라서 말이야.

    어느 정도 의역된 내용이지만 실제 보고서에서 발췌한 원고에 기초해 구성한 대화다. 16살에 하버드에 입학한 테드가 이 토론에 참가한 것은 2학년 때이므로 고작 17살이었다. 소년에게 이 토론은 너무 가혹한 게 아니었을까? 더욱 놀라운 점은, 이 프로젝트가 토론을 가장한 일종의 심리 실험이었다는 사실이다. 토론에 참가한 학생 중 테드를 제외한 나머지는 특별 훈련을 받은 법대생들이었다. 그들은 미리 받은 지령대로 토론 내내 테드의 의견을 무시하고 조롱했다. 테드는 뒤늦게 모든 것이 짜인 각본이었고, 자신이 실험 대상자였다는 사실을 알게 됐다. 누구라도 화가 날 만한 상황이었다. 그때부터 평생을 수학 천재로 살아온 그는 모든 첨단 기술과 현대문명을 혐오하게 되었다. 대체 누가, 왜 이런 비윤리적인 실험을 한 것일까?

    실험의 주도자는 미국의 저명한 심리학자 헨리 머레이 박사. 그는 1959년부터 3년 동안 하버드생 22명에게 이 실험을 진행했는데, 테드도 그중 한 명이었다. 극도의 스트레스가 인체에 미치는 영향을 알아보고 싶었다고 했지만, 실험의 정확한 목적은 아무도 모른다. 물론 이 실험 때문에 테드가 테러리스트가 됐다고 단정할 수는 없다. 하지만 어떤 식으로든 부정적인 영향을 미쳤을 가능성은 충분해 보인다. 실제로, 테드는 우울증과 망상장애 진단을 받기도 했다.

그렇다면 이 프로젝트는 헨리 머레이 박사 개인이 진행한 것일까? 혹시 이 실험 뒤에 진짜 배후가 있는 것은 아닐까? 헨리 박사는 하버드에 오기 전 특이할 만한 이력이 있었다. 제2차 세계대전 당시 그가 몸담았던 곳은 육군 전략 사무국(OSS)이라는 군 정보기관. 이곳은 미국 중앙정보국, 바로 CIA의 전신이다. 테드의 과거와 CIA의 연결고리. 단순한 우연일까, 당시 미국 중앙정보국과 관련한 이야기를 좀 더 살펴봤다.

· · ·

## 음모론의 끝엔 CIA가 있다?!

1950년대부터 미국 사회에서 CIA와 관계된 몇 가지 음모론이 공공연하게 떠돌았다. 1951년 8월 프랑스 남부의 한 마을에서 집단 식중독이 일어났다. 그런데, 사람들의 증세가 일반 식중독과는 달랐다. 수백 명의 사람이 발작이나 구토, 조증에 환각 증세까지 보였다. 이는 '맥각 중독'과 비슷했다. 맥각은 귀리와 같은 곡식에 기생하는 균인데, 각종 독성 알칼로이드를 만들어서 사람이 먹으면 중독 증세가 일어난다. 주로 호밀을 주식으로 하는 서양인들의 피해가 심하며, 사망까지 이르기도 한다. 이 사건으로 대부분의 사람이 정신 착란 상태를 보였고, 7명이 사망했다.

사건의 정확한 원인을 알 수 없던 그때, 한 가지 괴소문이 돌았다. 'CIA가 LSD 실험을 하다가 맥각 중독으로 위장했다!' 마약류의 일종인 LSD는 코카인이나 필로폰 같은 마약보다도 환각 효과가 최대 300배까지 강력한 것으로 알려져 있다. 세상에서 가장 강력한 환각제 중 하나인 이 물질은 맥각균에서 추출해 만들어진 것이다. 그런데, 사람들은 왜 CIA가 LSD를 이용해 모종의 실험을 했을 것이라고 의심한 걸까. 그리고 만약 사실이라면, 대체 무슨 실험이었을까.

CIA 관련 음모론을 찾아보면, 유명인의 이름도 종종 언급된다. 그중 한 명이 1980년 총격 살해당한 비틀즈의 멤버 존 레논이다. 그가 죽던 날, 마크 채프먼이란 남자가 집 앞으로 찾아와 사인을 받았다. 그런데, 몇 시간 뒤 그는 존 레논을 향해 총을 겨눴다. 더욱 놀라운 건 마크 채프먼이 존 레논을 죽이고도 범행 장소에 머물며 경찰이 올 때까지 태연하게 《호밀밭의 파수꾼》을 읽고 있었다는 사실이다. 재빨리 도망가기도 바쁜 상황에서 독서를 한 이유는 무엇일까? 철저하게 준비한 계획 살인을 완수해서? 《호밀밭의 파수꾼》의 열성 팬이라서? 사람들에게 보여주기 위한 쇼맨십으로? 그런데 훗날 마크 채프먼은 TV에 나와 이런 말을 한다.

"머릿속에서 이상한 목소리가 들렸습니다. 계속해서 말했어요. '시작하라
고! 시작해!'"

자신의 의지가 아니라, 머릿속의 누군가가 시켜서 존 레논을 죽
였다는 마크 채프먼. 뒤늦게 형량을 줄여보려고 정신적인 문제를
거론한 것일까? 그런데 시간이 흘러 몇몇 사람들은 그가 정말 조종
당한 것이고, 이 사건의 배후에 CIA가 있다고 믿기 시작했다. 첫 번
째 근거는 마크 채프먼의 과거 근무지이다. 그는 한때 YMCA 국제
캠프에서 일했는데, 이곳이 당시 CIA가 프락치(어떤 이유에서 몰래 활
동하는 사람)를 잠입시키는 주요 포인트 중 하나였다는 설이 돌았던
것이다. 두 번째로 당시 존 레논이 반전운동에 앞장섰다는 사실도
중요한 근거가 된다. CIA 입장에서 젊은이들의 열광적인 지지를 받
는 존 레논이 반전 운동에 앞장서고 정부에 반대하는 활동을 하는
것이 위협적으로 느껴졌을 거란 추측이다. 결정적으로 이 음모론을
믿는 사람들은 마크 채프먼이 청소년기에 마약에 중독된 적이 있는
데, 그게 바로 LSD였다는 점에 주목한다. CIA가 각종 심리 실험에
활용했던 마약 LSD와 존 레논의 죽음이 과연 관계가 있을까? 물론
이는 어디까지나 음모론일 뿐이다.

## 마약을 이용한 세뇌 실험

그런데 오랜 시간, 소문으로만 떠돌았던 CIA 음모론의 실체가 드러나는 사건이 발생한다. 1953년 11월 한 남자가 뉴욕의 고층 호텔에서 떨어져 사망했다. 그는 미 육군 소속 화학 연구원이었던 프랭크 올슨 박사. 많은 사람이 그의 죽음에 의문을 품었지만 경찰은 투신자살로 사건을 종결했고, 가족들은 더 이상 할 수 있는 것이 없었다. 그런데 22년 후, 올슨 박사의 가족이 갑자기 기자회견을 열고, CIA를 고소했다. 이들은 왜 22년 만에 이런 행동을 했을까? 1975년 7월 22일 〈뉴욕타임스〉에 실린 기사 때문이었다.

'올슨 박사의 죽음을 둘러싼 의혹들은 CIA가 환각제 마약류인 LSD 실험을 했었다는 록펠러 위원회 보고서의 폭로에 의해 밝혀졌습니다.'

기사에 의하면, 올슨 박사는 죽기 전 CIA에 의해 LSD 실험을 당했고, 그 이후 정신과 치료가 필요할 만큼 힘들어했다는 것이었다. CIA는 무엇 때문에 올슨 박사에게 이런 실험을 한 것일까?

올슨 박사가 죽기 몇 달 전인 1953년 6월, CIA가 LSD 관련 연구를 제안했던 문서가 남아 있다. 이 연구를 승인한 화학국 국장의 이름은 시드니 고틀립. 그는 미 중앙정보국 소속 화학자이자, 올슨 박사의 상사였다. 바로 이 사람이 파티에서 술에 몰래 타는 방법으로 올슨 박사에게 LSD 관련 실험을 했을 것이라는 소문이 나돌았다. 그런데, CIA와 관련된 이상한 일은 여기서 끝이 아니었다.

캐나다의 한 병원에 보내졌던 환자들이 이상한 일을 겪었다는 폭로가 잇따랐다. 해당 병원에 입원했던 밥 로기는 20일이 넘도록 잠들어있었는가 하면, 전기 충격을 당했고 무엇인지 모를 비디오테이프를 반복적으로 시청해야 했다고 주장한다. 그는 자신이 일종의 '최면'을 당했을 거라고 의심했다. 또 다른 환자 힐다 번스턴은 그곳에서 알 수 없는 특별 치료를 받았는데, 남편이 병원에 전화를 걸 때마다 자신은 늘 깊은 잠에 빠진 상태였다고 주장한다. 이 병원

을 나온 뒤 어떤 환자는 가족을 몰라보게 되었고, 다른 환자는 말하는 법을 잊었다고 했다. 심지어 하루아침에 걷는 법을 잊었다는 환자도 있었다. 그럼에도 이들은 자신에게 무슨 일이 일어났는지, 누가 이런 일을 계획한 건지 까맣게 몰랐다고 한다. 1974년 12월 22일

〈뉴욕타임스〉에 실린 한 기사를 보기 전까지는 말이다.

CIA 특수전담반은 적어도 만 명의 미국 시민들에 대한 기밀정보를 가지고 있던 것으로 밝혀졌고 이는 당시 중앙정보국장이자 현 이란 주재 대사인 리처드 헬름스에게 직접 보고되었다. 또한 소식통은 작년에 CIA의 국내 파일을 입수한 결과 1950년대부터 미국 내 CIA 요원에 의해 침입, 도청, 우편물 비밀 사찰 등 수십 건의 불법 행위가 자행됐다는 증거를 제시했다.

CIA가 대대적으로 민간인을 사찰했다는 것이다. 이상한 건 CIA가 사찰했다는 인물들이 대부분 정치적으로 특이점이 없는 평범한 사람들이란 점이었다. 논란이 커지자, 미국 의회에서 조사를 시작했고 그 결과는 너무나 충격적이었다. CIA가 마약과 전기충격 등을 이용해 사람을 세뇌하고 조종하는 심리 실험을 했고 이후 그들의 생활을 관찰해왔던 것이다. 실험은 미국인만이 아니라 이웃 국가인 캐나다 국민까지 그 대상으로 삼아왔다. 1995년 미국에서 열린 청문회에 출석한 세뇌실험 피해자 크리스티나 데니코라는 이렇게 증언한다.

"저는 실험실과 같은 곳에 있었고 다른 아이들도 있는 것 같았습니다. 저는 벌거벗은 채로 펼쳐져 테이블 위에 묶였습니다. 닥터 그린은 제 머리를 포함한 전신에 전기충격을 가했습니다. 그는 오버헤드 프로젝터를 사용했고 빨간불이 제 이마를 비추는 동안 제 뇌에 다른 이미지를 가져오고 있다고 반복해서 말했습니다."


· · ·


# MK 울트라 프로젝트


그렇다. 거짓말 같은 이 실험의 이름은 'MK 울트라 프로젝트'. CIA가 자행한 이 대규모 세뇌실험은 실험이란 이름으로 행해진 끔찍한 폭력이고 고문이었다는 사실이 마침내 드러난 것이다. 대체 CIA는 왜 이런 것을 했을까?

놀랍게도 이 프로젝트의 시작은 우리나라와 관련이 있다. 1950년 발발한 한국전쟁에서 포로로 잡혔던 미군 중 공산주의자가 된 이들이 생기자 CIA는 이런 생각을 했다. "공산 진영의 세뇌 기술이 엄청나구나!" 사실 상대에게 엄청난 기술이 있었던 것이 아니었지만, 때는 냉전 시대였다. '우리가 소련에 질 수 없다!'는 구호 하나면 모든 게 통했던 시절이다. 미군과 CIA는 그때부터 세뇌실험에 전력투구하기 시작한다.

이러한 시대상을 바탕으로 만들어진 영화가 있다. 1962년에 개봉한 스릴러 〈맨츄리안 갠디데이트〉나. 군인이었던 주인공이 공산주의자들에게 끌려갔다가 돌아오는데, 무의식적으로 살인을 하는 것이다. 이는 물론 세뇌의 결과였다. (이 영화에 대한 재밌는 음모론이 하나 있다. 영화 속에서 주인공이 대통령 후보 암살 지시를 받는다. 그런데 공교롭게도 이듬해 케네디 대통령이 실제로 암살당했다. 이 영화는 20년 넘게 유통이 막혔었는데, 대통령 암살 때문이라는 소문이 돌았다. 물론 이 또한 확인되지 않은 음모론 중 하나다.)

이쯤 되니 왜 그 많은 음모론의 배후로 CIA가 거론되는지 이해가 간다. 자국민을 상대로 이런 짓까지 했는데 무슨 짓인들 못하겠냐는 의심도 무리는 아닌 셈이다. 실제로 CIA는 실험대상자를 가리지 않았다. 청문회에서 증언한 크리스티나가 처음 실험을 받은 나이는 고작 네 살이었다. 더 큰 문제는 피해자들은 자신이 실험당하는 줄도 모른 채 LSD에 반복 노출됐다는 것이다.

그들은 매춘부를 포섭해서 불특정 다수의 남성을 비밀 아지트로 끌어들이고 LSD를 먹인 뒤 몰래 거울 벽 뒤에서 관찰하는 일을 벌이기도 했다. 일명 '미드나잇 클라이맥스 작전'이라고 불린 이 실험은 MK 울트라 프로젝트 중 하나일 뿐이었다. CIA가 구상한 하위 실험의 종류만 무려 54가지. 사람을 세뇌하기 위해 전기, 빛, 음향, 방사능 등을 이용한 잔인한 실험들이 그 리스트에 올라있다.

"저는 가능할 때마다 그의 사무실로 몰래 들어가 CIA와 군 관계자에게 보낸 보고서와 메모가 담긴 파일을 발견했습니다. 이 파일에는 방사선 및 세뇌 실험에 대한 프로젝트, 하위 프로젝트, 주제, 실험 이름 및 코드 번호가 포함되어 있었습니다."

"저는 두 번이나 들켰고, 그때마다 닥터 그린은 제게 전기 충격과 약물을 무자비하게 사용했으며 제 배와 등에 주사를 놓았고, 관절을 탈구시켰으며 최면을 걸어 저를 미치게 하고 자살 충동을 일으키게 했습니다. 이 끔찍한 실험들은 제 삶에 깊은 영향을 끼쳤습니다. 그는 실패했지만, 저는 지금까지도 육체적, 정신적, 감정적 고통을 수년간 견뎌내야 했습니다."

모두 1995년 청문회에서 크리스티나 데니코라가 발언한 내용이다. 이 청문회 이후 당시 대통령이던 빌 클린턴은 1950년대 행정부를 대신해 공식적으로 사과했다. 사과마저 없는 것보다야 나은 결과였겠지만, 평생 고통스러운 기억과 후유증을 안고 살아가야 하는 피해자들에게 몇 마디 말이 위로가 되었을지는 알 수 없다.

그럼 CIA는 과연 MK 울트라 프로젝트로 무엇을 얻었을까? 결과는 대실패였다. CIA는 아무런 성과 없이 1973년 공식적으로 이 프로젝트를 종료했다. 자신도 모르는 사이 몸과 마음이 피폐해진 수많은 희생자만 생긴 것이다. 피해보상 역시 제대로 이루어지지 않았다. 가장 확실한 피해자인 올슨 박사의 경우, 당시 미국의 제럴드 포드 대통령(미국 38대 대통령)이 유가족을 백악관으로 초대해 공개적으로 사과했다. 게니다에시는 희생자 127명의 가족에게 각각 10만 달러씩 지급했다. 하지만 보상은 여기까지. 관련 자료가 대부분 사라지면서 피해 규모조차 파악이 어려운 상황이다.

사건이 폭로되기 직전, 당시 CIA 국장이 MK 울트라 프로젝트 관련 문서를 모두 파기하라고 명령했기 때문에 이와 관련된 자료는 거의 다 소실됐다. 덕분에 피해자나 범죄 내용, 책임 관계 같은 것을 알 길이 없어진 것이다. 그나마 오늘 우리가 MK울트라 프로젝트에 대해 이 정도의 얘기를 나눌 수 있었던 건 엉뚱한 곳에 보관되어 있던 자료가 한 권 발견되었기 때문이다. 이 자료에 의해 미국 전역의 수십 개 대학, 기관, 병원, 심지어 감옥에서도 이 실험이 이루어졌다는 사실이 드러날 수 있었다.

· · ·

## 실험은 끝나지 않았다

정부 기관이 민간인을 대상으로 세뇌실험을 자행했다는 믿기 어려운 음모론은 결국 사실로 밝혀졌고 미국 정부는 뒤늦은 사과의 뜻을 전했다. 기록상 MK 울트라 프로젝트는 1973년을 기점으로 폐기됐다. 하지만 의문은 아직 남아있다. 미국 정부가 사활을 걸고 매진한 프로젝트가 이렇게 쉽게 끝났을까? 당시 이루어진 수많은 실험의 내용들은 모조리 폐기되었을까?

그런데 지난 2014년, CIA가 다시 한 번 전 세계인의 공분을 사는 일이 발생한다. 발단은 한 상원의원이 공개한 CIA의 보고서. 그 안엔 CIA가 어떤 기술 개발 비용으로 무려 8,100만 달러를 지불한 내용이 담겨 있었다. 일명 '선진 신문 프로그램', 한마디로 고문기술이었다. CIA가 심리학자들과 함께 물고문, 일주일간 잠 안 재우기 등 새로운 고문기술 20여 개를 개발했다고 적혀 있던 것이다.

21세기에, 그것도 세계 경찰을 자처하는 미국에서 고문기술을 개발한다니, 말이 되는 이야기인가 싶지만, CIA는 거금을 써가면서 이런 일을 벌였다. 이런 엄청난 일을 승인한 사람이 있을 것이다. 2001년, 9·11 테러 후 테러와의 전쟁을 선포한 조지 부시 전 대통령이 그 당사자다. 부시는 9·11 테러 이후 CIA가 테러용의자들을 상대로 고문 할 수 있게 조치했다.

MK 울트라 프로젝트도 자세한 내용을 들여다보면 일종의 고문기술들이다. 약 30년이 흘렀지만, 비윤리적인 실험을 통해, 인간을 통제하려 했던 권력자들의 욕망은 사그러들지 않은 것이다. 실제로 한 수감자는 83차례나 물고문, 관에 갇히거나 성적 모욕감을 주는 고문 등 CIA가 고안한 강력한 심문 기술의 실험 대상이 되었다. 1994년 냉전 종식 후 제정된 '유엔 국제 고문방지협약'에 따르면 엄연히 위반되는 행위이다. 국제법의 기본인 '제네바 협약'에서도 고문은 전쟁범죄로 간주된다. 그럼 이런 위반 행위를 저지른 사람들은 어떻게 됐을까? 수많은 증거가 드러났지만 지금껏 그 누구도 처벌받지 않았다. 오히려 그들은 국익을 위한 일이었다며 자신들의 행위를 옹호하고 있다.

분명한 건 그들이 말하는 국익에 개인의 인권은 포함되어 있지 않다는 것이다. 아무리 테러리스트 용의자에 한해서라지만 이 화살이 언제, 누구에게 향할지는 아무도 모르는 일이다. 또한 "미국도 하는데 우리는 왜 못해?"라며 여러 국가에서 비슷한 일이 벌어진다면 어렵게 이뤄온 인권의 지표는 모조리 무너져 내릴지 모른다.

돌이켜보면 MK 울트라 프로젝트도 처음에는 한낱 음모론에 지나지 않았다. 하지만 오랫동안 여러 사람이 의문을 품고, 계속 이야기하다 보니 결국 실체가 밝혀지는 날이 왔다. 음모론에서 시작했던 이야기가 현실이 된, 그래서 더욱 그냥 넘어갈 수 없는 이야기. 지금도 어딘가에서 음모론으로 치부되어 묻혀버린 이야기들을 두 눈 바짝 뜨고 지켜봐야 하는 이유가 여기에 있다.

많은 이들이 MK 울트라 프로젝트는 냉전 시대 산물이자, 역사적 과오라고 말한다. 하지만, 2021년 한국에서 이 이야기를 다루는 데 있어서는 다양한 의견이 존재할 것이다. 충격적이고 반인륜적인 사건이지만, 이미 많은 세월이 흘렀고 과거는 과거일 뿐이라고 할지도 모르겠다. 제작진의 입장에서는 이미 사실로 드러난 음모론이 무슨 힘이 있을까, 자조적인 마음을 가졌던 것도 사실이다. 그런데 사건 자체보다 그로 인해 발생한 희생자들을 생각하니 이 음모론은 꼭 해야 하는 이야기였다. 더 이상 과거가 아니라, 언제든 어디서든 누구에게나 벌어질 수 있는 현재이자 미래였다. 지금으로서는 상상조차 하기 힘든 잔인한 고문이 실험이라는 이름으로 둔갑해 행해졌다. 약 20년간 프로젝트가 진행되면서 한쪽에 실험 데이터가 쌓였다면, 다른 한쪽에는 피해자 명단이 쌓였을 것이다. 눈앞에 데이터가 아니라 명단에 조금 더 관심을 가졌다면 피해는 줄일 수 있었겠지만, 근본적인 해결책은 아니다. 애초에 이런 말도 안 되는 대규모 프로젝트가 실행될 수 있었던 바탕에는 힘의 불균형이 존재한다. 자본, 인력, 정보 등 모든 면에서 국가기관은 개인을 앞선다. 그리고 이런 불균형은 국민이 알권리를 포기할 때 더욱 커진다.

MK 울트라 프로젝트도 파기 명령 속에서 살아남은 보고서가 아니었다면, 그대로 묻힐 수 있었다. 만약 CIA 수뇌부가 파기 결정을 했을 때 모든 자료가 사라졌다면 어땠을까? 지금도 어딘가에서는 '국익을 위한 일이다' '대의를 위한 희생이다'라는 미명 아래 영문도 모른 채 끔찍한 피해를 받는 개인이 생기고 있을지 모른다. 그리고 이런 일은 항상 우리가 모르는 곳에서 이뤄진다. 하지만, 국익이라는 명분이 국민 개개인의 행복이나 인권보다 우선할 수는 없다. MK 울트라 프로젝트는 과거가 아니다. 우리가 알권리를 포기할 때, 그래서 힘의 불균형이 계속되는 제2, 제3의 MK 울트라 프로젝트는 얼마든지 일어날 수 있다. 지금 이 순간에도 정신을 바짝 차려야 한다. 방법은 하나다. "의심이 갈 때는 의심이 간다고 말하는 것."

연출 **도상윤** 작가 **어아름**

# 고속도로 위
# 사라진 운전자

사건 속 실제 사고 차량 | 사진 <당신이 혹하는 사이> 제작팀

· · ·

## 자발적 잠적 VS 불의의 사고

2013년 5월 27일 저녁 8시 즈음, 순천 방향 편도 4차로 남해고속도로. 앞이 잘 보이지 않을 만큼 엄청난 폭우가 쏟아지는 밤이었다. "끼이익, 쾅!" 고속도로 한 지점에서 3분 간격으로 두 번의 교통사고가 일어났다. 1차로 사고가 난 것은 BMW 차량. 우측 가드레일에 부딪힌 BMW 차량이 멈춰 섰고, 3분 정도 지났을 무렵 2차로 모닝 차량이 좌측 중앙분리대를 충돌하며 멈춰 섰다. 처음에는 단순한 두 번의 빗길 사고처럼 보였다. 그러나 사고 수습 과정에서 모닝 차량의 운전자가 사라졌다는 것을 확인한 뒤 상황은 급격하게 달라진다.

모닝 차량 안에는 지갑과 휴대폰, 신발까지 운전자의 흔적이 그대로 남아 있었지만 운전자의 모습은 어디에서도 찾아볼 수 없었다. 흔히 '남해고속도로 실종 사건'이라고 불리는 이 사건은 2021년 현재까지 운전자가 발견되지 않아 8년째 미해결 상태로 남아있다. 세간의 의혹은 모닝 운전자가 스스로 잠적했다고 믿는 쪽과 운전자가 2차 사고를 당해 돌아올 수 없는 상태가 됐을 것이라고 생각하는 두 가지 가설로 나뉘어 팽팽하게 맞서고 있다. 그날, 사라진 운전자 강임숙에게는 어떤 일이 일어난 것일까?

· · ·

## 의혹1 현장에 가장 먼저 도착한 건 견인차 기사였다

사고 직후, 장대비를 뚫고 모두 4대의 견인차가 현장에 도착했다. 모닝 차량이 사고가 난 후 두 대의 견인차가 먼저 현장에 도착했다. 사고 후 5분이 채 지나지 않았을 때였다. 수사 초기 경찰은 현장에 가장 먼저 도착한 두 대의 견인차 기사를 유력한 용의자로 지목한다. 견인차가 도착하기 전, 사고 현장을 지난 목격자와 신고자의 증언이 중요한 단서가 됐다.

"(119입니다.) 네. 여보세요. 창원에서 진주 방향으로 간 문산 휴게소 앞인데요. 여기 교통사고가 발생했는데… 지금 중요한 거는 저기 운전자인지 조수석에 있는 사람인지 지금 저기(도로) 위로 떨어져 있거든요."

— 8시 5분경 119에 신고된 내용

"2차로에 사람이 일직선으로 누워있는 것 같았어요. 기분에 딱 사람 같은 거라. 차가오니까 피하려고 했는지 몰라도 뒹굴더라고요 사람이. 빨리는 못 구르고 딱 2바퀴 넘더라고."

— 8시 6분경에 지나간 버스 기사의 목격담

모닝 차량이 중앙분리대에 부딪히고 대략 3분 정도 지났을 때 현장을 지나간 이들은 그즈음 모닝 차량 옆에 누군가 쓰러져 있는 걸 목격했다고 주장했다. 모닝 차량은 중앙분리대를 받고 1차로에 멈춰선 상태였다. 따라서 운전석 문을 열고 밖으로 나오기는 어려웠을 것으로 보인다. 여성이 쓰러져 있었던 위치도 모닝 차량의 조수석 옆쪽이었다. 그렇다면 운전자는 조수석 쪽의 문을 열고 밖으로 나왔을 가능성이 높다. 게다가 두 목격자 모두 쓰러져 있던 사람이 파마머리의 여성이라고 기억했는데, 사라진 모닝 운전자 강 씨의 헤어스타일과 일치한다.

현장에는 앞서 사고가 난 BMW 차량의 부부도 있었고 지나는 차들도 많았다. 견인차가 도착하기 전, 단 몇 분 안에 그 많은 사람의 눈을 피해 도망칠 수 있었을까? 길가에 쓰러져 있던 파마머리의 그 여성이 사고의 충격으로 길가에 쓰러져 있던 모닝 운전자 강 씨고, 그 상태에서 제3의 차량에 의해 2차 사고로 다치거나 사망해 유기됐다면? 그래서 그녀는 돌아오지 못하는 것이 아닐까?

사고가 난 고속도로는 평소에도 차들이 유난히 속도를 높여 달리는 구간이었다. 더구나 당일에는 많은 비가 내려 시야 확보도 어려운 상황이었다. 그리고 또 하나 중요한 사실은 도로가 젖으면 수막현상이 발생한다. 수막현상이란 자동차 타이어와 도로 사이에 수막이 생겨 타이어가 접지력을 잃고 미끄러지듯이 이동하는 현상이다. 다시 말해 젖은 도로에서는 바닥의 물체가 끌려가기 좋은 상황이 된다.

실제 2011년, 부산에서 한 취객이 도로에 쓰러져 있다가 달려오던 자동차에 끌려가 무려 5킬로미터를 이동한 끝에 사망한 일이 있었다. 그날도 비가 왔는데, 운전자는 차량 밑에 사람이 끌려오고 있다는 걸 전혀 인지하지 못한 상태였던 것으로 알려졌다.

사고 후 차량 밖으로 나온 모닝 운전자가 다른 운전자에 의해 2차 사고를 당했다는 가능성을 열어둔 경찰은 먼저 도착했던 견인차 기사 2명에 대해 강도 높은 조사를 진행한다. 최초에 문제가 된 건 견인차가 도착한 방향이었다. 당시 1번과 2번 견인차가 함께 현장에 도착했고, 뒤이어 3번과 4번 견인차가 도착했다. 비가 오는 날에는 대형 사고가 많고 수습도 어려운 만큼 두 대씩 함께 출동하는 건 흔한 일이다. 문제는 1번과 2번은 차량의 진행 방향 앞쪽에 위치한 문산 나들목 쪽에서 들어왔는데 1번 견인차는 사고 현장까지 후진을 했고, 2번 견인차는 역주행으로 현장에 도착했다는 점이었다. 견인차 기사들 사이에서는 먼저 도착하는 쪽이 차를 견인할 우선권을 갖는 게 불문율이다 보니 현장에 빨리 도착하기 위해 불법 주행을 한 것이다. 1번과 2번 견인차는 먼저 사고 난 BMW 차량의 앞쪽에 정차했고, 이때 역주행을 해온 2번 차량은 자연스레 BMW 차량과 마주 선 형태로 정차하게 된다. 그런데 대략 3분 후 현장에 도착한 3번과 4번 견인차 운전자들은 자신들이 현장에 왔을 때, 1번과 2번 견인차 모두 정 방향으로 주차돼 있었다고 진술했다.

어떻게 된 것일까. 이 말인즉, 역주행해서 현장에 온 2번 견인차

2번 견인차가 차를 돌린 이후의 상황

가 정차 후, 차량을 돌려세웠다는 얘기가 된다. 고로 경찰은 2번 견인차가 차를 돌리는 과정에서 차도 위에 쓰러져 있던 모닝 운전자 강 씨를 쳤을 가능성이 있다고 봤던 것이다. 더욱 이상한 건 경찰조사가 시작된 후, 1번 견인차의 기사가 나중에 도착한 3번과 4번 견인차 기사들에게 묘한 얘길 건넸다는 점이었다.

'그날 2번 기사는 이 현장에 안 온 것으로 해줘.'

거짓 진술을 부탁한 것이다. 왜 그래야 했을까? 무엇을 감추고 싶었을까? 더욱이 그날 1번 기사의 행적은 더 큰 의심을 샀다. 현장 상황이 마무리된 후 집이나 사무실로 가지 않고 약 20킬로미터 정도 떨어진 연화산 나들목을 지나 10분 정도 시간을 보내다 돌아온 사실이 드러난 것이다. 만약 그날 1번, 2번 견인차가 현장에 도착하는 과정에 실수로 사고를 냈고 그로 인해 1번 견인차 기사가 사망한 모닝 운전자를 싣고 가 유기한 것이라면?

이런 가설 아래 경찰은 연화산 나들목 일대를 포함해 주변을 샅샅이 수색했다. 그 기간만 무려 6개월. 하지만 시신은 발견되지 않았다. 시신을 유기할 목적이 아니라면 1번 견인차 기사의 수상한 행적은 어떻게 설명할 수 있을까? 1번 기사는 또 다른 사고 차량을 찾아 주변을 배회했을 뿐이라고 주장했다. 사실 그날처럼 폭우가 쏟아지는 날은 사고 발생률이 높은 만큼, 견인차 기사들에겐 일종의 대목과도 같은 날이라는 설명이다. 무엇보다 사람을 치고 시신을 유기했다면 차량 외부나 내부에 충돌 흔적이나 미세한 혈흔 같은 증거가 남기 마련이지만, 차량 감식 결과 특별한 흔적은 전혀 발견되지 않았다.

결국 4명의 견인차 기사에 대한 수사는 전부 혐의가 없는 것으로 마무리됐다. 하지만 여전히 한 가지 의문이 남는다. 왜 1번 견인차 기사는 다른 기사들에게 '2번 기사가 현장에 오지 않은 것으로 해달라'는 거짓 진술을 부탁했을까? 역주행해온 2번 기사는 그때나 지금이나 억울한 것이 많다고 한다.

· · ·

## 역주행 해온 2번 기사의 이야기

기사   그날 사무실에서 사고 났다는 연락을 받고 동생하고 같이 출동을 했어요. 동생은 견인차를 뒤로 해가지고 후진으로 주행을 하고 저는 역주행으로… 차가 많이 안 오는 찰나에 제가 모닝 쪽에 가봤죠.

제작진   걸어서? 아니면 차를 돌려서?

기사 　걸어서. 문을 열어보니까 아무 사람이 없더라고요. 음주를 했든가 아니면 어디 뭐 갓길에 피신을 했을 거라고 생각을 했죠. 일단 제기 차를 역주행으로 들어갔으니까 경찰이 저를 많이 의심하더라고요. 그때부터 조사가 시작됐죠. 일도 제대로 못하고 스트레스도 많이 받고 저도… 한 몇 달 동안… 한 1년, 2년 가까이 참 힘들었습니다.

제작진 　1번 견인차 기사님이 2번 기사님이 현장에 온 거를 비밀로 해달라고 하셨다는데?

기사 　혹시나 경찰이 교통 위반 스티커 꺼내실까봐 그랬대요. 현장에 나는 안 왔다고 그렇게 말을 하라고 했다는 것 같더라고요.

제작진 　기사님이 생각하시기에 모닝 운전자는 어디로 간 것 같으세요?

기사 　일단은 뭐… 한국에 없으면 어디 외국으로라든지 어디 뭐 갔을 거라고.

제작진 　그러니까 살아있다?

기사 　네. 살아있어요. 어딘가 있어요.

## 의혹2 두 개의 사고는 '머리카락'으로 연결돼 있다

　사고 현장에는 총 6대의 차량이 있었다. 먼저 사고가 난 BMW 차량과 사라진 운전자의 모닝 차량, 그리고 4대의 견인차. 두 번째로 의심을 받은 이는 최초 사고 차량인 BMW 운전자였다. 모닝 차량의 감식 결과가 나온 후 BMW 운전자가 모닝 차량을 운전한 강씨의 시신을 감추었을 거라는 의심이 불거졌다.

　사고가 난 모닝 차량은 앞 유리 일부가 깨져 있었다. 거미줄 형태의 방사형 균열이었는데 그 위치가 조수석 앞이라는 점이 눈길을 끌었다. 이날 모닝 차량에 동승자는 없었기 때문이다. 사고 발생 약 30분 전, CCTV에 찍힌 모닝 차량의 앞 유리는 멀쩡했다. 다시 말해, 모닝 차량의 유리 파손은 분명 이 사고와 무관하지 않을 거란 추정

이 가능하다. 그렇다면 어째서 조수석 쪽 유리가 깨졌을까? 모닝은 중앙분리대에 부딪혔으니, 파손되더라도 운전자 쪽 유리에 흔적이 남아야 합리적이지 않을까?

유리에 남은 균열을 살펴본 전문가들은 하나같이 '공처럼 둥근 물체가 바깥쪽에서 충돌한 흔적'이라고 했다. 보닛이 우그러진 형태로 보아선 '쿠션감이 있는 물체'가 날아와 앞 유리에 부딪힌 것 같다는 분석을 덧붙였다. 딱딱하지 않고 어느 정도 쿠션감이 있는 둥근 물체, 그 실체를 확인할 결정적 단서는 뜻밖에도 깨진 유리 사이에서 발견되었다. 유리 틈새에 여러 가락의 머리카락이 꽃혀 있던 것이다. 과연 이 머리카락은 누구의 것일까?

DNA 확인 결과 머리카락은 앞서 사고가 난 BMW 차량의 조수석에 앉아 있던 동승자, BMW 운전자의 아내로 밝혀졌다. 대체 어떻게 BMW 동승자의 머리카락이 모닝 차량의 앞 유리에서 나온 것일까?

다시 그날의 현장으로 돌아가 보자. 먼저 달리던 BMW 차량이 빗길에 미끄러지며 우측 가드레일을 박고 멈춰 섰다. 에어백이 터졌고, 두 사람은 잠시 정신을 잃었다고 한다. 운전자인 남편이 눈을 떴을 땐 조수석의 아내는 이미 없었다는 것이다. 그렇다면 먼저 정신을 차린 동승자가 차량 밖으로 나왔다가 달려오던 모닝 차량에 치었던 게 아닐까? 머리가 앞 유리와 충돌하면서 깨진 유리 틈새에 머리카락이 박혔다면?

유리에서 발견된 아내의 머리카락은 분명 두 사고가 연결되어 있음을 말해주고 있었다. 결국 BMW 운전자 역시 경찰 조사를 받게 된다. 골자는 '아내가 모닝에 치이는 사고가 나자, BMW 운전자와 모닝 운전자 간에 실랑이가 붙었고, 그 과정에서 모닝 운전자를 살해 또는 유기한 것 아니냐'는 것이었다. 조사 결과는 어땠을까. BMW 차량의 운전자를 만나 직접 이야기를 들었다.

운전자  우리 집사람이 내리는 건 내가 보고. (나는) 에어백 터진 그 냄새 때문에 정신을 약간 잃었어요. 나왔을 때 집사람은 가드레일 밖에서 엎드려져 있던데. 그래서 119부터 신고 했어요. 119가 오는 것만 보고 있는 거예요, 집사람을 안고. 근데 그때 차(모닝)가 한 대 오더니 내가 부딪힌 데 그 주위에서 또 부딪히더만. 그 차는 딱 꺾어가지고 건너편 중앙분리대 가서 서더라고요.

제작진  그럼 그 사고를 모닝 차량 사고를 목격하신 상황은…

운전자  가드레일 밖에서 집사람을 안고 있으면서 봤죠.

제작진  아시겠지만 모닝 차량 유리창에서 어머님 그 머리카락이 나왔는데?

운전자  이거는 경찰들이 만든 추리예요. 그대로. 만든 각본이에요 나를 수사하기 위해.

제작진 　아버님이 (모닝 사고를) 봤으니까

운전자 　네네. 나는 가드레일 밖에서 집사람을 안고 있으면서 네 봤죠.


실마리가 풀리는 듯했던 사건은 BMW 부부의 주장으로 또다시 미궁으로 빠진다. 부부는 모닝 차량에 부딪힌 일은 결단코 없었다고 주장했다. 더군다나 사고를 당했으면 굳이 아니라고 할 이유도 없지 않냐고 반문한다. 이날 일어난 BMW 사고와 모닝 사고는 전혀 별개인데, '남해고속도로 실종사건'에 부부를 자꾸 엮는 걸 이해할 수 없다고 했다.

BMW 부부는 이날의 사고를 이렇게 기억한다. 빗길을 달리다 차가 갑자기 미끄러지면서 가드레일에 부딪혔고, 조수석에 타고 있던 아내가 먼저 밖으로 나와 가드레일을 넘었다. 잠시 정신을 잃었던 운전자가 밖으로 나와 보니 가드레일 너머에 아내가 쓰러져 있었고, 이내 운전자였던 남편 역시 가드레일을 넘어 다친 아내를 살폈다는 것이다.

무엇보다 BMW 운전자는 모닝 차량이 사고 나는 것을 두 눈으로 똑똑히 봤다고 했다. 가드레일 너머 아내를 안고 있을 때 모닝 차량 사고가 발생했다는 것이다. 따라서 모닝 차량에서 발견된 아내의 머리카락은 '범인을 만들기 위한' 경찰들의 조작이라는 게 그의 주장이다.

BMW 차량의 사고와 모닝 차량은 정말 별개로 봐야 할까? 깨진 유리 사이에는 10여 가닥의 머리카락이 꽂혀 있었다. 누군가 깨진 유리 틈새에 일부러 머리카락을 끼워넣으면서까지 조작을 한다는 건 현실적으로 불가능한 일이다. 더군다나 사고 당시 BMW 운전자였던 남편은 큰 부상이 없었던 것에 비해, 조수석에 앉아 있었다는 아내는 전치 13주에 해당하는 큰 부상을 입었다. 쇄골과 늑골, 그리고 골반뼈까지 골절된 상태였다. 전문가들은 그런 몸 상태라면 스스로 가드레일을 넘을 수 없다고 말한다. 더욱 이상한 점은, 부상 부위가 전부 왼쪽에 집중돼 있다는 것이다. BMW 차량은 오른쪽 가드레일을 받으며 멈춰 섰는데 조수석에 탑승해 있던 아내는 왜, 어떤 이유로 왼쪽의 골반뼈와 늑골 등이 골절됐을까?

당시 사고 상황에 좀 더 객관적으로 접근해 보기 위해 사고분석 프로그램으로 시뮬레이션을 해봤다. 모닝 차량이 시속 60킬로미터 정도로 달렸다고 가정하고, BMW 차량의 동승자가 차도에 서 있는 상황을 설정했다. 모닝이 도로 위의 사람을 충격하면 치인 사람은 가드레일 너머로 충분히 넘어갈 수 있다는 결과가 나왔다. 날아간 궤적을 따져보니 13미터가량이었다. 만약 이때 차량의 시속이 더 높았다면, 스치듯 부딪히기만 해도 사람이 붕 떠서 날아갈 수도 있다. 사고 분석을 오래 해온 전문가는 이런 사고는 눈 깜짝할 사이에 벌어지기 때문에 현장에 있는 사람들도 모르는 경우도 더러 있다고 한다. 이렇게 추정한다면, 모닝 운전자의 뺑소니 쪽에 무게가 더 실리게 된다. 그럼에도, BMW 부부는 8년째 같은 입장이나.

　전문가들은 BMW 부부의 기억이 사고의 충격으로 왜곡되었을 가능성을 제시했다. 교통사고의 충격은 생각보다 매우 크다. 순간적으로 블랙아웃(기억 상실)과 같은 증상이 찾아와 당시의 기억을 몽땅 잃을 수도 있다. 더욱이 이 경우, 사고 당사자들이 겪은 충격과 혼란은 더욱 컸을 것이다. 사고의 충격이 채 가시지도 않았는데 본인들의 기억과는 다른 이야기들이 나오고, 심지어 살인 용의자로 의심까지 받게 되었으니, 무섭고 당황스러운 나머지 '누군가 이 사건을 조작'하고 있다는 의심을 품었을 가능성도 있다. 하지만 부부의 기억에 오류가 있고, 모닝 운전자가 BMW 운전자의 아내를 친 것이 맞다고 하더라도 이 때문에 모닝 운전자가 잠적했다고 단정할 수는 없다. 사고 직후 모닝 차량 옆 도로 위에 여성이 쓰러져 있는 것을 본 사람도 여럿이다. 그 여성이 모닝 운전자가 맞다면, 비가 쏟아지는 길바닥에 누워있어야 할 만큼 성치 않은 상태였다는 것이다. 그런 사람이 갑자기 어디로 어떻게, 많은 사람의 눈을 피해 도망갈 수 있었다는 말인가.

· · ·

## 의혹3 3만원을 빌려 간 도로 위 여인

6개월이 지나, 사건은 또 한 번 예기치 못한 국면을 맞게 된다. 사고가 있던 날, 모닝 운전자로 추정되는 여성을 봤다는 목격자가 등장한 것이다. 목격된 여성은 폭우 속에서 우산도 쓰지 않고 맨발로 걷고 있었는데 그 모습이 워낙 인상적이었기 때문에 잊을 수 없다고 했다.

또 다른 목격자 이야기

목격자 그때 비가 왔잖아요. 여자분이 뛰어가시더라고요.

제작진 여자가요?

목격자 네. 계속 뛰어가시더라고요. 다급하게 보였어요. 되게 황당했다니까요. 생각을 해보세요. 고속도로 갓길에, 우산도 쓰지 않고 비를 맞고 걷고 있잖아요. 저희가 세웠죠, 차를. 잠깐 애를 남편한테 맡기고 내렸어요. 우산을 쓰고 봤는데 눈을 안 맞추려고 하시더라고요. (여자가 하는 말이) 돈 있으면 좀 꿔 달라고.. 10만 원, 15만 원? 빌려 달라고 해서 남편 지갑에 있는 만원이랑 제 것 2만 원이랑 꺼내서 (3만 원을) 줬죠. (사진을 보여주니) 이분 맞아요. 이 아주머니 맞아요. 딱 보니까 맞는 것 같아요.

목격자가 이야기한 지점은 사고 현장과는 조금 떨어진 고가도로였다. 비가 내리는 날이었으니 상대의 얼굴을 뚜렷이 보지 못했을 수도 있다. 처음에는 단순한 착각일 가능성이 더 높아보였다. 하지만 사고 현장의 구조물을 정확히 다시 살펴본 후 상황은 달라졌다. 현장 근처에는 '의문의 여성이 목격된 도로'까지 한 번에 올라갈 수 있는 계단 구조물이 있었다. 그 계단을 따라 이동했다면 모닝 운전자는 목격자가 본 위치까지 그리 어렵지 않게 이동할 수 있었을 것으로 추정된다.

목격자는 당시 시간을 대략 9시경으로 기억한다. 사고가 8시경에 났으니, 9시면 현장에서 견인차와 구급차가 모두 떠나고 상황이 어느 정도 정리되었을 시간이다. 모닝 운전자는 사고 후 현장 근처에 1시간 정도 머물고 있다가, 도망가야겠다는 결심을 굳혔을까. 그렇다면 맨발에 우산도 없이 겨우 3만 원을 손에 쥐고 그녀는 얼마나 멀리 갈 수 있었을까. 더군다나 단순히 뺑소니 사고를 감추려 8년째 무모한 잠적을 하고 있다는 건 납득이 잘 가질 않는다. 분명 다른 이유가 있다.

## 의혹4 그녀가 돌아왔다. 다른 얼굴을 한 채?

그리 오래 지나지 않아 사람들의 의심이 한곳에 모아졌다. 바로 '보험사기'. '남해고속도로 실종사건'을 검색하면 사건을 보험과 연관 짓는 이야기들이 숱하게 쏟아진다. 결정적으로 강임숙이 실종된 지 정확히 5년이 지난 시점, 강임숙의 남편이 아내의 실종 선고 소송을 진행 중이라는 사실이 언론에 알려지며 의심은 파다하게 퍼져갔다.

민법 제27조 (실종의 선고)

① 부재자의 생사가 5년간 분명하지 아니한 때에는 법원은 이해관계인이나 검사의 청구에 의하여 실종 선고를 하여야 한다.

② 전지에 임한 자, 침몰한 선박 중에 있던 자, 추락한 항공기 중에 있던 자, 기타 사망의 원인이 될 위난을 당한 자의 생사가 전쟁 종지 후 또는 선박의 침몰, 항공기의 추락, 기타 위난이 종료한 후 1년간 분명하지 아니한 때에도 제1항과 같다.

생활 반응 없이 5년이 경과 하면 실종선고를 내릴 수 있는 조건이 성립한다. 법원이 실종 선고를 내리면 그 사람은 사망한 것으로 간주되어 가족은 상속을 받을 수 있고 남은 배우자는 재혼도 가능하다. 즉, 보험금을 수령할 수 있는 기본 조건이 성립되는 것이다.

이후 "가족이 전부 강 씨를 숨겨주면서 보험금을 노린다"거나, "강 씨가 성형수술을 하고 남편과 살고 있다"는 등 소문이 꼬리에 꼬리를 물고 이어졌다. 꽤나 구체적인 목격담도 들려왔다. 운전자의 남편이 사라진 아내와 비슷한 외모로 보이는 여성과 함께 지내는 것을 보았다는 것이다. 심지어 그 모습이 한 언론을 통해 공개되며 의혹은 눈덩이처럼 커졌다.

직접 확인에 나선 제작진은 사고 당시 모닝 운전자에게 소송 중인 사건이 하나 있다는 사실을 확인했다. 지인을 통해 1억 원 정도의 돈을 투자했다가 돌려받지 못했고, 그로 인한 소송으로 꽤 스트레스를 받고 있었단다. 사고가 난 그날도 이 일로 대구에 있는 변호사 사무실에 다녀오는 길이었다.

우리는 사라진 모닝 운전자 강 씨 앞으로 된 보험 목록을 어렵게 입수했다. 결과는 다소 놀라웠다. 확인한 강 씨의 보험은 총 12건이었는데 그 중 자동차, 운전자와 관련된 것이 6건이었다. 분명 일반적인 경우에 비해 자동차나 운전자와 관련된 보험을 많이 가입한 건 사실이었다. 더욱이 강 씨는 당시 금전적인 문제로 스트레스를 받고 있었다고 한다. 상황이 이렇다 보니 의심은 꼬리에 꼬리를 물고 이어졌다. 처음부터 강 씨가 보험금을 노리고 고의로 사고를 낸 뒤 잠적했다고 의심하는 이들이 있는가 하면, 또 누군가는 사고는 우연이었지만, 그 뒤 어느 순간, 보험금을 받아야겠다는 생각으로, 강 씨가 잠적을 선택했을 것이라고 의심한다.

그렇다면 가족들은 보험금을 수령했을까. 그 답을 가장 확인하게 알고 있을 사람들. 강 씨의 가족들은 생각보다 쉽게 취재에 응했다. 실종된 강임숙 언니의 이야기를 들어보자.

> 언니 그런 턱도 없는 소리를 하는 게 나는 너무 억울해요. 돈 때문에 그런 거 아니에요. 우리는. 걔(강임숙)도 마찬가지고. 돈 때문에 그럴 정도로 그렇게 돈이 없지도 않고 돈 받을 게 더 많은데 뭐.
>
> 형부 내가 봤을 때 한 7~8억 돼요 (강임숙이) 돈 받을 게. 하도 갑갑해서 섬마을에 어디로 납치되어서 새우 키우는 데나 그런 데 갔는가 싶어서 내가 그쪽으로도 수소문을 해 봤어요.
>
> 언니 몇 번 갔어 우리가. 우리 심정도 헤아려줘야지. 우리는 소원이 그 아이를 보는 게 소원인데. 내일 모레 8년인데 어느 누구한테라도 보이지. 보일 건데.

보험금은 수령되지 않은 상태였고 가족은 사라진 강 씨를 찾아서 해보지 않은 노력이 없다고 했다. 게다가 보험금 때문에 자작극을 벌일 만큼 형편이 어렵지 않다는 것이 강 씨 가족들의 주장이다.

강 씨의 언니는 동생이 돌아오기를 기다리지만 이제 살아있을 거란 기대는 거의 포기한 상태라고 했다. 그렇다면 남편은? 사라진 운전자와 비슷한 외모의 여성과 다닌다는 목격담의 진실은 무엇일까.

남편    법적으로 행정적으로 그렇게 됐고, 이제 서류 떼어보면 다 그렇게 나오지요, 실종선고. 어쨌든 보험은 들었으니까 애들도 있고 하니까 조금이라도 도움이 되기 위해서 (보험금을) 찾으려고 하는데 희망이 없는 것 같습니다.

제작진    보험금이 대략 얼마 정도죠?

남편    한 6~7억 됩니다.

제작진    어머님이 보험금을 노리고 성형수술을 했다는 소문이 있는데?

남편    네 들었죠 들었는데. 아내 교통사고 났다고 성형수술하고 데리고 다니면서 그럼 이 좁은 바닥에서 소문이 바로 안 나겠습니까. 진짜 그건 말이 안 되는 소리고.

제작진    의심받았던 그분은 누구세요? 그 여성분은?

남편    사고가 난 지 8년이 되지 않았습니까? 한 3~4년 뒤에 이제 뭐 (다른 사람과) 술도 한 잔씩 하고…그런 상대입니다. 가족들은 세월이 지나고 강 씨는 이제 죽지 않았느냐…생각하니까요.

제작진    사망하셨더라도 누가 어디로 데려가셨을까….

남편    아니 그걸 경찰도 모르는데 그걸 제가 어떻게 알겠습니까. 살아 돌아온다면 얼마나 좋겠습니까, 가족인데.

실종 선고는 내려졌지만, 보험금은 수령 하지 못해 소송이 진행 중이라고 했다. 다소 예외적인 운전자의 상황 때문에 이를 '사망으로 판단하느냐'의 기준이 모호해 보험사의 심사가 이어지고 있다는 것이다. 강 씨가 성형수술을 한 것이라고 의심받은 여성은 강 씨가 아닌 인근에 사는 다른 여성이었다.

남편은 항간에 떠도는 의혹들에 대해서도 모두 알고 있었고 보험금 관련 서류나 실종선고 서류를 직접 보여주면서 소송 중이라는 사실도 직접 밝혔다. 현실적으로 아내가 살아있을 가능성은 없는 것 같다는 그는 반문했다. 어느 날 갑자기 아내가 사라진 것도 기가 막힌 데, 당연히 받을 수 있는 보험금을 받으려는 게 죄가 되는 거냐고. 8년 째 아무 연락도 없이 사라진 아내를 언제까지 애타게 기다리고 있어야만 하느냐고 말이다.

그럼에도 누군가는 가족이라면, 최후의 순간까지 문을 열고 기다려야 하는 게 아니냐고 물을 수도 있다. 그녀가 더 이상 살아있을 거라 생각하지 않는다고 말하는 것은, 강 씨가 어디 숨어있는지 알기 때문에 할 수 있는 말이라고 의심하는 시선도 존재한다. 하지만 현실의 모든 가족이 드라마나 영화에서와 같이 다 애틋한 것은 아니다. 더욱이 전문가들은 가족들의 이런 담담한 반응이 특별히 이상한 것도 아니라고 말한다. 큰 충격을 받은 이들은 대개 슬픔이나 충격에서 벗어나기 위한 저항상태를 겪게 되는데 그 때문에 오히려 실제로 겪은 충격보다 담담하고 건조해 보일 수 있다는 것이다. 벌써 8년이 흘렀다. 그동안 가족들이 어떠한 시간을 겪었는지, 함부로 추측하고 단정할 수는 없는 일이 아닐까?

· · ·

## 아무도 찾지 않는 실종자

사람들을 혼란케 했던 몇 가지 진실은 베일을 벗었다. 하지만 이 사건에는 여전히 우리를 혹하게 하는 말들이 존재한다.

"경찰관이 첫 수사를 잘못 했어요. 잘못 하다 보니까 일이 꼬일 대로 꼬여 버린 거예요. 내가 볼 때는 (강 씨가) 살아있다고 만 프로 봐요. 만 프로. 내가 볼 때 남편하고 같이 연락을 할 거 같은데?"

— 현장에 출동했던 견인차 기사

"형사가 그 여자가 광주에서 노래방을 하고 있는 건 아는데 수사가 종결됐기 때문에 그 여자를 안 잡는다 하더라고요. 그래서 잡아야 되지 않냐고 하니까 자기네들 관할이 아니다."

— BMW 운전자 부부

경찰에 확인해보니 그런 말을 한 적이 없을뿐더러 그랬다면 당연히 잡았을 거라고 했다. 사라진 운전자를 목격했다는 제보에 수없이 현장에 나갔지만 한 번도 강임숙이었던 적은 없었다고 한다. 그럼에도 많은 사람은 강임숙이 자발적으로 사라져 어디선가 잘 지내고 있다고 믿으며 소문은 나날이 부풀려지고 있다. 사건을 둘러싼 다양한 '설'들이 오가는 사이 강임숙의 행방은 점점 더 묘연해졌다. 살아있다면 어떤 신호라도 감지되었을 것이고, 불의의 사고를 당한 것이라면 시신이라도 발견되어야 할 것이다.

남은 가능성은 제3의 범죄다. 살아있다면 숨겨줄 조력자가 있어야 하는데 가족이 아니고서야 힘들 것이고, 제3자에 의해 사고를 당하고 유기됐을 가능성이 있다. 현장을 떠나고자 3만 원을 빌려갔다고 해도 이후 갑작스러운 사고를 당해 유기되거나 돌아올 수 없는 문제에 처했을 가능성도 있다. 혹은 또 다른 가능성. 사고의 충격으로 기억을 모두 잃은 채 돌아오지 못하고 있는 것이 아닐까.

문득 떠오르는 사건이 하나 있다. 남해고속도로 실종 사건 딱 1년 전에 일어난 일명 '강동대교 실종 사건'이다. 편의점을 운영하던 남성이 귀가하던 중 강동대교 남단에서 사고가 났는데 이후 흔적도 없이 사라진 것이다. 차량 상태를 봤을 때 부상이 꽤 있었을 것 같은데 운전자만 감쪽같이 사라졌다. 운전자를 봤다는 목격담도 있었기에 보험금을 노린 고의적인 잠적이란 의심이 많았다. 그런데 결국 사고 5개월 후, 운전자는 강동대교 남단 교각 아래에서 시신으로 발견되었다. 확실한 경위를 알 수는 없지만 사고 직후 의식이 불분명한 상태로 도로에 나왔다가 교각 아래로 떨어진 것으로 추정된다. 남해고속도로에서 사라진 강 씨 역시 아직 찾지 못했을 뿐, 스스로 돌아오지 못할 상태일지도 모른다.

현재 실종된 강 씨는 실종자가 아닌 뺑소니 사건 피의자로 수배된 상태고 모든 기록은 검찰로 이관됐다. 검찰로 넘어갔다면 살인 사건처럼 큰 사건이 아닌 이상 수사가 진행되고 있을 확률이 높지 않다. 그럴수록 인터넷에선 이 사건을 둘러싼 더 많은 추론과 가설들이 쏟아진다. 그리고 이대로 흐지부지 사건이 종결된다면 관심 있게 지켜보던 대중은 결국 이렇게 생각할 것이다. '보험 열심히 들어서 사고 내고 숨어버리면 땡이다. 못 잡는다.' 그것이 진실이든, 진실이 아니든, 그런 믿음은 결국 또 다른 범죄를 불러올 것이다.

이미 법적으로 강임숙 씨는 세상에 없는 사람이 되어버렸다. 만약 그녀가 어딘가 살아있다면 현재 나이는 63세. 얼굴도 보지 못한 손주가 학교에 입학했을 만큼의 시간이 흐른 지금 그녀는 어디에 있는 것일까? 지금 떠도는 수많은 억측들은 훗날, 무엇을 남기게 될까?

## 보는 대로 믿는 것이 아니라 믿는 대로 본다

이미 다른 매체에서 숱하게 다룬 사건이라 뭔가 새로운 게 있어야 한다는 부담이 컸다. 그런데 주변에 이 아이템을 다룬다고 얘기하면 돌아오는 이야기가 비슷했다. '남해고속도로 실종 사건?'이라고 되묻다가, '아! 그 보험사기 사건!'이라고 아는 체를 하는 거다. 아이템을 시작해야 할 이유는 거기에 있었던 것 같다.

사건을 관통하는 큰 줄기에는 '확증편향'이 있다. '자신의 가치관, 신념, 판단 따위와 부합하는 정보에만 주목하고 그 외의 정보는 무시하는 사고방식.' 분명 사건은 하나인데 어떤 생각을 가지고 보느냐에 따라 해석이 달라진다.

생각해보면 우리가 하는 많은 이야기들이 그러하다. 사실 어떤 선입견에도 치우치지 않고 무언가를 바라보는 게 오히려 어려운 게 아닌가 하는 생각도 든다. 사건을 잘 모르는 사람들이 저마다의 확신으로 추리를 이어가고 그 이야기를 퍼트렸다. 놀라운 건 사건에 깊이 개입되어 있는 관계자들도 마찬가지라는 점이었다. 취재하며 만난 사람들은 하나 같이 억울함을 호소했다. 모두가 피해자였다. 해결되지 않은 사건에는 그만큼 많은 추측들이 떠돌기 때문일 것이다. 방송을 통해 단 한 명의 억울한 사람도 없기를 바라지만, 그 여부도 사건이 해결되기 전까지는 알 수가 없다.

아이템을 통해 전하고자 했던 메시지와 별개로 취재 중 가장 충격적인 것은 '실종 선고' 서류였다. 시신이 발견된 것도 아니고 사망했다는 증거도 없는데 이렇게 허무하게 세상에 없는 사람이 되다니. 그녀가 어딘가 살아있다 해도, 아님 사망했다 해도 안타까울 수밖에 없는 상황이다. 어떤 모습으로든 그녀가 나타나 주기를 기다리는 마음이다.

한가지 씁쓸한 사실은, 이 방송이 나간 후에도 여전히 <당신이 혹하는 사이> 게시판이나 유튜브 계정에 "강 씨는 성형수술을 하고 남편과 살고 있다"는 댓글이 달린다는 점이다. 한 번 퍼진 가짜뉴스는 이토록 바로잡기 어렵다. 그녀가 살아 있든, 그렇지 않든, 3년 전 모 방송 카메라에 찍힌 여인은 사라진 강 씨가 아니다.

연출 **도상윤·정재원**  작가 **최윤정·이다영**